Architectures capitales

Secrétariat d'Etat auprès du ministère de la Culture,
de la Communication, des Grands Travaux
et du Bicentenaire, chargé des Grands Travaux

Architectures capitales

Paris 1979-1989

Electa Moniteur

Coordination :
Sabine Fachard
(pour la première édition)
Catherine Buard et Brigitte Lebhar,
Béatrice Le Guay
(pour la nouvelle édition)

Traduction anglaise :
Bert McClure

Maquette :
Richard Médioni

Couverture :
Arche : C. Demonfaucon/Moniteur ;
I.M.A. : Deidi von Schaewen ;
La Villette : J.-M. Monthiers ;
Cité de la Musique : N. Borel ;
Ministère des Finances : L. Bœgly,
Opéra de la Bastille, Louvre, Orsay,
Cité des Sciences : S. Couturier/Archipress.

Remerciements

Emile-J. Biasini, secrétaire d'Etat auprès du ministre de la Culture, de la Communication, des Grands Travaux et du Bicentenaire, chargé des Grands Travaux, remercie chaleureusement tous ceux, maîtres d'ouvrage, architectes, bureaux d'études, entreprises, sans lesquels les grands projets ne seraient pas.

Sa gratitude va tout particulièrement à :
Yves Dauge, délégué interministériel à la ville et au développement social urbain, ancien président de la Mission interministérielle de coordination des grandes opérations d'architecture et d'urbanisme ;

• aux architectes :
Johan Otto von Spreckelsen et Paul Andreu,
Ieoh Ming Pei et Michel Macary,
ACT Architecture et Gae Aulenti,
Jean Nouvel, Pierre Soria, Gilbert Lezènes et Architecture Studio,
Paul Chemetov et Borja Huidobro,
Carlos Ott,
Adrien Fainsilber, Bernard Tschumi,
Philippe Robert et Bernard Reichen,
Philippe Chaix et Jean-Paul Morel,
Christian de Portzamparc ;

• aux maîtres d'ouvrage :
Robert Lion, président, et Jean-Louis Subileau, directeur général de la SEM Tête Défense, ancien directeur de la Mission interministérielle de coordination des grandes opérations d'architecture et d'urbanisme,
Pierre-Yves Ligen, président, et Jean Lebrat, directeur de l'Etablissement public du Grand Louvre,
Jacques Rigaud, ancien président, et Jean Jenger, ancien directeur de l'Etablissement public du musée d'Orsay,
Edgard Pisani, président, Bassem El Jisr, directeur général et Paul Carton, ancien président de l'Institut du monde arabe,
Guy Vidal, coordonnateur pour le transfert du ministère des Finances, Paul-Henry Watine, directeur du personnel et des services généraux, et Christian Cléret, sous-directeur de la construction du ministère de l'Economie, des Finances et du Budget,
Pierre Viot, président, et Michèle Audon, directeur de l'Etablissement public de l'Opéra Bastille,
Paul Delouvrier, président d'honneur de l'Etablissement public du parc de la Villette,
René Loubert, président, François Barré, directeur délégué, et Serge Goldberg, ancien président de l'Etablissement public du parc de la Villette,
Roger Lesgards, président, Maurice Lévy, Christian Marbach, anciens présidents de la Cité des sciences et de l'industrie,
Dominique Jamet, président, et Serge Goldberg, directeur général de l'Association pour la Bibliothèque de France,
Philippe Taquet, directeur du Muséum national d'histoire naturelle ;

• à Luc Tessier, directeur de la Mission interministérielle de coordination des grandes opérations d'architecture et d'urbanisme, et à son équipe ;

• à l'Atelier parisien d'urbanisme et aux services de la Ville de Paris ;

Il remercie par ailleurs pour leur contribution à la rédaction de ces textes :
Michèle Audon, Sylvie Barrau, François Barré, Marc Bleuse, Paul Carton, Serge Goldberg, Jean Jenger, Maurice Lévy, Robert Lion, Guy Vidal et Pierre Viot.

Acknowledgements

Emile-J. Biasini, Secretary of State under the Ministry of Culture, Communication, Major Projects and Bicentenary, in charge of Major Projects would like to warmly thank everyone, project directors, architects, engineers and contractors, who have made these Major Projects possible.

Particular thanks are due to :
Yves Dauge, interministerial delegate for the city and for urban social développent, past president of the Interministerial Mission for the Coordination of the Major Architecture and Planning Projects ;

• the architects :
Johan Otto von Spreckelsen and Paul Andreu,
Ieoh Ming Pei and Michel Macary,
ACT Architecture and Gae Aulenti,
Jean Nouvel, Pierre Soria, Gilbert Lezènes and Architecture Studio,
Paul Chemetov and Borja Huidobro,
Carlos Ott,
Adrien Fainsilber, Bernard Tschumi,
Philippe Robert and Bernard Reichen,
Philippe Chaix and Jean-Paul Morel,
Christian de Portzamparc ;

• the project directors :
Robert Lion, president, and Jean-Louis Subileau, director general of the SEM Tête Défense, past director of the Interministerial Mission for the Coordination of the Major Architecture and Planning Projects,
Pierre-Yves Ligen, president, and Jean Lebrat, director of the Grand Louvre Public Authority,
Jacques Rigaud, past president, and Jean Jenger, past director of the Orsay Museum Public Authority,
Edgar Pisani, president, Bassem El Jisr, director general, and Paul Carton, past president of the Arab World Institute,
Guy Vidal, coordinator for the transfer of the Ministry of Finances, Paul-Henry Watine, director of Personnel and of the General Administration, and Christian Cléret, assistant director for the construction of the Ministry of Economy, Finances and Budget,
Pierre Viot, president, and Michèle Audon, director of the Bastille Opera Public Authority,
Paul Delouvrier, honorary president of the Park of La Villette Public Authority,
René Loubert, president, François Barré, acting director, and Serge Goldberg, past president of the Park of La Villette Public Authority,
Roger Lesgards, president, Maurice Lévy, Christian Marbach, past presidents of the Center for Science and Industry,
Dominique Jamet, president, and Serge Goldberg, director general of the Association for the Library of France,
Philippe Taquet, director of the National Museum of Natural History ;

• Luc Tessier, director of the Interministerial Mission for the Coordination of the Major Architecture and Planning Projects and his team ;

• the Paris Urban Planning Organization and the services of the City of Paris ;
He would also like to thank the followings for their contribution to the written part of this book :
Michèle Audon, Sylvie Barrau, François Barré, Marc Bleuse, Paul Carton, Serge Goldberg, Jean Jenger, Maurice Lévy, Robert Lion, Guy Vidal and Pierre Viot.

Sommaire
Contents

Cities are like everything else, harmony does not come to them spontaneously.

Daily contact does not miraculously abolish the solitude of men and the lack of knowledge of things there.

The past only gives up its treasures there on condition that the present takes care to highlight them.

For want of appropriate places, parts of our heritage lay dormant in reserves, were shown poorly or inconveniently to the public despite the efforts of those in charge of their keeping.

And we went without throwing light on a lot of what mankind has never ceased inventing and creating.

From the paintings of yesterday to the sciences of today, from the techniques of tomorrow to the books that belong to every age, the Grand Louvre, the Orsay Museum, the Géode and the Center for Science, and the soon to come Library of France and zoology gallery of the Museum of Natural History are laying open — or will soon do so — new paths to the knowledge of the past and the understanding of the future. The same will is present at the Bastille with an Opera-House that is at once precise in design and pleasing to all publics.

No architecture can be content to passively reflect the society in which it is born.

No monument, no facility is to be equated with its use alone.

All of them inscribe, in space and time, a certain idea of the useful, the beautiful, of city life and the dealings of men and women among themselves.

In this way do we derive the different meanings of the verb « édifier » in French : to build, but also to signify, to advocate — by example or discursive reasoning — certain values, certain virtues.

That these virtues may become vices changes nothing deep down. We sense this clearly when viewing totalitarian architectures that exalt with pomp an order founded on the contempt of mankind.

The modern city teaches us that it is no use trying to trick people : the most colourless constructions are eloquent too. Here, town planning given up to ruthless real estate speculation; there, the treatment reserved for housing the many; elsewhere, art reduced to the service of the few.

Wheter we like it or not, building means taking a stand.

Major works, in Paris as in the regions, are this first of all : the choice of forcefully embodying certain big projects for community use and which do not take architecture lightly.

Rather than impose a style, they participate in strong-willed town planning that is adapting the city, while fitting it out, to the stakes of the approaching century. Paris is evolving and finding its signs thru its new landmarks.

Major works take the city for what it is : a living interlacing of functions and symbols, histories and memories, journeys and possible encounters.

With the la Défense Arch, an underscored perspective opens the city to something bigger than itself.

In the opposite direction, going upriver, runs a new alignment from west to east which will be reinforced by the Library of France at Tolbiac. Also in this axis lies the Arab World Institute, whose architecture calls for a dialogue of cultures.

To the north finally, stands the group of artistic, scientific and leisure facilities at La Villette. On the edges of what was the working class Paris of the XIXth century and the industrious areas of the XXth, they proclaim that the year 2000 has already begun and that no one must lag by the wayside.

François MITTERRAND

Il en est des villes comme du reste, l'harmonie n'y est pas spontanée.

Le côtoiement quotidien n'y abolit pas miraculeusement la solitude des hommes et l'ignorance des choses.

Le passé n'y livre ses trésors qu'à condition que le présent se soucie de les mettre en valeur. L'avenir, s'il ne se prédit pas, s'y prépare.

Faute de lieux appropriés, une partie de notre patrimoine sommeillait dans les réserves, s'offrait chichement ou incommodément au public, malgré les efforts de ceux qui en avaient la garde. Et l'on se privait de faire connaître beaucoup de ce que l'homme ne cesse d'inventer et de créer.

De la peinture d'hier aux sciences d'aujourd'hui, des techniques de demain aux livres de toujours, le Grand Louvre, le musée d'Orsay, la Géode et la Cité des Sciences, bientôt la Bibliothèque de France et la galerie de zoologie du museum d'Histoire naturelle ouvrent et ouvriront à tous autant de chemins nouveaux pour connaître le passé et comprendre l'avenir. L'ambition est la même à la Bastille avec une maison d'opéra à la fois exigeante et accueillante à tous les publics.

Nulle architecture ne se borne à refléter passivement la société où elle naît.

Nul monument, nul équipement ne se réduit à un usage.

Tous inscrivent, dans l'espace et dans le temps, une certaine idée de l'utile, du beau, de la vie dans la ville et des rapports des hommes entre eux.

Ainsi des sens du verbe édifier en français : bâtir, mais aussi signifier, mais aussi prôner — par l'exemple ou le discours — certaines valeurs, certaines vertus.

Que ces vertus puissent être des vices ne change rien à l'affaire. On le sent bien en face d'architectures totalitaires qui exaltent avec pompe un ordre fondé sur le mépris de l'homme.

La ville moderne nous enseigne qu'il ne sert à rien de ruser : les constructions les plus neutres en disent long, elles aussi. Ici, d'un urbanisme abandonné au seul jeu de la spéculation immobilière ; là, du sort fait au logement du plus grand nombre ; ailleurs encore, de l'art réduit au privilège de quelques-uns.

Qu'on le veuille ou non, construire c'est prendre parti.

Les grands travaux, à Paris comme dans les régions, sont d'abord cela : le parti-pris de donner corps avec force à quelques projets majeurs ; d'utilité collective et ne traitant pas l'architecture à la légère.

Ils n'imposent pas un style mais participent d'un urbanisme volontaire qui adapte, en l'équipant, la ville aux enjeux du siècle qui vient. Paris, à travers de nouveaux repères, évolue et trouve ses marques.

Les grands travaux prennent la ville pour ce qu'elle est : un entrelacs vivant de fonctions et de symboles, d'histoires et de mémoires, de trajets et de rencontres possibles.

Ici une perspective soulignée ouvrant, avec l'Arche de la Défense, la ville à plus large qu'elle.

A l'opposé, remontant le cours du fleuve, un nouveau tracé d'ouest en est que renforcera, à Tolbiac, la Bibliothèque de France. Dans cet axe également, l'Institut du monde arabe dont l'architecture invite au dialogue des cultures.

Au nord, enfin, le faisceau d'équipements artistiques, scientifiques et récréatifs de La Villette. Ils affirment, aux confins du Paris populaire du XIXe siècle et des cités industrieuses du XXe, que l'an 2000 a déjà commencé et que personne ne doit rester sur le bord du chemin.

François Mitterrand

François MITTERRAND

De gauche à droite et de haut en bas : l'arche de la Tête Défense, le Grand Louvre, le musée d'Orsay, l'Institut du monde arabe, l'opéra de la Bastille, le ministère des Finances, la Cité des sciences et de l'industrie, le parc de la Villette, la Cité de la musique.

From left to right and top to bottom : the Tête Défense arch, the Grand Louvre, the Orsay Museum, the Arab World Institute, the Bastille Opera, the Ministry of Finances, the Center for Science and Industry, the Parc de La Villette, the Center for Music.

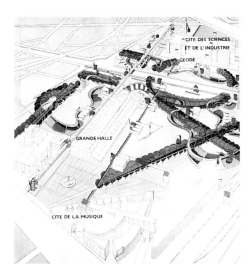

Avant-propos

Foreword

1989, année du bicentenaire de la Révolution française, est aussi l'année des grands travaux : quatre de ceux-ci, et parmi les plus importants — la pyramide du Louvre, l'opéra de la Bastille, l'arche de la Défense, le ministère des Finances à Bercy — sont inaugurés par le président de la République.

Une ambition digne de la France de la fin du XXᵉ siècle, la volonté de cette ambition : les grands chantiers du Président donnent à l'acte d'architecture une importance symbolique et nationale. Ils s'inscrivent dans une continuité historique qui n'a cessé de témoigner de la capacité d'invention de la capitale.

Il apparaît au chef de l'Etat, lorsqu'il décide en 1981 de ces grands projets d'architecture et d'urbanisme, que des opérations de ce type, par l'ampleur et surtout par l'exigence qu'elles portent en elles, doivent se libérer des pesanteurs de la gestion conventionnelle dès lors qu'elles en conservent la rigueur. Leur calendrier, les moyens qu'elles nécessitent, la volonté continue qu'elles impliquent ne peuvent être, dans la durée, assurés par le chemin ordinaire des administrations. Des organismes spécifiques sont alors créés pour les réaliser : des établissements publics, la Mission de coordination des grandes opérations d'architecture et d'urbanisme.

Pour son second septennat, le Président va plus loin encore : il institue au niveau du gouvernement la prise en charge directe de la tutelle des établissements constructeurs afin de leur donner une impulsion plus forte. Désormais, un secrétariat d'Etat spécialisé veille à ce que ces projets, porteurs d'une haute mission de culture, d'architecture et d'urbanisme associent le respect le plus strict des délais et des coûts initialement prévus, à l'efficacité d'une maîtrise d'ouvrage spécifique.

En province, dans le droit fil de la politique mise en œuvre par le ministre de la Culture depuis 1981 en faveur des régions et des initiatives des collectivités locales un certain nombre d'opérations jugées exemplaires ont été inscrites au programme des grands travaux et soumises à cette même exigence qui privilégie la valeur symbolique du geste architectural.

Ces règles ont été respectées, le rythme accéléré des inaugurations en est le témoignage. On compte aujourd'hui neuf monuments ou chantiers classés sous le label grands travaux de Paris et quatorze en province. Parmi les plus importants, on doit citer :

— la Villette qui rassemble sur un site de 55 hectares des équipements scientifiques, culturels et récréatifs. Là se sont ouverts la Géode et la Grande Halle en 1985, la Cité des sciences et de l'industrie en 1986, jusqu'à l'achèvement du parc et de la Cité de la musique dont le conservatoire sera ouvert en janvier 1990 ;

— le musée d'Orsay inauguré fin 1986 et dont l'ensemble architectural constitué par l'ancienne gare et l'hôtel d'Orsay abrite des collections destinées à illustrer la riche période artistique s'étendant sur les soixante-dix années qui ont suivi la révolution de 1848 ;

1989, year of the bicentenary of the French Revolution is also the year of the Major Projects ; four of the most important Major Projects — the Louvre pyramid, the Bastille Opera, the Grand Arch of La Défense, the Ministry of Finances at Bercy — will be inaugurated by the President of the French Republic.

An ambition worthy of the France of the end of the 20th century and the conviction of that ambition, the President's building program has given to architecture a national symbolic importance. These projects are part of the capital's history of continuous creativity.

When he made his 1981 decision to engage the Major Architecture and Planning Projects, the President appeared to feel that the grandeur and ambition they embodied demanded that they be freed of the constraints of conventional administrative procedures — as long as they maintained the same rigor. The usual administrative circuits were unadapted to the schedule, the investments and the continuous driving force they required. Thus, specific organizations were created to ensure their success : public authorities, the Mission for the Coordination of the Major Architecture and Planning Projects.

For his second seven-year term, the President went even further : at a government level, the direct commissioning of the constructing agencies gave them a greater driving force. An Office of the Secretary of State now has a special mission to follow these projects with a strong cultural, architectural and urban design content, to ensure that the initial schedules and costs are respected and that the administrative structure functions efficiently.

For the provinces, the Minister of Culture's 1981 policy favoring the regions and local government initiatives has led to a certain number of exemplary operations being included in the Major Projects program. These projects represent a continuing preoccupation with the symbolic value of each architectural design's symbolic force.

The high standards have been met, as the succession of inaugurations attests. Today there are more than nine monuments or construction sites classified as Major Paris Projects, fourteen other projects are located in the provinces.

La Villette, with its 55 hectares of scientific, cultural and recreational facilities is one of the most important projects. The Géode and the Grande Halle opened in 1985 ; the Center for Science and Industry opened in 1986 and the Center for Music's Conservatory will open in January 1990.

The Orsay Museum created within the previous Orsay Station and inaugurated in 1986 houses collections illustrating the rich artistic period covering the seventy years following the 1848 revolution.

The Arab World Institute, open in June 1987, symbolizes the links created between two civilizations over centuries of a common history.

The La Défense Grand Arch marks Paris' historic axis, designed by Le Nôtre starting from the Louvre and including the pyramid, the Carrousel arch, the Concorde, and the Arc de Triomphe. The colossal cube open to the world also marks a monumental entrance

— l'Institut du monde arabe, ouvert en juin 1987, symbole des liens tissés au cours des siècles d'une histoire commune à deux civilisations ;
— l'arche de la Défense qui marque de façon éclatante l'axe historique de Paris, dessiné par Le Nôtre à partir des Tuileries et où s'alignent la pyramide du Louvre, l'arc du Carroussel, la Concorde et l'Arc de Triomphe. Ce cube ouvert sur le monde constituera une entrée monumentale dans Paris ;
— le ministère des Finances à Bercy. Il amorce, en bord de Seine, avec l'Institut du monde arabe et bientôt la Bibliothèque de France, le rééquilibrage de Paris vers l'est. Il offre maintenant aux quatre ministres et 6 000 agents des Finances qui l'occupent, des conditions de travail enfin dignes des fonctions de cette grande administration ;
— l'opéra de la Bastille, dans un des lieux célèbres de la Révolution fera de Paris la capitale de l'art lyrique populaire ;
— le 29 mars 1989 enfin, s'ouvraient sous la pyramide du Grand Louvre, les espaces d'accueil qui modifient radicalement le rapport entre le vieux musée et son public. L'engouement en a été immédiatement considérable.
Outre leur qualité d'architecture — de grands noms de l'architecture contemporaine y sont associés — ces grands projets sont aussi l'expression d'un savoir-faire technologique. Par leurs dimensions hors du commun, ils ont posé de nombreux défis aux maîtres d'œuvre.
Deux exemples parmi les plus frappants : l'arche de la Défense, où architectes et entrepreneurs ont dû ériger en un seul tenant un bâtiment cubique de 100 mètres de large, 110 mètres de haut avec, pour toit, un pont géant de 70 mètres de portée, le tout pesant 300 000 tonnes ; et la pyramide du Louvre, 95 tonnes de verre se jouant des pressions et des tensions grâce aux 15 000 points d'assemblage de son châssis arachnéen ajusté selon les techniques maritimes de l'accastillage.
Ces réussites architecturales et technologiques illustrent la volonté du président de la République d'affirmer la permanente jeunesse d'un vieux pays demeuré à l'avant-garde des initiatives culturelles et sociales. Tant il est vrai « qu'une nation doit se voir de loin ».

Emile-J. Biasini,
secrétaire d'Etat
chargé des Grands Travaux.

into Paris. *The Ministry of Finances at Bercy, along with the Arab World Institute and the recently announced Library of France, initiates the redressing of Paris' center of gravity towards the east. Four Ministers and 6,000 Treasury agents will finally occupy work spaces worthy of this grand administration.*
The Bastille Opera, located near one of the famous landmarks of the French Revolution will make Paris one of the capitals of opera.
On March 29th, 1989, the Grand Louvre project opened, thus radically modifying the relationship between the old museum and its public. Enthusiasm for the new museum was considerable.
Even more than their architectural quality — the names of great contemporary architects figure prominently — these projects also express a technological know-how. Their imposing dimensions posed a challenge for several of the contractors.
Two striking examples : the La Défense Grand Arch, a cubic building, 110 meters high, 100 meters wide, weighing 300,000 metric tons and supporting a 70-meter-long roof built as a single unit ; and the Louvre pyramid, with 95 tons of glass panes having their stresses and strains taken up by a spider's web of cable and 15,000 articulations, adjusted with the same techniques as boat rigging.
These architectural and technological successes illustrate the President of the Republic's determination to stress the permanent youth of an old country always in the avant guard of cultural and social initiatives — and respect the saying "a nation must be seen from far away".

Emile-J. Biasini,
Secretary of State
in charge of Major Projects.

Implantation des grands projets de l'État. Ce plan met en évidence le rôle majeur et historique de la Seine dans la localisation des grands édifices publics. L'implantation préférentielle à l'est de la capitale correspond aux orientations de la Ville de Paris et de la Région Ile-de-France. La Tête Défense est la seule opération qui ne soit pas localisée dans Paris intra-muros.

Location of the major state projects. This plan reveals the importance of the Seine in the choice of sites for major state projects. The concentration to Paris' east reflects the policy adopted by Paris and by the Ile-de-France Region. The Tête Défense is the sole project not within the city limits.

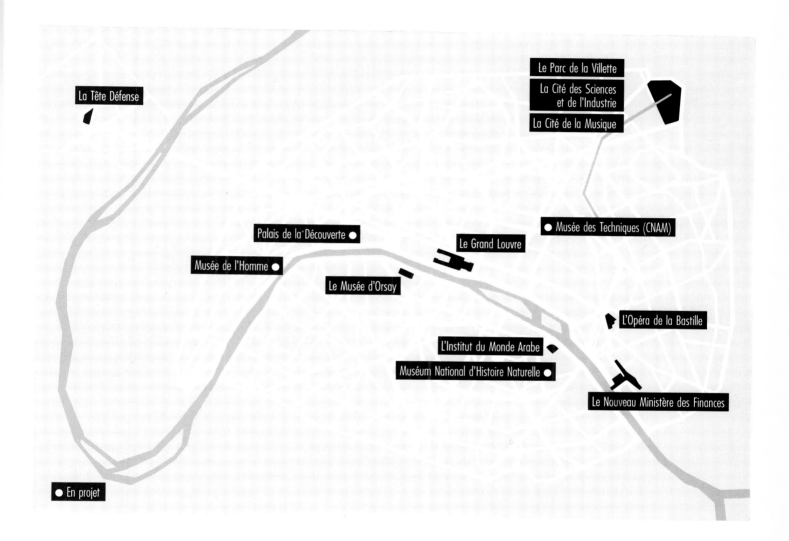

La Grande Arche de la Défense

La Grande Arche   The Grand Arch

La fin d'un vaste débat public
L'obélisque, l'arc de triomphe du Carrousel, celui de l'Etoile, la cour Carrée du Louvre, les ronds-points, la pyramide du Louvre : des formes simples et élémentaires ponctuent la première partie de l'axe historique le plus prestigieux du monde, les Champs-Elysées.

Comment poursuivre à l'ouest cette démarche monumentale ? La question est posée depuis 1931, année pendant laquelle le département de la Seine lança un concours d'idées sur l'aménagement de l'axe allant de l'Etoile au rond-point de la Défense. Comme souvent en France, ce genre de question est susceptible de donner naissance à une période d'intense polémique. En 1972, les premières grandes tours de la Défense apparaissent à l'horizon parisien derrière l'Arc de Triomphe et manifestent au grand public qu'à l'ouest il y a du nouveau : c'est la Défense, quartier dont l'aménagement, programmé sur trente ans, a commencé en 1958. Les Parisiens découvrent le jaillissement d'un urbanisme de tours. Deux projets pour la Tête Défense vont bientôt se trouver au centre d'un vaste débat public, opposant, au début des années soixante-dix, les tenants de l'« ouverture » de l'axe historique de Paris et les tenants de la « fermeture » : Ieoh Ming Pei prévoyait deux tours symétriques reliées par un volume parabolique, mais libérant l'axe historique. Les immeubles d'Emile Aillaud fermaient la perspective. Cette étape s'achève dans la confusion.

Une nouvelle consultation est organisée en 1979. Elle tente d'esquiver la question en limitant à 35 mètres la hauteur des immeubles construits sur l'axe historique, pour interdire leur visibilité à Paris. En février 1981, Robert Lion devait prendre position dans ce débat en dénonçant, dans un article de presse, le manque d'ambition des projets à l'étude et leur inadaptation radicale et au site de la Défense, et à l'histoire de Paris : cent ans plus tôt, la France s'offrait, et offrait au monde, la tour Eiffel ; de ce pari technique devait se dégager une figure de légende pour la capitale ; un siècle plus tard, fallait-il faire petit, œuvrer dans la demi-teinte, dans la peur de soi ou de son ombre ?

En 1982, à la demande du président de la République, un nouveau défi devait être lancé aux architectes du monde entier : l'imagination architecturale était libérée, aucune toise n'étant plus imposée ; un programme ambitieux était proposé, la Tête Défense devant abriter un Carrefour international de la communication. Des 424 esquisses remises en réponse au concours international de la Tête Défense, devait émerger, puis rapidement s'imposer, le projet de Johan Otto von Spreckelsen, architecte danois.

Une opération immobilière exceptionnelle
Johan Otto von Spreckelsen entreprend, dès la mi-1983, la mise au point technique et architecturale de l'esquisse du concours. Il choisit de s'associer à Paul Andreu (Aéroports de Paris). Le projet entre très rapidement dans sa phase opérationnelle.

The end of a broad public debate
The obelisk, the Arc de Triomphe of the Carrousel and the Etoile, the Louvre's Cour Carrée, the round-points and the Grand Louvre's pyramid : simple, elementary forms punctuate the beginning of the world's most prestigious historic axis — the Champs-Elysées.

In 1931, the Seine Department announced a competition for the development of the axis from the Etoile to La Défense, thus launching the question of how to continue this monumental axis toward the west.

As is often the case in France, this question gave birth to a period of intense debate. In 1972, the first tall buildings began to rise behind the Arc de Triomphe, signalling to Parisians that something new was happening to the west — the La Défense project, begun in 1958 and programmed over the next thirty years, was beginning to take shape. Parisians were discovering an urban environment composed of sky-scrapers.

Two projects of the early 70's for the Tête Défense were soon at the center of a vast public debate opposing the proponents of an "opening" or "closing" of the historic axis. Ieoh Ming Pei proposed a pair of symmetric towers joined by a parabolic volume which liberated the historic axis, while Emile Aillaud's proposal closed the perspective. This phase ended in confusion.

A new consultation, organized in February 1979, attempted to skirt the issue by limiting the height of buildings on the axis to 35 meters — thus rendering them imperceptible when viewed from Paris. In February 1981, Robert Lion was compelled to write an article denouncing the lack of ambition manifested by the projects and their radical inadaptability to both La Défense and Paris' history. One hundred years earlier, France had produced the Eiffel Tower — a legendary demonstration of technical prowess for the capital — was it imaginable a century later to consider a modest, shrinking proposal reflecting a lack of self-confidence and a fear of one's shadow ? In 1982, the President of the Republic requested that a new challenge to architects the world over be launched : architectural imagination was to be freed; no constraints were to be imposed ; an ambitious program incorporating the International Communication Center was proposed. Of the 424 submissions received in response to the international competition for the Tête Défense, Danish architect Johan Otto von Spreckelsen's project emerged and quickly imposed itself.

An exceptional real estate operation
Johan Otto von Spreckelsen began refining his competition entry in mid-1983. He chose Paul Andreu of the Aéroports de Paris as associate architect and the project very quickly entered the design development stage.

The Société d'Economie Mixte Nationale Tête Défense was founded in September 1984 in order to find investors that will finance the project. It is presided by Robert Lion, director general of the Caisse des Dépôts et Consignations, with Jean-Louis Subileau as director. The Tête Défense company, the client body, linked the State (34 % of the capital), the Caisse des Dépôts et Consignations (25 %), the Crédit Lyonnais (10 %), the

Schéma du grand axe
historique est-ouest.
L'arche de la Défense et la
pyramide du Louvre
jalonnent les deux
extrémités et soulignent les
perspectives.

*Illustration of Paris' historic
east-west axis. The La
Défense arch and the
pyramid of the Grand
Louvre mark the two
extremities and reinforce the
perspective effect.*

La Société d'économie mixte nationale Tête Défense est créée en septembre 1984 afin de trouver des investisseurs permettant son financement. Elle est présidée par Robert Lion, directeur général de la Caisse des dépôts et consignations, et sa direction est confiée à Jean-Louis Subileau. La société Tête Défense, maître d'ouvrage, lie l'Etat (34 % du capital), la Caisse des dépôts et consignations (25 %), le Crédit Lyonnais (10 %), la BANEXI-BNP (10 %), la SCOR (10 %), la CCRR (5 %), l'INA (6 %) et l'EPAD. Elle est chargée de procéder aux ventes et de réunir les partenaires pour la réalisation d'un ensemble monumental dont le coût final est estimé à 3,5 milliards de francs.

Les travaux commencent en juillet 1985. En 1986 l'opération va connaître successivement deux événements importants.

En avril, le projet de Carrefour international de la communication est abandonné par le gouvernement. Le monument perd son âme. La SEM doit rechercher de nouvelles utilisations pour tous les espaces exceptionnels de l'arche : le toit, le socle, le foyer ; elle doit rembourser l'Etat. Elle est contrainte de remettre en cause le projet des Collines de Johan Otto von Spreckelsen et de densifier fortement les programmes adjacents à l'arche.

En août 1986, les études de conception de l'arche étant achevées, Johan Otto von Spreckelsen demande à se retirer et confie à Paul Andreu le soin d'achever son œuvre. Le 16 mars 1987, l'on apprenait la mort de l'architecte danois. Maître d'ouvrage et architectes ont tenu à respecter scrupuleusement sa conception de la Grande Arche.

La Grande Arche de Spreckelsen

La « Grande Arche » est un cube de 110 mètres d'arête, ouvert sur la perspective historique et dont l'espace intérieur a la largeur des Champs-Elysées. La forme pure de ce monument mais aussi le revêtement de marbre blanc de Carrare de ses façades laissent penser que le projet aurait pu être conçu en d'autres temps de notre histoire. La composition d'ensemble est monumentale par ses dimensions : Notre-Dame pourrait tenir, avec sa flèche, dans le volume libéré au centre du cube entre le socle et le toit.

Comme la tour Eiffel, la Grande Arche représente une prouesse technique : le bâtiment est d'un seul tenant, sans joints de dilatation ; ce cube repose sur douze piliers profondément ancrés dans le sol : le contact entre le cube et les piles est assuré par des coussins de néoprène. La Grande Arche pèse 300 000 tonnes, chaque pilier supporte environ 30 000 tonnes, soit quatre à cinq fois le poids de la tour Eiffel. Sa construction a été rendue possible grâce à la synthèse des techniques du génie civil et du bâtiment.

La structure du cube est charpentée autour d'une gigantesque ossature en béton précontraint appelée « mégastructure ». Celle-ci est constituée de quatre cadres verticaux parallèles de 110 mètres de côté et

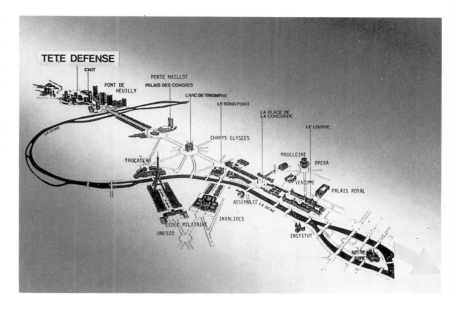

BANEXI-BNP (10 %), the CCR (6 %), the INA (6 %) and the EPAD. The company is charged with commercialization of the project and with bringing together the partners for a monumental project, the cost of which has been estimated at 3,5 billion Francs. Construction began in July 1985 ; in 1986 the project experienced two important events.

In April the International Communication Center was abandoned by the government ; the project lost its soul. The Tête Défense was forced to find replacement activities for the Arch's base, lobby and roof to be able to reimburse the State. The development adjacent to the arch was revised and densified thus altering von Spreckelsen's concept for the Collines.

In August 1986, design studies for the arch were complete and von Spreckelsen requested to be relieved, turning over the responsibility for finishing the work to Paul Andreu. On March 16th, 1987, team members learned of the Danish architect's death. Both client body and architects were firmly instructed to scrupuously respect the original design for the Grand Arch.

Spreckelsen's Grand Arch

The "Grand Arch" is a cube, 110 meters on a side, whose central open space on the axis of the historic perspective is the same width as the Champs-Elysées. The monument's very pure form, as well as the façade's white Carrara facing, are timeless.

The composition is monumental in its dimensions : Notre-Dame — spire and all — could be placed in the central open space.

As with the Eiffel Tower, the Grand Arch also expresses technical prowess : it is built without expansion joints and rests on neoprene cushions over twelve deeply embedded pillars. The Grand Arch weighs 300,000 tons and each pillar supports nearly 30,000 tons or four times the weight of the Eiffel Tower.

disposés à intervalles réguliers de 21 mètres dans le sens vertical et horizontal. On peut lire cette mégastructure sur les façades.

Un monument vivant

La Grande Arche de la Défense a été conçue pour abriter des équipements publics : d'abord, le Carrefour international de la communication, abandonné en avril 1986, ensuite, le ministère de l'Equipement, du Logement, des Transports, de l'Urbanisme et de la Mer qui a décidé de s'installer à la Défense et d'y réunir dans un quartier résolument moderne une partie importante de ses services aujourd'hui dispersés.

La Grande Arche est au centre de l'aménagement de la Défense et de ses futurs développements. Le programme des activités s'organise dans cette logique.

Les circulations en partie basse de l'arche et des ouvrages qui l'accompagnent assurent les liaisons avec le CNIT, le centre commercial des Quatre-Temps, les transports en commun qui desservent le quartier (train, autobus, RER). Des passerelles débouchant sur ces circulations sont jetées au-dessus du boulevard circulaire, favorisent le développement de la rénovation des quartiers voisins et désenclavent le quartier d'affaires.

L'Etat a heureusement conservé la propriété du toit et des ascenseurs panoramiques. Ces espaces seront affectés à une fondation pour les Droits de l'homme et le Développement. Le socle et le foyer ont été acquis par Maxwell Communication Corporation et la Caisse des dépôts et consignations. Ces espaces centraux seront reliés par des ascenseurs panoramiques desservant le toit et circulant dans une structure métallique haubanée à la paroi sud. Le grand public qui les empruntera, pour parvenir au belvédère situé sur le toit, découvrira progressivement la perspective exceptionnelle de l'axe historique de Paris.

En 1989, au moment où s'achève la première phase d'aménagement de la Défense qui avait été lancée en 1958, la Grande Arche de Spreckelsen vient couronner l'édification de ce quartier exceptionnel.

Elle s'inscrit ainsi dans la liste restreinte des grands monuments de la capitale qui en sont les signes et les symboles et qui assurent la renommée de notre pays.

La Grande Arche de la Tête Défense pose un nouveau point d'orgue sur l'axe historique de Paris. Venant clore, sans la fermer, cette grande perspective, le cube est légèrement incliné par rapport à l'axe ; l'angle rappelle celui de la cour Carrée du Louvre, à l'autre extrémité.

Il y a des raisons techniques à cette inclinaison, notamment les contraintes particulièrement difficiles du site, dont le sous-sol est traversé par le RER, une autoroute et deux voies ferrées. Mais n'est-ce pas ce léger sourire de profil, peut-être moqueur quant aux polémiques passées, qui déclenche l'adhésion de beaucoup ?

The construction of the Grand Arch involved a synthesis of civil engineering and building construction techniques.

The cube's structure uses a gigantic prestressed concrete frame referred to as a "megastructure". Four parallel vertical frames, 110 meters on a side, are spaced at 21-meter intervals.

A living monument

The Grand Arch at La Défense was originally designed to accommodate public activities : first the International Communication Center, which the government decided to abandon in April 1986, and then the Ministry of Public Works, Housing, Transport, Planning and See, determined to move to this distinctly modern neighborhood and to bring together a part of its services scattered across the capital.

The logic behind the program and organization of the Grand Arch's activities reflects its central position in the La Défense development.

Circulation areas in the base of the arch and the accompanying development ensure a liaison with the CNIT, the Quatre-Temps shopping center, and the public transport systems which serve La Défense (train, bus and regional transport network). Pedestrian bridges over the circular road system will aid in the future development and renovation of surrounding neighborhoods and open the business to the exterior.

Fortunately, the State has retained ownership of the roof and the panoramic elevators. These elements will be turned over to a Foundation whose activities will favor the Human Rights and Development.

The base and the lobby have been acquired by the Maxwell Communication Corporation and the Caisse des Dépôts et Consignations.

The central spaces are linked to the roof by panoramic elevators using the metallic structure attached to the south façade. The public using these nacelles to reach the belvedere located on the roof will gradually discover the exceptional perspective of Paris' historic axis.

In 1989, the first phase of La Défense's development, begun in 1958, will come to a close and Spreckelsen's Grand Arch will be the crowning achievement of an exceptional neighborhood.

It will thus take its place among the few monuments which have become the symbols of the capital and ensure our country's renown.

The Grand Arch at La Défense poses another landmark on Paris' historic axis. Ending the perspective without closing it, the slight turning of the Grand Arch's plan with respect to the axis mirrors the Cour Carrée's similar orientation at the other extremity.

There are technical reasons for the movement which are due to the particularly constraining site — a freeway, the regional transport lines and the railway all pass under the building. But is it not just this amusing feature (a furtive wink at all the past discussions) which has inspired many to support the project ?

Un cube ouvert
Une fenêtre sur le monde

Idée

Un cube ouvert
Une fenêtre sur le monde
Comme un point d'orgue provisoire sur l'avenue
Avec un regard sur l'avenir.
C'est un « arc de triomphe » moderne,
A la gloire du triomphe de l'humanité,
C'est un symbole de l'espoir que dans le futur
Les gens pourront se rencontrer librement.
Ici, sous l'« arc de triomphe de l'homme », les gens
viendront du monde entier pour connaître les autres
gens, pour apprendre ce que les gens ont appris,
Pour connaître leurs langues, leurs coutumes,
religions, arts et cultures.
Mais surtout pour rencontrer d'autres gens !
Au seul contact des autres gens et nationalités, les
barrières que les sentiments d'incompréhension des
siècles passés ont créées seront détruites.
L'« arc de triomphe de l'homme » se verra de loin
dans toutes les directions.
En approchant de cette arche, on découvre que c'est
une grande place couverte où l'on peut se mêler aux
autres et d'où il est facile de partir à la découverte
de chaque pièce du grand complexe.
A l'intérieur et à l'extérieur de l'« arc de triomphe de
l'homme », les espaces protégés et couverts de plans
de verre qui, comme des nuages mouvants, semblent
bouger doucement au-dessus des gens et de leurs
activités. Et là, parmi de vraies plantes et de petites
fontaines, on aura la possibilité de se reposer, boire
une tasse de café, converser, jouer, se promener,
jeter un regard sur toutes sortes de choses...
Sur l'arche, on trouvera un jardin suspendu et un
restaurant.
Ce dernier complexe à l'intérieur de la Défense,
qu'on le voie de près ou de loin, se percevra comme
une série de différentes proportions, du plus grand
édifice jusqu'au plus petit endroit de réunion.

Expression architecturale

Quatre grands cadres de béton définissent la mégastructure. Cet ensemble sera stabilisé par quatre
autres cadres parallèles et utilisant les principes de
Vierendeel.
Le but principal est de construire la « clé de voûte »
de la Défense. La tâche de définir et d'embellir le site
revient ainsi au dernier bâtiment construit.
Les façades du cube ouvert présentent un revêtement
lisse, symbolisant une puce électronique, et montrent
les lignes de la communication : un graphisme
abstrait inspiré par la plus géniale invention de
l'électronique moderne.

Caractéristiques techniques

On a choisi le béton armé précontraint, matériau
idéal pour les structures devant porter une lourde
charge. Ce type de béton résiste très bien au temps
et aux incendies. Son armature de câbles lui procure
une efficacité maximale à faible coût. Ce procédé est
issu des expériences de Freyssinet. La structure

Idea

An open cube
A window to the world
As a temporary Grand Finale to the avenue
With a view into the future.
It is a modern "Arc de Triomphe",
Celebrating the triumph of mankind,
It is a symbol of hope for the future
That all people can meet freely.
Here under the "triumphal arch of man" people will
come from all over the world to learn about other
people, to learn what people have learned,
to learn about their languages, their customs, religions,
arts and cultures.
But first of all to meet other people !
Only by contact with other people and nationalities can
the barriers which misunderstood feelings of centuries
have created, be destroyed.
The "triumphal arch of man" will be seen far and wide.
As you approach this arch, it appears to be a great
covered square where you can mingle with others and
from where you can discover every part of the huge
complex.
Inside and outside of the "triumphal arch of man", the
protected areas are covered with sheets of glass, which,
like hovering clouds, are moving smoothly over folds
and their functions. And here among living plants and
small fountains you will have a chance to rest, to have
a cup of coffee, to have conversations, to play, to
promenade, to look out over all things...
On the top of the arch you will find a roof-garden and
a restaurant.
This last complex in La Défense, whether viewed from
near or afar, will be experienced as a series of different
proportions, from the very largest edifice right down to
the smallest meeting-place.

Architectural expression

Four large concrete frames define the megastructure.
This is stabilized by another four frames set up in
parallel positions, utilizing the principles of Vierendeel.
The main aim is to place the keystone of the La Défense.
As the last member of the family of buildings, it has the
task of defining and refining the site.
The façades of the open cube appear with a bright and
smooth surface, symbolizing a micro-chip, showing the
lines of the communication : an abstract graphic work
inspired by the most brilliant invention of modern
electronics.

Technical specifications

Prestressed concrete has been chosen as the ideal material
for the load-bearing structures. This type of concrete
has long-lasting durability and it is fire-resistant.
Through cable reinforcing it achieves maximum econo-
mical efficiency. The basis of this construction is the
experiences of E. Freyssinet. The main structure
of the "triumphal arch of man" consists of four large
prestressed concrete frames situated in vertical
planes.

Construction de la Grande Arche. Septembre 1988.

Page de droite : le bâtiment, en forme de cube ouvert de 110 mètres de côté, est revêtu de marbre blanc de Carrare. Sous la voûte, un treillis de câbles haubanés supporte les ascenseurs panoramiques qui relient le socle au toit de l'arche.

The Grand Arch construction site. September 1988.

Opposite page : white Carrara marble covers the cube 110 meters on a side. A web of tension cables supports the panoramic elevators joining the base and the roof of the arch.

principale de l'« arc de triomphe de l'homme » consiste en quatre cadres de béton précontraint situés dans les plans verticaux. De plus, les cadres orientés est et ouest ont des murs-membranes orientés à 45 degrés par rapport aux cadres principaux. Les éléments verticaux des cadres forment le contreventement des deux bâtiments principaux. Ces bâtiments s'appuient l'un sur l'autre par leurs cadres. C'est ce système qui donne sa forme au cube ouvert. Les murs de contreventement peuvent comporter les ouvertures requises par les activités comme toute construction Vierendeel. Elles permettent la circulation horizontale. Des cellules résistant à l'incendie se placeront facilement dans ces murs.

La portée horizontale des cadres est obtenue par liaisonnement des cadres et des dalles. On crée ainsi des boîtes de tailles différentes suivant leur utilisation et les charges admissibles stabilisatrices.

Pour répartir les forces, l'élément horizontal des cadres est traité en structure alvéolaire percée elle aussi.

Toutes les dalles, le toit et les dalles de soutènement sont en béton précontraint à construction alvéolaire. Ce procédé est lui aussi économique et permet de grandes portées sans de trop grandes épaisseurs. Les dalles qui forment les membranes horizontales transmettent les forces horizontales aux cadres. Les quatre grands cadres assurent la stabilité de l'ensemble dans le sens nord-sud. La stabilité est-ouest est assurée par les membranes à 45 degrés des cadres.

Les fondations reçoivent toutes les forces. La construction du cube ouvert concentre les charges directement sur les points de fondation optimaux du site de la Défense sans se heurter aux infrastructures existantes.

La consommation d'énergie est réduite grâce à l'utilisation de l'énergie solaire passive et à l'utilisation du bâtiment comme accumulateur d'énergie. On peut utiliser le chauffage classique.

Un élément du projet est constitué d'un système de toitures de verre en festons reposant sur des câbles. Les pans de verre font un volume abritant les activités conditionnées par le climat. Ces pans de verre abaissent aussi le niveau de bruit du trafic.[1]

Johan Otto von Spreckelsen,
architecte.

Furthermore, the frames towards east and west are supplied by discs forming 45 degrees to the above named main frames.

The vertical parts of the frames form the cross walls of the two main buildings. These buildings do not stand alone but sustain each other by the frames.

And by this system the open cube is shaped.

The cross walls can be supplied with holes and openings by which they function as a Vierendeel construction. This forms the horizontal communication of the buildings. Fire-resistant cells can be easily and economically established by means of these cross walls.

The horizontal span of the frames is obtained through structural connection between the frames and the decks. This forms box sections with holes and openings for rooms, proportioned to the forces and uses which stabilize the structure.

In order to distribute the forces, the horizontal spans of the frames are supplied with cross ribs which also have openings.

All decks, roof and bottom decks are rib construction made of prestressed concrete. This construction too is economical and allows large spans with small construction heights.

The decks, forming horizontal discs, transmit the horizontal forces to the frames. The four frames ensure the entire main stability in the north-south direction. In addition to that, the stability of the buildings in the east-west direction in secured by use of the discs, forming 45 degrees to the frames.

All the constraints on foundations are effected. The open cube construction secures all concentrated load points directly to the best foundation places in the La Défense area without conflicts with the existing infrastructures in the basement.

The energy consumption is minimized by utilizing both passive solar energy and the construction as energy storage. In addition to that, traditional heating can be used.

A part of the project forms the system of folded glass roofs, supported by cables. The glass sheets form a favorable local climate which allows outside activities most of the year. In addition, these glass sheets diminish noise levels, caused by the traffic.[1]

Johan Otto von Spreckelsen,
architect.

1. Ce texte est le rapport de présentation de J.O. von Spreckelsen au concours international, mars 1983.

1. This text is the project presentation for the competition. March, 1983.

Esquisse pour le concours
international d'architecture
(mars 1983).

*Sketch for the March, 1983,
international architectural
competition.*

Coupes verticales sur
l'arche.
En haut : coupe nord-sud.
En bas : coupe est-ouest
sur les circulations piétons
et les bâtiments adjacents
conçus par Jean-Pierre
Buffi.

Vertical sections of the arch.
Top, the north-south section.
Bottom, the east-west
section.

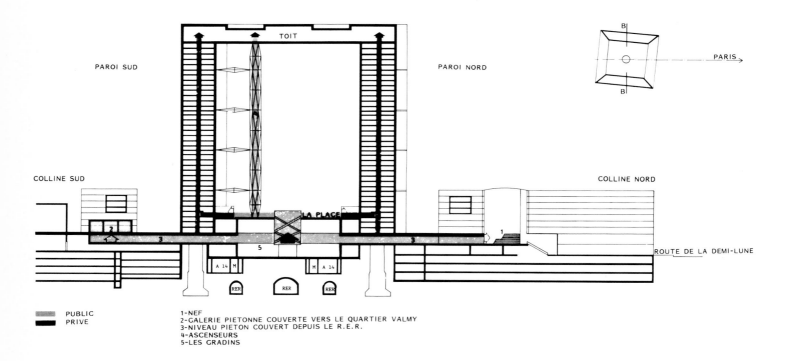

PAROI SUD   TOIT   PAROI NORD

COLLINE SUD   COLLINE NORD

LA PLACE

ROUTE DE LA DEMI-LUNE

PARIS →

PUBLIC
PRIVE

1-NEF
2-GALERIE PIETONNE COUVERTE VERS LE QUARTIER VALMY
3-NIVEAU PIETON COUVERT DEPUIS LE R.E.R.
4-ASCENSEURS
5-LES GRADINS

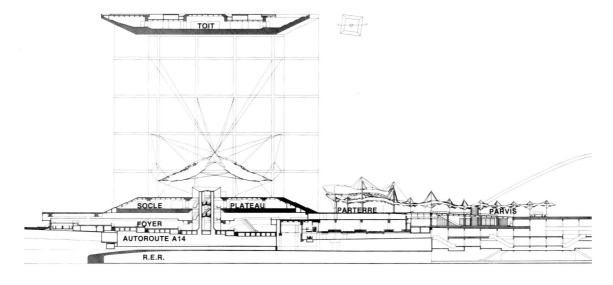

TOIT

SOCLE   PLATEAU   PARTERRE   PARVIS
FOYER
AUTOROUTE A14
R.E.R.

24

Situation de l'arche dans le quartier de la Défense. Vue axonométrique. L'inclinaison de 6 degrés par rapport à l'axe est la même que celle de la cour Napoléon du Louvre par rapport aux Champs-Elysées.

The cube of the La Défense neighborhood. Axonometric view. The 6 degrees rotation of the arch relative to the axis is the same as that of the Louvre's Cour Napoléon relative to the Champs-Elysées.

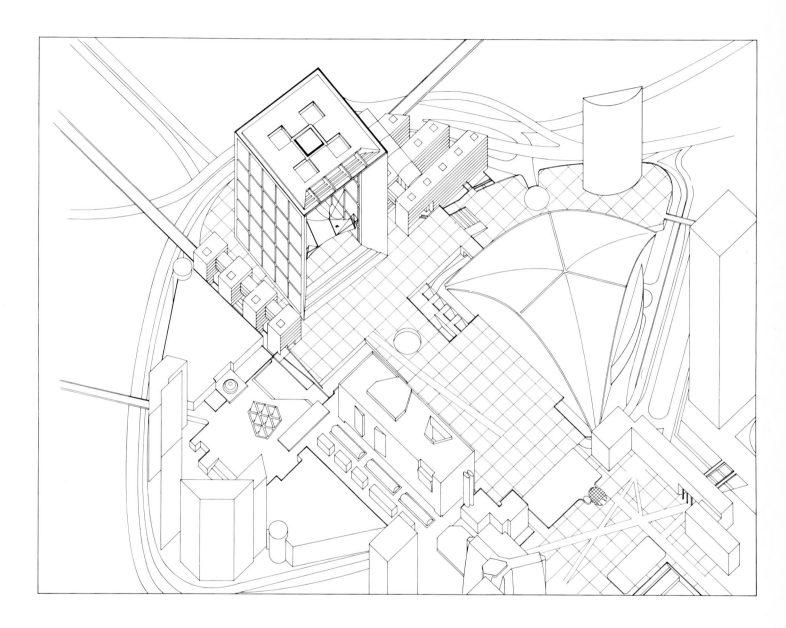

En haut : plan du toit avec la « carte du ciel » de Jean-Pierre Raynaud.
En bas : coupe perspective du toit.
La trame nord-sud correspond aux grandes mégastructures qui ceinturent le bâtiment et lui confèrent sa rigidité. La trame est-ouest assure le contreventement des mégastructures.

Above : the roof plan with the "sky chart" of Jean-Pierre Raynaud.
Below : perspective section of the roof.
The north-south grid corresponds to the megastructures which gird the building and guarantee its rigidity. The east-west grid provides the megastructure's wind-bracing.

A : BELVÉDÈRE
B : SALLES DE CONFÉRENCES
C : SALLES D'EXPOSITION
D : PATIOS
E : ARRIVÉE DES ASCENSEURS
F : SALLE CENTRALE

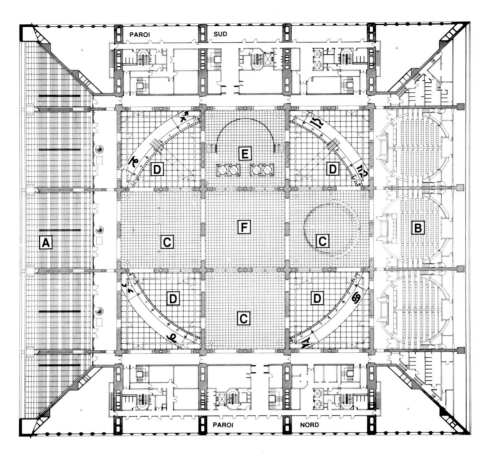

En haut : construction des
ascenseurs de la Grande
Arche. Septembre 1988.
En bas : deux des douze
piliers qui supportent les
330 000 tonnes de l'arche
par l'intermédiaire d'un
joint de néoprène. Les
chapiteaux ont 10 mètres
de long.

Above : construction of the
Grand Arch's elevators.
Below : two of the twelve
pillars which support
330,000 tons on neoprene
joints. The capitals are
10 meters long.

Le Grand Louvre

La réalisation du Grand Louvre   Realization of the Grand Louvre

A la fin du XIIe siècle, en construisant un château fort pour défendre la cité dans un bois où l'on chassait le loup sur la rive droite de la Seine, Philippe Auguste a posé le germe de ce qui devait devenir le palais du Louvre. C'est sur son emplacement, en effet, que François Ier, après l'avoir rasé quatre siècles plus tard (il avait entre-temps été transformé par Charles V en résidence royale), fit construire par Pierre Lescot le nouveau « corps de logis » qui, développé règne après règne jusqu'à la fin du XIXe siècle, est devenu l'immense palais qui marque aujourd'hui le cœur de Paris.

Pendant cinq siècles, tous les régimes ont apporté leur pierre à cet ensemble prestigieux qui a traversé l'histoire dans des rôles multiples : tour à tour demeure royale, caserne, prison, école, académie, local administratif, collège artistique, il a finalement trouvé sa vocation lorsque la Convention, mettant en 1793 un terme à un long débat de principe dans lequel s'étaient illustrés les Encyclopédistes, a ouvert pour la première fois au public les collections royales dans l'une de ses galeries. Le musée s'est alors étendu et enrichi jusqu'à devenir ce qu'il est aujourd'hui : l'un des tout premiers du monde par l'importance et la variété de ses collections. Mais jamais du fait de l'inadaptation foncière des lieux à un tel usage, le musée n'avait trouvé dans le palais les équipements indispensables à son bon fonctionnement. Cruellement démuni des moyens nécessaires à la vie scientifique des collections, à leur entretien, à l'accueil et au confort du public comme à la facilité du travail, il éprouvait de plus en plus de difficultés à faire face à un succès grandissant.

Faute d'extension, on pouvait redouter que, à terme, la sclérose ne l'atteignît quand, en 1981, M. François Mitterrand, président de la République, apporta la solution que personne n'osait espérer en décidant que, désormais, le musée serait le seul maître du palais. La construction à Bercy d'un nouveau ministère des Finances fut aussitôt entreprise pour permettre la réalisation de ce qui s'est dès lors appelé le Grand Louvre.

Sans attendre que le nouveau ministère construit, les Finances aient libéré le palais, une première tranche du projet fut entreprise pour donner au Louvre, dans le respect absolu du palais et de son architecture, tous les moyens modernes nécessaires à la gestion des collections, au fonctionnement du musée et à l'accueil de son public.

Le monument historique étant architecturalement figé, il fallait inventer pour des usages nouveaux des espaces nouveaux ; la tâche en fut confiée, sous la responsabilité de l'établissement public bâtisseur créé pour la circonstance, à l'architecte américain Ieoh Ming Pei qui, parmi les grands architectes de ce temps, bénéficiait de l'expérience d'une entreprise du même type et d'importance comparable, l'extension de la National Gallery de Washington.

Le parti retenu fut de creuser, au centre du palais, sous la cour Napoléon, environ 60 000 mètres carrés de constructions souterraines, le palais étant, lui,

The nucleus for the Palais du Louvre was established with Philippe Auguste's fortress for the city's defence on the Seine's right bank — in a wooded area known for its wolves. Transformation into a royal residence by Charles V followed, and the fortress was finally razed, four centuries later, by François Ier who commissioned Pierre Lescot to build a new "group of buildings" in their place. Through successive reigns up to the mid-19th century, the palace was gradually transformed into the Parisian landmark we know today.

More than five centuries of building comprises a prestigious complex which has played a number of roles through the ages : royal residence, barracks, prison, school, academy, administrative place, art school. In 1793, the Convention decided its final use by allowing the public to view the royal art collection in one of the galleries — thus ending long debate in which the Encyclopedists figured prominently. The Museum grew and was enriched to the point that the size and the variety of its collections place it among the world's most important. While they share the same name, the prestigious buildings and the celebrated Museum in fact did not work well together. The palatial spaces were very poorly suited to the functional needs of the museum and it cruelly lacked the means for exploiting the scientific value of the collections and ensuring their maintenance. The Museum had trouble coping with its growing success : the 2,5 million annual visitors put up with uncomfortable conditions and the Museums' directors found their situation thankless.

Without a major change, the Museum would have become hopelessly overcrowded. Then, Mr. François Mitterrand, President of the French Republic, took the courageous decision to make the museum the sole master of the Palace. The construction of a new Ministry of Finances in Bercy was launched to allow the Ministry's depart and the realization of the project now called the Grand Louvre.

Without waiting for the construction of the new Ministry and the vacation of the Palace by the Ministry, a first phase was launched to give the Louvre the most efficient methods of displaying its collections, ensuring more effective functioning and management and receiving visitors. The Palace and its architecture were to be respected absolutely. As the historic monument is architecturally complete, new uses required the invention of new spaces : a Public Establishment was created for the project and the American architect Ieoh Ming Pei, one of the greatest architects of our times — and designer of the recent extension to the National Gallery in Washington — was commissioned as an architect.

The solution chosen was to excavate the Cour Napoléon, in the center of the Palace, in order to create nearly 60,000 square meters of underground facilities. The restored Palace will be reserved for the collections. The Louvre thus appears as it always has even though its morphology has been deeply modified as all of its services are now gathered around the main entrance with its glass pyramid.

This initial, fundamental transformation is now complete. The first visitors discover the new facilities in the

Vue aérienne sur les
Tuileries et le palais du
Louvre. Sur la rive gauche,
le musée d'Orsay.

*Aerial view of the Tuileries,
the Louvre and the Orsay
Museum on the left bank of
the Seine.*

pour l'essentiel consacré aux collections : le Louvre demeure ainsi en apparence conforme à ce que les siècles en ont fait, alors que sa morphologie invisible est profondément modifiée en réalité puisqu'un ensemble de services a été créé en son cœur, organisé autour d'une entrée marquée par la pyramide de verre.

Cette première et fondamentale transformation morphologique est aujourd'hui achevée. Les visiteurs du Louvre se pressent déjà sous la pyramide qui apporte au nouvel espace d'accueil la lumière du jour et offre aux visiteurs le contact visuel permanent avec les bâtiments historiques qui l'entourent. Outre les équipements classiques d'accueil (orientation et information, accueil des groupes, billetteries, vitrines, cafés, restaurants...), le public y trouve une série d'équipements complémentaires :

— un auditorium de 420 places, pour la tenue de colloques, la diffusion de films et l'organisation de concerts ;

— une vaste librairie d'art et une boutique de cadeaux du musée ;

— une salle d'expositions temporaires autorisant notamment la tenue d'expositions organisés autour d'œuvres du Louvre ;

— un espace de présentation de l'histoire du Louvre, palais et musée, ouvrant à la visite des fossés médiévaux mis au jour et aménagés en crypte lors de cette première tranche de travaux.

Au-delà de sa nécessité fonctionnelle, la pyramide a désormais valeur monumentale et fait déjà partie du paysage parisien. Au cœur de la cour Napoléon, enfin ouverte à la ville par le passage Richelieu, elle marque une place publique nouvelle que les parisiens et les visiteurs découvrent là où n'était qu'un lieu mort réservé au stationnement des véhicules. Et dans la pureté de ses formes et de ses bassins, elle évoque les parterres de Le Nôtre, qui, plus à l'ouest, seront reconstitués.

Mais un vaste travail reste à accomplir : l'intérieur du musée est encore largement inchangé, et ses circuits n'ont pu gagner en clarté ni en cohérence par rapport à cette nouvelle entrée. Le déménagement du ministère des Finances intervenant en juin 1989, les travaux de redéploiement des collections peuvent désormais être engagés, afin d'organiser les circuits muséologiques autour du nouvel axe central du Louvre.

D'une ampleur au moins égale aux travaux déjà réalisés, les aménagements projetés dans la seule aile nord sont considérables : en volume celle-ci est l'équivalent du musée d'Orsay.

Sur la base du programme arrêté en 1984, l'ensemble des espaces sera remodelé, les volumes retravaillés, les cours couvertes par des verrières, des circulations verticales mécaniques créées. Les collections islamiques, la sculpture française, les objets d'art et les antiquités orientales pour partie, les peintures des écoles du Nord y seront déployés, impliquant parallèlement une réorganisation du musée actuel.

Les nouvelles salles de l'aile Richelieu seront ache-

light-filled court under the pyramid while remaining in visual contact with the surrounding historic buildings. In addition to the usual reception facilities (orientation and information, group reception, ticket booths, presentation cases, cafés, restaurants...), the public will also find the following complementary elements : a 420-seat auditorium for seminars, film projection and concerts ; a vast bookshop and Museum gift shop ; a temporary exhibit space for shows concerning Louvre objects ; a presentation of the Louvre's history preceding the visit to the medieval moat, organized as a crypt during the first phase of development.

Beyond technical necessity, the pyramid also has assumed a monumental role and already has become part of the Paris landscape. In the heart of the Cour Napoléon, finally opened towards Paris via the Passage Richelieu, it marks a new public place replacing the previous car park. The pure forms of the pyramid and the basins evoke the French garden designed by Le Nôtre to be rebuilt further to the west.

An imposing effort remains to be accomplished : the Museum's interior has remained largely unchanged and the visitor's circuits have yet to profit from the reorganization made possible by the new entrance. With the departure of the Ministry of Finances in June 1989, the redistribution of the collections will begin and visitor's circuits will be organized on the basis of the Louvre's central axis.

Representing nearly the same effort as recently expended, the North wing's reorganization will concern a volume equal to that of the Orsay Museum.

La cour Carrée en cours de restauration, octobre 1985.

The restoration of the Cour Carrée, October 1985.

vées en août 1993, pour le bicentenaire de la création du musée du Louvre. L'ensemble des réaménagements intérieurs du palais sera, lui, terminé en 1996. Dans le même temps, deux autres programmes seront menés à bien :

— la création d'une gare routière et d'un parc de stationnement sous la cour du Carrousel, reliés à l'accueil du musée par une galerie d'activités commerciales ;

— la poursuite de la restauration des façades et des toitures du palais, engagée dès 1983-1984 avec la restauration de la cour Carrée, et qui doit être poursuivie sur la totalité du Louvre.

Ces travaux terminés, le Grand Louvre sera ainsi doté de tous les moyens de présenter dignement à ses visiteurs du monde entier de plus en plus nombreux, quelques-unes des richesses essentielles de notre civilisation.

The program brief determined in 1984 calls for remodelling of all interior spaces, glazed roofs for the courtyards and installation of mechanical vertical circulation. Installation of the collections of Islamic art, French sculpture and part of Oriental art and antiquities will require reorganization of existing spaces.

New rooms in the Richelieu wing will open in 1993 for the bicentenary of the Louvre Museum. The reorganization will be complete in 1996.

At the same time, two other programs will be realized :

— creation of a bus terminal and a parking garage under the Cour Carrousel — linked to the museum by a shopping gallery ;

— restoration of the totality of the Louvre's façades and roofs, begun in 1983-1984 with the Cour Carrée.

With the completion of this program, the Grand Louvre will have the facilities to offer an increasing number of visitors a presentation of some of the essential treasures of our civilization.

Ci-contre et page suivante :
la cour Carrée du Louvre.
Détails de la restauration
des façades et de la
statuaire.

*Opposite and following
page : the Louvre's Cour
Carrée. Details of the façade
and statuary restoration.*

Vue sur la cour Napoléon du Louvre. Les fouilles entreprises en 1984 dans la cour Napoléon et dans la cour Carrée ont constitué la plus importante opération d'archéologie jamais entreprise en France. Elles ont mis en évidence, cour Napoléon, de multiples témoignages de la vie urbaine depuis le XIIIe siècle.

View of the Louvre's Cour Napoléon. In 1984, the largest archaeological operation ever undertaken in France excavated the Cour Napoléon and the Cour Carrée. The Cour Napoléon contained many traces of urban settlement dating from the 13th century.

Une image de la modernité au cœur d'un monument historique

A modern image at the heart of an historic monument

Pour la première fois de son histoire, le palais du Louvre est totalement affecté au musée. La libération de l'aile Rivoli crée l'opportunité de repenser l'organisation générale du musée aussi bien pour la présentation des collections que pour l'accueil du public.

Au centre de gravité du Louvre, le hall Napoléon constituera l'espace d'accueil principal. Placé au croisement de l'axe est-ouest et de l'axe nord-sud du palais, il sera l'élément central du nouveau circuit muséologique.

Sa forme carrée, d'une géométrie simple et rigoureuse, sera disposée de sorte que chaque angle corresponde à l'alignement des axes et donne accès, grâce à un traitement architectural spécifique, aux circuits de visite.

Ce hall sera bordé d'une mezzanine qui correspondra au niveau d'accès dans le palais à travers trois cryptes : Denon au sud, Sully à l'est vers la cour Carrée, Richelieu au nord. Ces cryptes seront donc créées en sous-sol, au niveau des trois principaux pavillons qui structurent l'ordonnancement architectural de la cour Napoléon construite par Visconti et Lefuel.

L'architecture du hall sera caractérisée par la simplicité et le calme des grandes surfaces de murs et de sols en pierre, et par le raffinement de la mise en œuvre de matériaux modernes tels que le béton architectonique des poteaux et des plafonds ou l'acier inoxydable de l'escalier hélicoïdal, des escaliers roulants et autres éléments de modénature.

La structure de la pyramide, qui couvrira la majeure partie du hall et lui donnera tout son volume, sera haute de 21 mètres et large de 33 mètres à sa base. Elle sera faite d'une résille très fine de tubes d'acier inoxydable (5 centimètres de diamètre) et de câbles (8 millimètres de diamètre), véritable toile arachnéenne qui laissera pénétrer largement la lumière et le soleil dans l'espace du hall, large de 70 mètres et situé à 8,60 mètres sous le niveau de la cour Napoléon. La pierre des murs donnera l'impression que l'on a « taillé » ce grand volume dans la roche du sous-sol de Paris.

Autour de ce hall, seront placés les services d'accueil que le public attend d'un grand musée. Outre l'information, un grand auditorium, un accueil spécialisé pour les groupes d'enfants, un café-restaurant et les boutiques du musée constitueront autant d'espaces spécifiques accessibles depuis le hall. Complétant cette composition cruciforme, une galerie donnera accès, vers l'ouest, à la gare de tourisme et au parking souterrain situés sous les jardins du Carrousel. Cette galerie à la forte architecture de pierre, de béton et de verre, accueillera quelques boutiques dont l'activité sera compatible avec le musée. Une pyramide « inversée », pointe vers le bas, apportera la lumière naturelle à cet espace.

Tous les autres volumes souterrains de la cour Napoléon seront utilisés pour les services du musée, réserves d'œuvres, de matériel, vestiaires, etc.

Après la réalisation de la cour Napoléon, sera mise

For the first time in its history the Louvre Palace will be totally occupied by the museum. The freeing of the Rivoli wing creates the opportunity to completely rethink the general organization of the museum — whether displaying its collection or welcoming the public.

The Louvre's center of gravity, the Napoléon Hall placed at the intersection of the east-west and north-south axes, will become the principal entry and the hub of the new visitor's circulation network.

The simple, strong geometry of its square form is arranged so that each angle, with its specific architectural treatment, corresponds to a visitor's circuit.

The hall is surrounded by a mezzanine which gives access through three crypts to the Palace : Denon to the south, Sully to the east, towards the Cour Carrée and Richelieu to the north. These crypts will be created below ground at the level of the three pavilions which structure Visconti and Lefuel's Cour Napoléon.

The hall is characterized by the simplicity and the calm of large floor and wall areas in stone, the architectural concrete of the columns and ceilings and the stainless steel of the spiral staircase, the escalators and other details.

The pyramid, which covers the entire hall and determines its volume, is 21 meters high and its base is 33 meters on each side. The structure is a very fine mesh of stainless steel tubes (5 centimeters diameter) and cables (8 millimeters diameter) — like a spider's web — which will allow sunshine and light to freely penetrate the 70-meter-square hall located 8.60 meters below the Cour Napoléon. The stone walls will give the impression that the hall's large volume has been cut out of the bedrock of Paris.

Services expected of a major museum will be located in specific spaces around the hall : the information desk, an auditorium, a special reception area for children's groups, a café-restaurant and the Museum's shops. The gallery to the west, with its imposing stone, concrete and glass architecture, will link the hall to the parking area and tourist bus-station located under the Carrousel gardens and will have the usual museum shops. An inverted pyramid will introduce natural light into the space. All of the Cour Napoléon's other underground spaces will be used for services such as cloakrooms, storage areas for works of art, other materials, etc.

The Museum's reorganization will begin with the first phase of the conversion of the Rivoli wing presently occupied by the Ministry of Finances and take place after the Cour Napoléon project. The Ministry's courtyard, a parking lot at the moment, will be completely transformed and covered with a glass roof. The ground level will feature a series of platforms and steps which will present French outdoor sculpture, such as the Marly Horses by Coysevox and Coustou, protected from pollution. The lower part of the courtyard will communicate with the Richelieu crypt and the northern access to the Napoléon Hall.

The existing buildings will be completely remodelled : the mezzanine floors will be taken out, a number of walls removed and the floors re-covered.

en chantier une première phase de réorganisation du musée. Les travaux porteront sur la première tranche d'aménagement de l'aile Rivoli, actuel ministère des Finances. Les cours du ministre et des caisses, qui servaient de parking, seront complètement transformées. Elles seront couvertes d'une verrière. Le sol sera modelé par une architecture de plates-formes et d'emmarchements permettant de présenter les sculptures françaises de plein air qu'il faut mettre à l'abri de la pollution, tels les chevaux de Marly de Coysevox et Coustou.

La partie basse des cours communiquera avec la crypte Richelieu au débouché de l'accès nord du hall Napoléon.

Les bâtiments existants seront complètement remodelés, les entresols démolis, une partie des murs supprimée et les planchers refaits.

Une liaison verticale importante (ascenseurs, escaliers roulants, escaliers) sera aménagée sur toute la hauteur du bâtiment, à la jonction avec le hall Napoléon, pour constituer un des points forts du circuit muséologique.

L'architecture de ces aménagements sera moderne et

Vertical circulation (stairs, elevators and escalators) will be provided for the entire height of the building at the junction with the Napoléon Hall — thus providing a strong structuring element for the visitors' circuit.
The remodelling will feature a modern design in keeping with the architecture of the entrance hall but will also reflect the specific characteristics of the Palace. Important architectural landmarks, such as the Colbert and Lefuel staircases and the Duc de Morny rooms will be preserved in all their splendor and become part of the visitors' circuit.
The Louvre and the Tuileries constitute an urban composition, exceptional in both size and historical importance, which was a dead space in the heart of Paris as soon as the doors to the Museum closed.
The Ministry of Finance's move from their Louvre premises to the new building in Bercy will finally allow the museum to take over the Palace's north wing and establish a real interaction between the Museum and the city. The Rue de Rivoli's arcades and the Place du Palais-Royal will no longer face an impenetrable wall. The openings in the Louvre will be renovated so that the public will be able to pass through the existing wall.

La mise en valeur du patrimoine national

Parallèlement à la modernisation et au réaménagement du musée du Louvre qu'il était urgent d'entreprendre, un important programme de restauration du palais a été engagé, dont la première tranche a été exécutée en 1984 et en 1985.

Ces travaux ont permis, outre la restauration intégrale du clos et du couvert de la cour Carrée, la création d'une crypte aménagée autour des vestiges du premier Louvre, château fort de Philippe Auguste, et de son donjon (XIIᵉ siècle), fondements sur lesquels Charles V bâtit au XIVᵉ siècle sa résidence. Les deux opérations ont été menées de front. A l'automne 1985, la cour Carrée avait retrouvé sa beauté première : façades intérieures ravalées, sculptures d'ornement restaurées, fenêtres et toitures remises à neuf. Ces travaux ont été complétés, après la réalisation de la crypte, par un aménagement de surface :

dallage et pose d'un bassin sur un projet de Duban, architecte de Napoléon III.
La campagne de fouilles a démarré dans le même temps, permettant de mettre au jour les fossés du Louvre de Philippe Auguste et la base du donjon central, la « grosse tour du Louvre » à laquelle tous les vassaux du royaume devaient hommage. Du château de Charles V, il subsiste quelques substructions particulières parfaitement identifiables.
L'excellent état de conservation de ces vestiges enfouis pendant cinq siècles et dégagés sur une hauteur de 7 mètres offrira au public qui peut désormais circuler dans les fossés une étonnante promenade dans le Paris médiéval, aux origines mêmes de l'Etat français. Ce parcours devra être suivi pour aller de l'espace d'accueil de la cour Napoléon aux départements des antiquités égyptiennes, grecques et romaines.

The national heritage

At the same time that the modernization of the Louvre Museum was undertaken, 1984 and 1985 signaled the completion of the first phase of an ambitious restoration program for the Palace.
The work included the integral restoration of the precinct, the covering of the Cour Carrée and the creation of a crypt around the remains of the 12th century Louvre, Philippe Auguste's castle and keep which served as the foundations for Charles V's 14th century residence.
By the autumn of 1985, the Cour Carrée had regained its original beauty : the internal façades were cleaned, the decorative sculpture restored, the windows and the roof renewed. The program was completed, after building the crypt, with the paving of the courtyard and installing a

fountain according to the plans of Napoléon III's architect, Duban.
Excavations, carried out at the same time, revealed the moat of Philippe Auguste's Louvre and the base of the central keep — the huge Louvre Tower — to which all the vassals of the kingdom paid homage. Several foundations from Charles V's castle are perfectly identifiable.
These well-conserved remains, buried for five centuries, now uncovered to a height of 7 meters will offer the public now able to visit the moat, a surprising view of Medieval Paris at the time of the origins of the French State. The space is on the path from the reception area in the Cour Napoléon to the departments of Egyptian, Greek and Roman antiquities.

en continuité stylistique avec l'espace d'accueil, mais tiendra compte également de la spécificité architecturale du palais. Les ensembles architecturalement importants, tels que les escaliers Colbert et Lefuel, ou les salons du duc de Morny, seront conservés dans toute leur splendeur et intégrés au circuit de visite.

Pièce urbaine exceptionnelle tant par son histoire que par son architecture, le domaine du Louvre et des Tuileries était un espace désert en plein cœur de Paris dès que les portes du musée étaient fermées. Le départ du ministère des Finances de l'aile Rivoli va enfin offrir l'occasion d'ouvrir le palais sur le quartier et d'intégrer le musée dans la ville. Les arcades de la rue de Rivoli et la place du Palais-Royal ne feront plus face à une muraille infranchissable. Les guichets du Louvre seront réaménagés pour que les piétons puissent y passer confortablement et, surtout, le très beau passage Richelieu, situé dans l'axe du Palais-Royal, sera ouvert au public. Il constituera un axe urbain de promenade entre les jardins du Palais-Royal et la cour Napoléon. Le promeneur aura une vue directe de part et d'autre sur les deux cours réaménagées avec les plus belles pièces de la statuaire française classique, et débou-

The exceptional Passage Richelieu, on the Palais-Royal's axis, will be open to the public thus constituting a public promenade from the Palais-Royal's gardens to the Cour Napoléon. The pedestrian will perceive the two rehabilitated courtyards on either side (containing the best examples of classical French sculpture) and the pyramid and its fountains straight ahead.

The city will reclaim its rights and the Cour Napoléon will take its place in a majestic urban composition.

A number of actions located within the limits of the Tuileries and the Louvre will further reinforce the importance of the historic axis which now stretches to La Défense : the reconstitution of Le Nôtre's gardens within the Tuileries, the suppression of traffic on the Avenue du Général-Lemonnier, the Carrousel Square redesigned, the treatment of the Cour Napoléon and the Cour Carrée.

Le Nôtre's grand axis will no longer end in a parking lot and the Cour Napoléon and the Cour Carrée will finally be part of the ambitious Louvre design.

The most significant aspect of Pei's project, beyond its functional qualities, is the creation of a modern architecture in conjunction with one of architectural history's most celebrated monuments.

It is not fair, given the history of the building, to insist

Les fouilles archéologiques cours Napoléon-Carrousel

Entreprises sur 28 000 mètres carrés de terrain pendant environ deux ans et mobilisant près de 200 personnes (archéologues, techniciens, terrassiers...), les fouilles de la zone cours Napoléon-Carrousel constituent la plus importante opération archéologique jamais réalisée en France.

Les travaux de terrain, complétés par les recherches d'archives, ont permis de dresser une image cohérente de la topographie de ces 3 hectares de territoire parisien. Il s'agissait là d'une zone rurale qui fut exploitée depuis l'époque mérovingienne et jusqu'au moment de la construction du château de Philippe Auguste. L'implantation de cette forteresse sera le point de départ de la transformation du lieu. Dès le XIIIe siècle, il devient une zone de faubourg dont

l'aspect urbain va se renforcer au cours des siècles.

Les fouilles ont, par ailleurs, mis au jour nombre de témoignages de ce développement urbain, les derniers en date étant les fours de tuiliers et de potiers datés du XVe et du XVIe siècle, dont certains peuvent être rattachés aux productions de Bernard Palissy.

Reste, au-delà de l'étude archéologique de ces éléments (en cours), à réaliser la campagne de fouilles cour du Carrousel, préalable indispensable à l'aménagement de la gare routière et du parc de stationnement. Les résultats des travaux ont fait l'objet de publications qui permettent de faire connaître et de montrer à tous l'importance de l'entreprise accomplie et la masse considérable d'informations historiques acquise en deux ans.

Archaeological excavations of the Cours Napoléon-Carrousel

The excavations of the Cour Napoléon and the Carrousel represent the most important archaelogical operation ever undertaken in France : a 28,000 square meters site excavated in two years by a team of some 200 persons (archaelogists, technicians, excavators...).

The site work, completed by archival research, has resulted in a coherent image of the 3-hectare site's topography. It was a rural site which was farmed from Merovingian times until the construction of the Philippe Auguste's castle. From this point on, the site was gradually transformed and by the 13th centuries had become a suburb whose urban character would

be reinforced over the centuries.

The excavations revealed a number of traces of this urban development ; the last were 15-16th centuries brick and pottery ovens of which several were used by Bernard Palissy.

In addition to the archaeological study of these elements, an excavation in the Cour Carrousel will precede the realization of the bus-terminal and car-park. The published results of this work reveal the importance of the site and the considerable mass of historical informations gathered over the two-year period.

La crypte archéologique de
la cour Carrée : douves et
substructions du château
de Charles V.

*The archaeological crypt
beneath the Cour Carrée.
Moat and foundations from
Charles V's castle.*

chera ensuite face à la pyramide entourée de ses bassins.

La ville reprendra ses droits et la cour Napoléon deviendra un espace majeur dans cette majestueuse composition urbaine que les siècles nous ont léguée. La reconstitution des jardins de Le Nôtre aux Tuileries, la suppression de la circulation de l'avenue du Général-Lemonnier par la création d'un passage souterrain, le réaménagement de la place du Carrousel avec un nouveau dessin, l'aménagement de la cour Napoléon et de la cour Carrée vont donner une qualité nouvelle à ce grand axe de Paris dans l'enceinte même du palais du Louvre.

L'axe historique de Le Nôtre n'aboutira plus sur un parking : la cour Carrée et la cour Napoléon répondront enfin à l'ambition du grand dessein du Louvre.

Dans sa signification profonde et dans son enjeu, le projet de Pei, au-delà de sa qualité fonctionnelle, porte sur la création d'une architecture moderne, au cœur même d'un monument historique parmi les plus célèbres de l'histoire de l'architecture.

Dire que la composition architecturale du palais du Louvre était terminée et qu'il ne fallait plus rien construire n'est pas un argument pertinent quand on connaît l'histoire de ce palais sans cesse remanié, ainsi que les nombreux projets étudiés pour la jonction du Louvre avec les Tuileries. Ainsi, la démolition du château des Tuileries, que n'avait certes pas pu prévoir Lefuel, a remis en cause toute la composition conçue au milieu du XIXe siècle.

Dire que la continuité stylistique du palais actuel interdit une architecture d'un autre style relève d'une vision figée de la vie d'un monument, fût-il le palais du Louvre. C'est justement dans un lieu aussi prestigieux — l'opportunité du Grand Louvre créant l'exigence architecturale — qu'il faut avoir le courage d'exprimer l'architecture de notre temps.

Le symbole architectural que représente cette pyramide exprime avec force et retenue les tendances de notre époque. Cette architecture de haute technicité, tout en finesse, à l'opposé d'un exhibitionnisme technologique, est à l'image de l'évolution actuelle dans laquelle la France doit jouer son rôle. Elle est d'autant plus significative de la modernité du XXe siècle qu'elle est ancrée au cœur du patrimoine historique le plus prestigieux.

Michel Macary,
*architecte associé à Ieoh Ming Pei
(1987).*

that the Louvre is complete as it stands and must not be touched. The Palace has been remodelled over and over again and projects have often treated the junction of the Palace and the Tuileries. The demolition of the Tuileries Palace, unforeseen by Lefuel, completely disrupted the mid-19th century composition.

To reason that the stylistic continuity of the Palace rules out the introduction of an other style reveals a static conception of a monument's life — even if it is the Louvre Palace. It is precisely in such a prestigious site, on the occasion of the Grand Louvre project, that one must have the courage to express the architecture of our times.

The architectural symbol of the pyramid forcefully expresses the tendencies of our era. The refined, highly technical architecture — the opposite of a technological exhibitionism — is an expression of the evolution of France's investment in her future. This investment is further emphasized through the pyramid's place in the heart of one of the nation's most important architectural compositions.

Michel Macary,
*architect associated with Ieoh Ming Pei
(1987).*

Interview de Ieoh Ming Pei
par Michèle Champenois

Interview with Ieoh Ming Pei
by Michèle Champenois

[...]

Ieoh Ming Pei : Je viens de Chine, un pays dont la culture est ancienne, mais très lointaine. Le passé est glorieux, mais c'est le passé. Les Français, eux, sont très attachés au passé. Je rencontre des gens qui parlent de Louis XIV comme s'ils l'avaient vu la veille... Si j'étais seulement américain, j'aurais du mal à m'adapter. Comme j'appartiens à deux cultures opposées, aux deux pôles, et que la France est au milieu, je peux comprendre.

Michèle Champenois : Les détracteurs du projet s'accordent généralement pour souhaiter une transformation générale du Louvre, mais critiquent l'idée d'une entrée principale et surtout sa partie visible, la pyramide. Pour eux, la cour Napoléon est un espace fini, qui appelle le vide.

I.M.P. : Avant d'accepter ce travail, j'ai d'abord pensé que c'était impossible, qu'on ne pouvait pas toucher au Louvre. A Versailles, je ne toucherais à rien. Le soir, on ferme les grilles. Versailles dort. Mais si le Louvre dort, c'est Paris qui sommeille. Le Louvre doit être vivant, à cause de sa situation dans la ville. Le futur du Louvre, c'est d'être un musée. Pourquoi pas le plus grand ? Le plus agréable ?

M.C. : On attend cinq millions de visiteurs au lieu de moins de trois millions actuellement. N'est-ce pas trop ?

I.M.P. : Ce n'est pas le nombre de visiteurs qui compte mais la qualité de la visite. Combien profitent vraiment de ces trésors ? Nous voulons en faire un lieu où les gens aient envie de rester, de revenir, au lieu de jeter un coup d'œil sur la *Vénus de Milo* et de rentrer chez eux épuisés, écœurés. Pas seulement les touristes, mais les Français.
Si tout le monde est d'accord sur la nécessité d'améliorer le fonctionnement du musée, d'aider les visiteurs à choisir, de raccourcir les distances, de créer un espace compact au lieu d'un itinéraire incompréhensible et trop long, alors, j'ai confiance. Je suis absolument persuadé que, dans ce cas, ma solution est la bonne.

M.C. : Une pyramide, cette « maison des morts » ? Avez-vous pensé à d'autres formes ?

I.M.P. : Bien sûr, mais la pyramide s'est imposée très vite. Ceux qui parlent de « maison des morts » ont mal lu l'histoire : ils pensent à l'Egypte. Quand on passe de la pierre au verre, cela change du tout au tout. La pyramide, forme géométrique fondamentale, est « classique » ; elle appartient à l'art de toutes les époques et du monde entier. Quant à la hauteur, il faut s'entendre : un cube de 20 mètres de haut serait un objet énorme ; une pyramide dont le sommet est à 20 mètres est plutôt une petite chose.
Un signal doit absolument émerger. A l'intérieur, nous devons créer un volume assez vaste, assez lumineux, pour qu'on ait tout de suite conscience des possibilités du lieu, qu'on sache qu'on est dans le Grand Louvre. Le matériau va compter énormément : c'est pourquoi aucune maquette, en vraie

Ieoh Ming Pei : *I come from China, a country whose culture is ancient but very distant. The past is glorious but remains the past. The French are very attached to the past. I have encountered people who spoke of Louis XIV as though they just left him yesterday... If I were simply an American I would have some difficulty adapting myself to this situation. As I belong to two cultures which represent two extremities and France is in between, I am able to understand.*

Michèle Champenois : *The project's detractors generally agree that the Louvre needs to be transformed but criticize the central entry and especially the highly visible pyramid. They seem to feel that the Cour Napoléon is a finished space which requires openess.*

I.M.P. : *Before accepting this commission I initially felt that the task was impossible, that one could not touch the Louvre. For Versailles, I would leave everything as is. At night, the gates close and Versailles sleeps. But if the Louvre sleeps Paris tosses and turns. The position of the Louvre in Paris dictates that it be more active. The Louvre's destiny is to be a museum. Why not the best, the most pleasant ?*

M.C. : *Five million visitors are expected instead of the three million visitors at present. Isn't that too many ?*

I.M.P. : *The number of visitors is not as important as the quality of the visit. How many actually enjoy these treasures ? We would like to create an enjoyable place, to which one would like to return — it is not enough to catch a quick glimpse of the* Vénus de Milo *and to go home exhausted and discouraged. This applies not just to the tourists but to the French as well.*
If everyone is in agreement that it is necessary to improve the museum's functioning, to shorten the distances involved, to create a compact museum in the place of the interminably long one, then I am confident. In this case I am persuaded that my solution is the right one.

M.C. : *But the pyramid — a mausoleum-like form. Did you consider other shapes ?*

I.M.P. : *Of course, but the pyramid quickly proved to be the best one. Those who mention the "mausoleum" are not really familiar with history : they are thinking only of Egypt. When one passes from stone to glass everything changes. The pyramid is "classical", it is a fundamental geometric form which belongs to the art of all eras and to the whole planet. With regard to the dimensions : a 20-meter cube is a huge object, a pyramid with a 20-meter summit is quite a small thing.*
It is important for a landmark to emerge from our project. The interior must be vast and sufficiently well-lit for the visitor to have the impression that he is in the Grand Louvre. The material is extremely important and it is for this reason that a full-scale simulation of the pyramid will never be able to render the light and the play of reflection and transparency.

M.C. : *The collision with the classical architecture ?*

grandeur, ne pourrait rendre le mystère de la lumière, les jeux de transparence et de reflet.

M.C. : Le choc avec l'architecture classique ?

I.M.P. : L'époque glorieuse du classicisme français est révolue. Lefuel n'est pas Le Vau ; Le Vau n'est pas Lescot. Les façades de Lefuel sont déjà un pastiche. Les copier, les imiter aujourd'hui, serait faire le pastiche d'un pastiche.

M.C. : On a beaucoup critiqué le choix direct d'un architecte par le chef de l'Etat. Vous qui travaillez aux Etats-Unis, cela vous gêne-t-il d'être l'architecte du prince ?

I.M.P. : En Amérique, la commande ne vient jamais de l'Etat, mais du secteur privé. En France, par une sorte de tradition que la monarchie semble avoir léguée à la république, c'est plutôt l'inverse. A condition qu'il s'agisse de dirigisme éclairé, cela ne peut pas être désastreux. Il y a un certain courage pour un homme politique à décider de ces choses.

M.C. : Et les concours ?

I.M.P. : Je ne participe plus, depuis des années, à aucun concours. Je n'ai pas le temps. Quand on veut construire pour longtemps, on ne peut se plier aux caprices de la mode, qui malheureusement domine le choix des jurys.

M.C. : Presque tous les directeurs de musées étrangers interrogés en 1983 par Emile-J. Biasini, avant que vous ne soyez pressenti, avaient cité votre nom. Etes-vous le seul ?

I.M.P. : Je pense que nous sommes quelques-uns à pouvoir faire ce projet. Mais le problème du Louvre est très complexe. C'est un musée, un palais, un monument. Les gens ne savent pas à quel point le Louvre va être amélioré fonctionnellement. Ils sont seulement au courant de la pyramide, et ce n'est pas le plus important.

M.C. : Vous êtes un « moderne ». Cela vous gêne-t-il au Louvre ?

I.M.P. : Les architectes modernes, Mies Van der Rohe, Le Corbusier, ont posé les fondations d'un mouvement qui a à peine commencé et qui n'a pas encore exploré toutes les possibilités de la technologie. Il y a encore beaucoup à explorer, et je me situe dans cette lignée. Presque tout ce qui se fait en ce moment est du pastiche à la mode et ne durera pas. Cela passera. Même moi, je vivrai assez longtemps pour le voir.[1]

I.M.P. : *Classical French architecture has already changed. Lefuel is certainly not Le Vau ; Le Vau is not Lescot. Lefuel's façades are already a pastiche and to copy them would be a pastiche of a pastiche.*

M.C. : *The choice of an architect by the President has been roundly criticized. You have built most of your projects in the USA ; does it bother you to be the "President's Architect" ?*

I.M.P. : *In the USA, commissions generally come from the private sector and only rarely from the State. In France, a tradition left to the Republic by the Monarchy would seem to result in the inverse. To the extent that a sort of informed decision is involved, there is no reason to worry. It takes courage for a politician to make such a decision.*

M.C. : *And competitions ?*

I.M.P. : *I have not participated in a competition for many years. I no longer have the time. When one intends to build for eternity, one must ignore the caprices of the latest styles — styles which too often influence juries' decisions.*

M.C. : *In 1983, before your selection, Emile Biasini interviewed many foreign museum directors ; nearly all mentioned your name. Are you alone capable of this task ?*

I.M.P. : *Several architects are capable of designing this project. But the Grand Louvre is extremely complex. It is a museum, a palace and a monument. Many people do not realize to what extent the Louvre is going to change. All we hear about is the pyramid, even though the pyramid is far from being the project's most important aspect.*

M.C. : *You are considered a "modern" architect. Were you at all bothered in this respect by the Louvre ?*

I.M.P. : *Modern architects, Mies Van der Rohe, Le Corbusier, posed the foundations of a movement which is in its infancy and is far from having explored all the possibilities offered by modern technology. I consider myself part of this movement and feel that much remains to be accomplished. Very nearly all of current architectural production is pastiche, the latest style, and will not last. It has no future. Even I will live long enough to see the end of it.[1]*

1. Ce texte est extrait d'une interview de Ieoh Ming Pei par Michèle Champenois, parue dans *Le Monde* daté des 10-11 février 1985.

1. Excerpts from an interview with Ieoh Ming Pei by Michèle Champenois, published in Le Monde, *February 10-11th, 1985.*

Propos de Ieoh Ming Pei
recueillis par René Provost

Ieoh Ming Pei's reactions
recorded by René Provost

[...]

Lorsque le président Mitterrand m'a choisi, mon premier sentiment, instinctif, a été de dire : il est impossible de toucher au Louvre. Le Louvre est peut-être le monument le plus important en France, et on ne devrait intervenir en quoi que ce soit pour le changer. Ce fut ma première réaction. [...]

Le Grand Louvre est le projet le plus difficile parmi tous. Nous ne le disons pas seulement parce que nous avons eu la chance d'y travailler. Nous sommes confrontés au monument le plus important de France.

Ce monument est au centre d'une ville qui doit bouger, qui doit vivre, et qui est Paris. D'un côté, votre tendance est de conserver. D'un autre côté, vous ne pouvez conserver quelque chose qui va affecter la vie de la ville ; et le Louvre commence à jeter un voile obscur sur l'animation du quartier parce qu'il est inactif, mort.

D'un côté, l'architecte veut conserver le Louvre en tant que monument. D'un autre côté, l'architecte et, pour cause, ceux d'entre nous qui ont la chance d'y participer veulent faire naître le Louvre à la vie, parce qu'il est au centre de Paris. [...]

Comme musée, le Louvre fonctionne d'une façon très pauvre, alors qu'il a le potentiel pour devenir le plus grand musée du monde, pas seulement à cause des collections, qui sont considérables, car d'autres musées en possèdent de meilleures dans des domaines spécialisés de l'art.

Le Louvre est grand pour d'autres raisons, en particulier parce que l'histoire de ce pays et de son peuple est inscrite en cet endroit. Le Louvre est le seul musée que je connaisse, en dehors de Leningrad et de certains musées de moindre importance en Autriche, où beaucoup de salles imposantes font revivre l'histoire : celles où vivaient Anne d'Autriche, Louis XIV, les salons du duc de Morny, la Grande Galerie où fut fondée l'Académie des arts.

Par conséquent, en entrant au Louvre, vous ne regardez pas seulement les chefs-d'œuvre ; vous êtes également conscients de l'histoire. Ce qui n'est pas le cas du Metropolitan ni de la National Gallery, qui ont été bâtis pour être des musées.

Grâce à cela, le Louvre est un musée avec lequel aucun autre ne peut rivaliser. Si, en plus, on donne au Louvre l'infrastructure qui lui manque aujourd'hui, il deviendra, selon moi, le plus grand musée du monde, sans même parler d'architecture. [...]

Il lui faut une unité pour en faire un tout et soutenir la comparaison avec le British Museum, le Metropolitan, la Pinacothèque, Leningrad, ce qu'il ne serait pas en mesure de faire s'il était divisé en cinq petits musées. Il lui faut un centre, une organisation claire, pour qu'on accède aux chefs-d'œuvre sans se perdre ; il lui faut un merveilleux centre d'information pour les jeunes pour susciter leur curiosité, ce qui n'est pas le cas aujourd'hui.[1]

1. Ce texte est extrait d'une interview de Ieoh Ming Pei par René Provost, parue dans *Pignon sur rue*, n° 59, juin 1985.

[...]

When President Mitterrand contacted me, my first instinct was to state that it was impossible to touch the Louvre. It is, after all, the most important monument in France ; one should do absolutely nothing to change it. So much for my first reaction. [...]

The Grand Louvre is the most difficult project of all, not just because we have the opportunity to work on it, but because of its position as the most important French monument.

This monument is located in the center of Paris, a thriving city in constant movement. On the one hand, one wants to conserve it, on the other hand one can only conserve something which will have a positive effect upon the life of the city. In this respect, the inaccessibility and the passive nature of the Louvre had already begun to cast a veil of inactivity over the surrounding neighborhood.

So, on the one hand, all architects would like to maintain the Louvre as a monument while on the other, the architects working on the project came to the realization that it was necessary to make the Louvre assume an active role in the life of Paris. [...]

The Louvre functions very poorly as a museum. It has the potential to become the world's most important museum — and not simply because of its collections which are surpassed in some fields by other museums.

The Louvre is important for other reasons and above all, perhaps, because the history of France and the French people is inscribed here. The Louvre is the sole museum I know of, with the exception of Leningrad and several minor Austrian museums, where a number of the rooms are directly tied to the country's history : the apartments of Anne of Austria and of Louis XIV, the Salons of the Duke de Morny, the Grand Gallery where the Academy of Arts was founded.

As a result, the visitor is not just aware of the masterpieces of art but of History. The Metropolitan and the National Gallery are not the same at all — they were built as museums.

Thus, the Louvre is an unrivalled museum. If we are able to invest the Louvre with the infrastructure it currently lacks, it will certainly become the world's most important museum without even considering the quality of its architecture. [...]

In order to permit comparison with the British Museum, the Metropolitan, the Pinacotheque and Leningrad, the Louvre can no longer remain a collection of five small museums and must develop a certain cohesion. It will require a center and an organization sufficiently clear so that the visitor may find the collections without getting lost ; it will require an information center to stimulate the flagging interest of today's youth.[1]

1. Excerpts from an interview with Ieoh Ming Pei by René Provost, published in Pignon sur rue magazine, n° 59, June 1985.

Pages précédentes : vues intérieures et extérieures de la pyramide.

Ci-dessous, en haut : coupe longitudinale montrant les liaisons directes entre le hall d'accueil, la crypte sous la cour Carrée (à gauche) et la gare routière du Carrousel, au travers d'une galerie marchande (à droite).

Au centre : coupe longitudinale de l'aile Richelieu. Les trois cours seront couvertes par des verrières et affectées à la sculpture monumentale française.

En bas : coupe transversale nord-sud de la cour Napoléon.

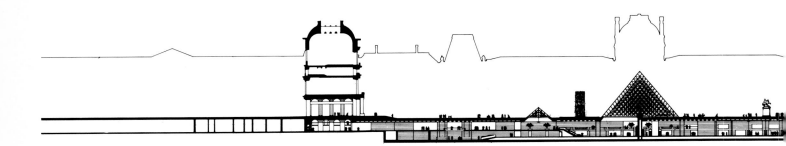

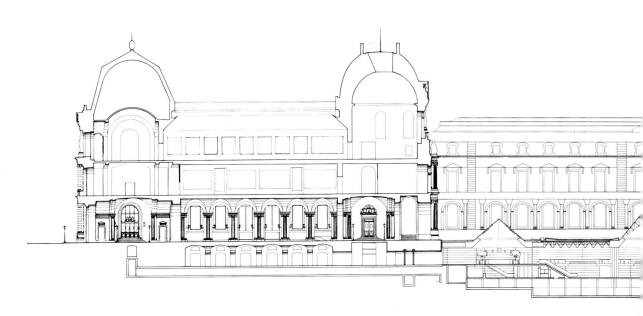

Preceding pages : exterior and interior views of the pyramid.

Top : the longitudinal section reveals the direct links between the entrance hall, the crypt beneath the Cour Carrée (to the left) and the Carrousel bus-station and shop area (to the right).

Center : longitudinal section through the Richelieu wing. A glazed roof will cover the three courtyards displaying French monumental sculpture.

Bottom : transverse north-south section through the Cour Napoléon.

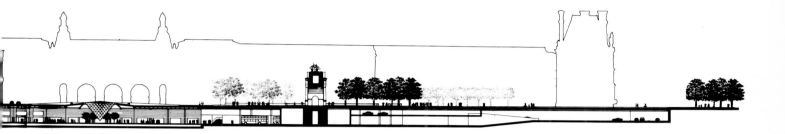

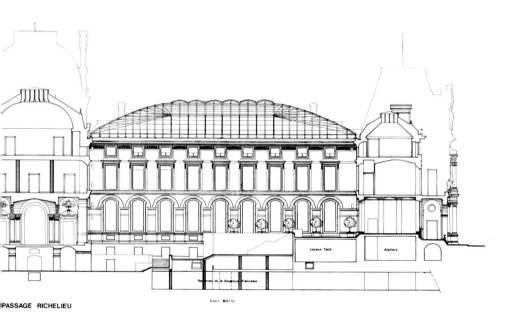

PASSAGE RICHELIEU

Réserves de la Sculpture Française

Cour Marly

Locaux Tech.

Ateliers

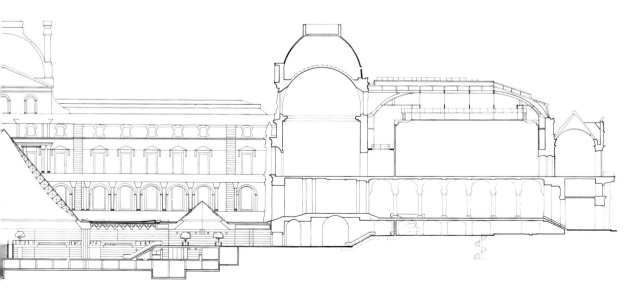

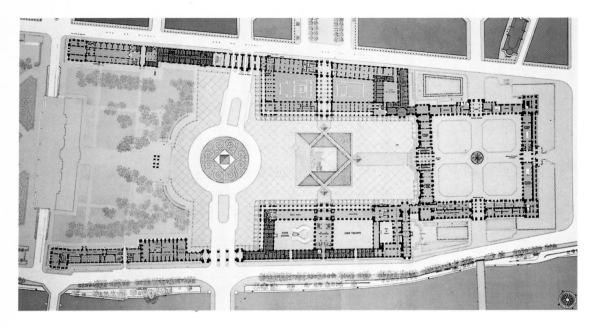

Ci-contre, de haut en bas : plans du rez-de-chaussée, du niveau intermédiaire et du niveau inférieur. La position centrale de l'accueil permet une liaison directe avec les différents départements du musée.

Page de droite : maquette montrant, à droite, la liaison entre accueil et galerie commerciale, et, à gauche, la pyramide inversée qui éclaire la jonction.

Left, from top to bottom : plans of the ground floor, the mezzanine and the lower floor. The entrance hall's central position provides a direct link with the museum's different departments.

Opposite page : model showing the link between the entrance hall and the shopping mall on the right and the inverted pyramid lighting the intersection on the left.

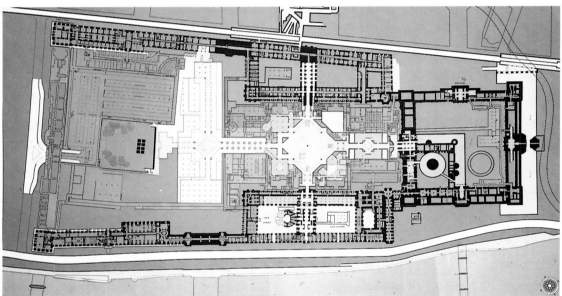

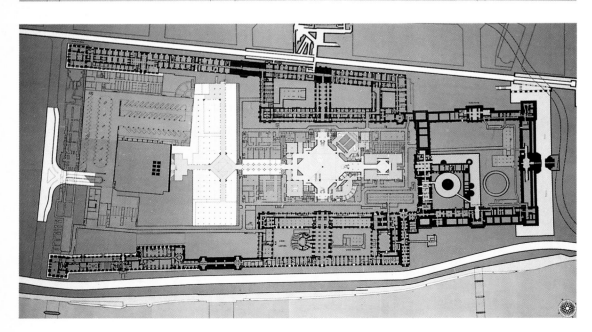

En haut : perspectives
intérieures du hall d'accueil.
En bas : détails de l'escalier
hélicoïdal et de l'ascenseur
cylindrique.

Top : interior perspectives of
the entrance hall.
Bottom : details of the spiral
staircase and the cylindrical
elevator.

Page de droite : vue
intérieure de la pyramide.

Opposite page : interior view
of the pyramid.

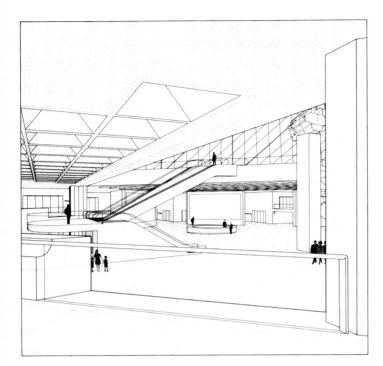

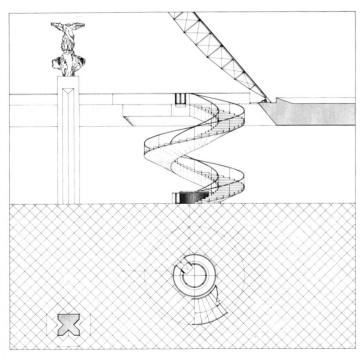

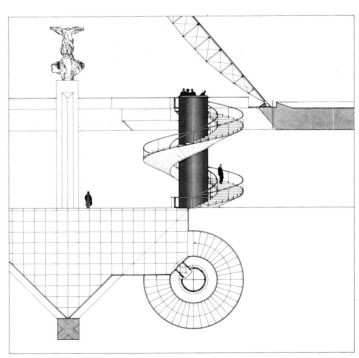

Le musée d'Orsay

Un musée nouveau dans une gare réhabilitée

A new museum in a converted railway terminal

Au cœur de Paris, en face des Tuileries qui abritent l'Orangerie et le Jeu de paume, proches du Louvre, des bâtiments désaffectés de la gare et de l'hôtel d'Orsay, promis à la démolition il y a quinze ans, est né un nouveau musée.

Conçu dès les années 1974-1975, lancé en 1978, il a ouvert ses portes au public à la fin de l'année 1986. Les grands musées ont souvent une vocation universelle : ils « donnent à voir » à la fois les chefs-d'œuvre italiens de la Renaissance, les antiquités grecques ou égyptiennes, l'éclat du classicisme français, l'épanouissement du romantisme ou de l'impressionnisme ; le musée se construit par strates et chaque époque y laisse ses sédiments. Ce n'est pas le cas du musée d'Orsay. Il ne concerne qu'une époque bien déterminée, celle de la seconde moitié du XIXe siècle et des premières années du XXe siècle, celle qui va — pour la peinture — du romantisme au cubisme, celle qui, avec l'éclat des impressionnistes, des néo-impressionnistes et des nabis, est peut-être, pour des raisons mystérieuses, la période la plus riche en talents de notre histoire.

Le programme ne se limite pas à la peinture ; il comprend tous les courants de la création artistique de cette époque. Dans l'ensemble architectural constitué par l'ancienne gare et l'hôtel d'Orsay construit à la fin du siècle dernier, et classé monument historique, restauré et adapté à son nouvel usage, sont aussi présentées les collections nationales de sculpture et d'objets d'art, l'architecture, l'urbanisme et la photographie, la naissance du cinéma, tout ce qui concerne à cette époque la multiplication de l'image — affiches, presse et livres illustrés —, ainsi que les correspondances ou même les connivences entre les arts plastiques et les autres expressions artistiques : littérature, poésie, musique.

Différents espaces, intégrés au circuit d'exposition permanent et dont les présentations sont périodiquement renouvelées, permettent des accrochages de dessins, de pastels ou de photographies et la réalisation d'expositions-dossiers centrées autour d'un thème ou consacrées à l'œuvre d'un artiste.

Enfin l'histoire, le rappel des événements, la chronologie de l'époque, le contexte social et culturel ont leur place à Orsay. C'est, par excellence, le domaine dans lequel on peut faire appel aux nouvelles techniques de l'audiovisuel pour faciliter les consultations ou même le jeu.

L'existence de ce programme très précis, mis au point dès le début des travaux, a permis une méthode de travail originale reposant sur un dialogue constant entre les architectes et les conservateurs, pour intégrer toutes les données techniques et scientifiques du projet dans un bâtiment dont les contraintes étaient très lourdes.

Construite en moins de deux années, entre 1898 et 1900, pour être inaugurée à l'occasion de l'Exposition universelle, la gare d'Orsay exprime bien la contradiction de tant d'édifices de l'époque entre l'art de l'ingénieur et l'art de l'architecte. C'est une gare aux structures métalliques audacieuses mais,

The Orsay Station and Hotel, condemned fifteen years ago to demolition, today resound with the activity of a museum of the 19th century. Ideally located close to the Louvre in the heart of Paris, the Museum faces the Jeu de Paume and Orangerie in the Tuileries.

First postulated in 1974-1975 and launched in 1978, the Museum was opened to the public at the end of 1986. Important museums have a common universal vocation : they "offer up" Italian masters from the Renaissance, Greek and Egyptian antiquities, the brillance of French classicism, and the flowering of romanticism or of impressionism. The museum is built up of layers and sediments which show through from each era ; this is not the case here. The Orsay Museum deals with a very specific period of time — the second half of the 19th century and the beginning of the 20th. For painting, for instance, this will cover the period from romanticism to cubism. What with the brilliance of the Impressionists, the neo-Impressionists and the Nabis, this period, for some mysterious reason, contains one of the richest concentrations of talent in our history.

The museum's program does not, however, limits itself to painting but covers all the aspects of artistic creation of the period. The Orsay Station and Hotel buildings, built at the end of the last century and classified as a national historical monument, restored, rearranged and adapted to its new use, also include national collections of sculpture and of other objects. Architecture, urban design and photography are represented as will the birth of cinema and everything which concerns the reproduction of images from this era — posters, the press and illustrated books — as well as the correspondence or even the collaboration between graphic arts and other artistic expressions : literature, poetry, music.

Various spaces, integrated with the permanent exposition, have their contents changed regularly, permitting the hanging of drawings, pastels or photographs and the organization of exhibits centered upon a specific theme or the work of an artist.

History, important events, the diary of an era and the social and cultural context find their place at Orsay. It is in this field that the latest audiovisual techniques — even games — are used to make the information more accessible.

The definition of a very precise program at the outset, permitted the establishment of a constant interaction between the architects and the museum's curators : as a result, all of the technical and scientific constraints were respected in a building which was, itself, extremely constraining.

The Orsay Station was built in only two years and inaugurated in time for the 1900 International Exhibition. Like many of its contemporaries it expresses the contradiction between the art of the engineer and the art of the architect. Thus it is a station with a striking metal structure which its architect, Victor Laloux, had also made a "decorative" station.

By 1970, the station was no longer needed and had received the authorization necessary for its destruction. Preliminary planning permission had been issued for a new hotel complex. Then the destruction of Baltard's

comme l'a voulu son architecte, le maître Victor Laloux, c'est une « gare décorative ».

En 1970, elle était promise à la destruction. Le permis de démolir avait été accordé. Un accord préalable au permis de construire d'un grand hôtel destiné à la remplacer avait été délivré. Elle doit sans doute son sauvetage à la crise de conscience provoquée par la démolition des pavillons des halles de Baltard. En 1973, son inscription à l'Inventaire des monuments historiques a été décidée et le permis de construire de l'hôtel refusé. En 1978, l'ensemble des bâtiments a été classé.

La réalisation d'un grand musée de rayonnement international dans la gare d'Orsay a constitué une gageure à plus d'un titre. Elle impliquait non seulement que soient réglées nombre de difficultés techniques considérables, mais surtout que soit surmontée l'antinomie extrême des deux fonctions, celle

Halles provoked a new consciousness of the value of 19th century building which was undoubtedly responsable for the saving of the Orsay Station. In 1973 the building was placed on the Historic Buildings Inventory and the building permit for the hotel complex was refused. In 1978 the group of buildings was classified a "National Monument".

The creation of a museum of international stature within the Orsay Station represents a gamble from more than one point of view. Beyond finding solutions for the considerable technical problems posed by such a project, it was also necessary to overcome the extreme antipathy between the two functions — railway station and museum.

The museum would also involve the construction of 50,000 square meters of floor space in a building which originally only contained 30,000 square meters.

This would require, in addition to the restoration and

d'une gare et celle d'un musée. Elle comportait la construction et l'aménagement de quelque 50 000 mètres carrés de planchers dans un bâtiment qui en offrait environ 30 000 dans son état d'origine.

Elle nécessitait qu'on réussisse dans le même temps la restauration et la réhabilitation de l'architecture de Victor Laloux, et l'insertion, en un dialogue étroit, d'une architecture nouvelle pour laquelle toute idée de pastiche a été rejetée *a priori*.

Le projet, issu d'un concours ouvert en 1978-1979, a été étudié par l'agence ACT Architecture (Renaud Bardon, Pierre Colboc et Jean-Paul Philippon). A partir de 1980, Gae Aulenti, architecte italien, y a pris une part importante. Richard Peduzzi a été chargé de la présentation des œuvres dans la salle consacrée à l'opéra de Paris et pour tout ce qui intéresse l'architecture du XIXᵉ siècle.

Le parti architectural et le circuit muséographique appréhendent la gare dans le grand axe longitudinal de la nef, d'ouest en est, à partir de l'esplanade Bellechasse et de sa grande marquise.

Trois niveaux principaux de visite se développent : en partie inférieure, dans la nef, de part et d'autre d'une allée centrale ascendante ; en partie supérieure, dans le grand comble qui surmonte la gare du côté de la Seine ; et, en partie médiane, à partir de terrasses et sur un sol nouvellement créé, autour de l'allée centrale. Celle-ci constitue avec les terrasses une sorte de grande promenade peuplée de sculptures. Le pavillon Amont, à l'est, est entièrement consacré à l'architecture. Des espaces particuliers sont réservés à des expositions temporaires, indépendantes ou liées aux expositions permanentes.

Une zone d'accueil des jeunes, une librairie, une carterie et des services de boissons et de restaurants sont à la disposition des visiteurs. Une salle de 400 places permet projections, conférences et concerts.

Les surfaces d'exposition proprement dites représentent près de 20 000 mètres carrés. On trouve, en outre, les salles de documentation, les réserves, les bureaux et les ateliers que comporte tout grand musée moderne. Des équipements audiovisuels de haute performance avec, notamment, une banque d'images utilisant le disque optique numérique ont été mis à la disposition du public, des conservateurs et des documentalistes.

Sur le plan architectural et technique, l'opération a dû satisfaire à la fois à des impératifs de réhabilitation d'ouvrages existants complexes et aux performances ambitieuses du programme. La gare désaffectée constituait en quelque sorte tout à la fois le site et l'un des « matériaux » avec lequel le musée se construit.

L'aménagement intérieur tend à une extrême qualité avec, notamment, un parti minéral pour le revêtement des parois horizontales et verticales.

La parfaite maîtrise de l'éclairage naturel et artificiel a été assurée dans le double objectif de permettre la meilleure conservation et la plus favorable présentation des œuvres. Des brise-soleil intérieurs et des

rehabilitation of Victor Laloux's building, the insertion of a new architecture which would responds to the original — any idea of creating a pastiche was rejected from the start.

The firm of ACT Architecture — Renaud Bardon, Pierre Colboc and Jean-Paul Phillipon — was awarded the design of the project as a result of the 1978-1979 architectural competition. The Italian architect, Mrs. Gae Aulenti, has played an important role in the interior design of the Museum since 1980. Richard Peduzzi was responsible for the important exhibit dedicated to the Paris Opera and to all aspects of 19th century architecture.

The architectural concept and the organization of the Museum respect the longitudinal (east-west) axis of the central vault of the station with the entrance located under the marquee of the Place Bellechasse.

The design contains three principal levels : spaces on the lower level are located on either side of an ascending ramp, the attic of the building between the vault and the Seine, and the newly created middle level are organized around the central space. The central space with its terraces forms a wide mall featuring sculpture. The eastern pavilion is entirely dedicated to architecture. Other specific spaces are reserved for independent temporary exhibitions or linked to the permanent collections.

Visitors discover a children's entrance, a library, a souvenir shop, restaurants and refreshment services. A 400-seat hall is available for film projections, conferences and concerts.

Exhibition space represents approximately 20,000 square meters. In addition, the museum offers the information resources, the storage spaces, the offices and the workshops required by a large modern museum.

The project also respects the requirements for the rehabilitation of a complex existing building as well as meeting the exacting architectural and technical demands of an ambitious program. The unused station is both the site and one of the "materials" with which the museum will be built.

The interior design concept incorporates the use of stone for both horizontal and vertical surfaces.

The perfect control of natural and artificial lighting was necessary in order to strike the right balance between conserving the works of art and displaying them most advantageously. Sun screens and motorized awnings permit an adaptation to variations in natural lighting levels so that direct sunlight will not fall on any work and lighting levels can be maintained at around 200 lux. Artificial light is generally indirect with the effect that illumination is evenly diffused and colors remain unaltered. The proper atmospheric conditions for exhibition spaces containing works of art posed difficult air-conditioning problems.

Orsay contains a centralized technical management facility which monitors and operates the technical plant. A computer aided maintenance system ensures both preventative and curative maintenance. A sophisticated break-in and robbery surveillance system, combined with guards, protects the art works.

Vue écorchée du bâtiment
localisant le programme du
musée.

Schematic view of the
museum and its program.

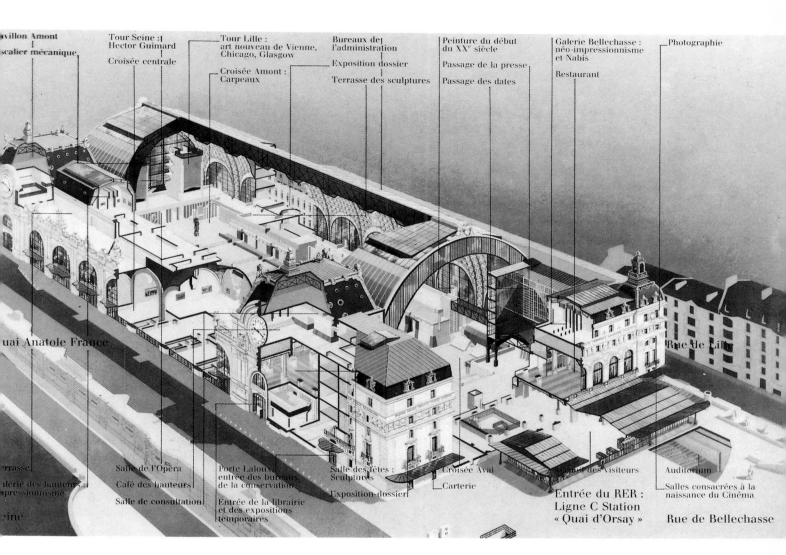

Pavillon Amont
escalier mécanique

Tour Seine :
Hector Guimard

Croisée centrale

Tour Lille :
art nouveau de Vienne,
Chicago, Glasgow

Croisée Amont :
Carpeaux

Bureaux de
l'administration

Exposition dossier

Terrasse des sculptures

Peinture du début
du XX° siècle

Passage de la presse

Passage des dates

Galerie Bellechasse :
néo-impressionnisme
et Nabis

Restaurant

Photographie

Quai Anatole France

Rue de Lille

Terrasse
Galerie des hauteurs :
impressionnisme

Seine

Salle de l'Opéra

Café des hauteurs

Salle de consultation

Porte Lalouz :
entrée des bureaux
de la conservation

Entrée de la librairie
et des expositions
temporaires

Salle des fêtes :
Sculptures

Exposition-dossier

Croisée Aval

Carterie

Accueil des visiteurs

Entrée du RER :
Ligne C Station
« Quai d'Orsay »

Auditorium

Salles consacrées à la
naissance du Cinéma

Rue de Bellechasse

57

Façade principale sur la Seine. Elle dissimule la structure métallique et la grande verrière, audacieuses pour l'époque.

Principal façade along the Seine. The façade hides the metal structure and the huge vault which were daring for their time.

stores motorisés s'adaptant aux variations de la lumière naturelle ont été prévus afin qu'aucun rayonnement solaire direct ne puisse atteindre les œuvres et pour limiter le plus couramment l'intensité lumineuse à des valeurs voisines de 200 lux. La lumière artificielle est le plus souvent dispensée de façon indirecte, en assurant les meilleures conditions de répartition et de non-altération chromatique.

Les performances exigées en matière de climatisation dans les espaces d'exposition des œuvres ont posé de difficiles problèmes dans un bâtiment étendu, à travers des volumes extrêmement différents communiquant librement entre eux, dans des conditions d'orientation et d'ensoleillement variables, alors qu'il s'agissait aussi de se plier à des impératifs de limitation des consommations énergétiques.

Un système de gestion technique centralisée a été conçu pour permettre la surveillance et la conduite des installations dont l'entretien est facilité par un ensemble de maintenance assistée par ordinateur. Un système sophistiqué de surveillance vol-effraction contribue, avec des moyens humains prévus par ailleurs, à la sécurité des œuvres.

Des travaux importants ont été réalisés pour assurer la complète rénovation des couvertures et la reconstitution de nombreux éléments de décors très représentatifs de l'architecture du siècle dernier : pyramidions sur les toits de deux pavillons, lanterneaux sur l'aile Bellechasse de l'hôtel, têtes géantes de Mercure, dieu des Voyages, au sommet des deux grands tympans vitrés.

Les décors intérieurs ont été intégralement restaurés, qu'il s'agisse des éléments de staff et de stuc dans la gare proprement dite ou des généreux décors sculptés, peints et dorés de la grande salle des fêtes ou de la salle à manger de l'hôtel, actuel restaurant du musée.

La circulation ferroviaire maintenue sous une partie du bâtiment engendrant des vibrations qu'il convenait de supprimer ou de réduire en deçà d'un seuil physiquement satisfaisant pour les œuvres, un système particulier de traitement à la source a été étudié qui comporte la réalisation, sous la voie, d'un dispositif antivibratoire original conçu en liaison étroite entre la SNCF et les ingénieurs du projet.

Le musée d'Orsay constitue un instrument culturel original à plusieurs titres : musée « global » consacré à toutes les formes d'expression artistique d'une période exceptionnelle, musée vivant grâce à l'association étroite d'expositions temporaires au circuit des présentations permanentes, musée moderne par l'emploi des technologies les plus avancées mises en œuvre, paradoxalement, dans l'enveloppe d'une gare inaugurée à l'aube du XXᵉ siècle...

A major effort involved the complete renovation of the roof and the reconstitution of a number of decorative elements typical of the architecture of the last century : Mansard roofs for two pavilions, lantern windows for the Bellechasse wing of the hotel and the giant busts of Mercury — god of Travel — at the summit of the nave's two end windows.

Interior decorations which were entirely restored included such items as the stucco and plaster work in the station itself or the sculpted, painted and gold-leaf decoration of the hotel's ball-room and the dining room — the Museum's present restaurant. An acceptable solution to the problem of vibration (SNCF traffic continues along the quay) was found. A special anti-vibration system, devised by the SNCF and the project's engineers, treats the problem at the source, under the railway.

The Orsay Museum is an unique cultural facility in many respects : a museum dedicated to all the forms of artistic expression of an exceptional period ; a dynamic museum featuring close association of temporary and permanent exhibitions ; a modern museum through its use of the latest techniques — paradoxically housed in a turn-of-the-century railway station.

Réinterpréter
un bâtiment existant

Reinterpreting
an existing building

Reconvertir en musée la gare d'Orsay imposait une démarche clairement élaborée.

L'espace de la gare, s'il évoquait puissamment le XIXe siècle finissant, ne pouvait convenir tel qu'il était à un musée. Une nouvelle structuration de l'espace était indispensable. La gare d'Orsay venait d'être classée monument historique. Ce n'était pas une raison pour que les nouvelles interventions ne s'affirment pas architecturalement.

A partir de l'étude effectuée au titre du Comité pour la recherche et le développement de l'architecture que nous avions remise en 1978 au ministère de la Culture, et qui concernait « les métamorphoses de l'objet architectural », nous avions acquis quelques certitudes :

— la réactualisation d'une œuvre architecturale peut donner lieu à une réinterprétation, à une recomposition géométrique à partir d'un tracé déjà existant où ancienne et nouvelle architectures établissent une dialectique ; clairement reconnaissables, elles tissent des relations qui constituent, de fait, la nouvelle unité esthétique ;

— la préexistence d'un édifice peut orienter son futur usage en lui offrant des potentialités imprévues. Cette situation inverse le principe de Sullivan. Dans ce cas, « Function follows form. »

C'est la ville, œuvre architecturale vivante en constante transformation, qui induit la métamorphose de ses éléments constitutifs.

Aussi peut-elle participer entièrement de la démarche architecturale.

Un bâtiment spécifiquement urbain

C'est le rapport à la ville et principalement le vis-à-vis avec les Tuileries qui a largement déterminé le projet de Laloux de dissimulation de la gare par le vestibule et le volume de l'hôtel.

C'est aussi cette situation qui sauve le bâtiment et détermine la nouvelle affectation en musée, décidée en 1977 (envisagée dès 1972-1973). Et c'est encore sa situation dans la ville qui implique le choix principal d'orientation de notre projet.

Le quai, en plein nord, très venté, voie de transit, ne pouvait constituer un accès correct pour un musée. Nous choisissons donc d'entrer, nous conformant à une typologie d'édifices publics habituelle le long de la Seine, par un espace transversal, plus calme, la place Bellechasse. Les locaux disponibles de l'hôtel sont par ailleurs propices à l'implantation du programme d'accueil du musée. La perception interne du bâtiment s'en trouve inversée :

On allait, en 1900, vers le « grand voyage » en chemin de fer par un bâtiment très largement ouvert de toutes parts. Le « voyage culturel » que propose le musée nécessite une concentration et une transition par rapport à la frénésie urbaine.

En revanche, avant de pénétrer dans le musée on peut côtoyer le bâtiment, se familiariser avec un édifice réputé peu accessible au large public.

C'est pour cette raison et pour le rééquilibrer vers l'intérieur du quartier en lui créant un abord moins

The conversion of the Orsay Station into a museum required a clearly defined method.

The interior of the station is a very strong reminder of the turn of the century period, but the space could not be used as it was — a restructuring of the space was necessary. The Orsay Station had just been classified a "historic monument" but this did not imply that any additions be architecturally self-effacing.

Our 1978 study for the Architectural Research and Development Committee concerning "the metamorphosis of the architectural entity" had led us to a certain number of conclusions :

— the re-use of an architecturally interesting building can give rise to a reinterpretation or geometric recomposition based on ancient or existing elements ; the contrast between clearly defined old and new architectures results in the emergence of relationships which constitute a new esthetic unity ;

— an existing building can contribute a certain unforeseen direction to its future use, thus reversing Sullivan's principle : in this case "Function follows form."

It is the city as a lively assemblage of architectural events, constantly in motion, which induces the changes in its constituent elements — thus the city itself fully participates in the architectural process.

A specifically urban building

Laloux's decision to hide the station behind the large vestibule and the hotel was largely based upon the station's position with regards to the surrounding city and to the Tuileries Garden across the river.

These relationships were no doubt instrumental in saving the building from destruction and in determining its future use as a museum and they also contributed largely to the orientation of our project.

The quay, a windswept concentration of through-traffic on the north side of the building, could not provide an acceptable entrance to the museum. We chose to place the entrance on the calm, transversal Place Bellechasse — a solution found in other public buildings along the Seine. In addition, the hotel spaces adapt themselves well to the activities found at the museum's entrance. The internal perception of the station is thus reversed : In 1900, the traveller could enter the station from practically any direction. The "cultural voyage" offered by the museum requires more control and more of a transition from the city to the interior.

The need for a transition between the neighborhood and the rather austere building is one of the central reasons for the public gallery and the raised sidewalk in the Rue de Lille, along the southern façade.

The museum and the visitor

The scale of the station, inaugurated in 1900, is typical of International Exhibition buildings of the end of the 19th century.

Within the diversity of the building's spaces we have created a new landscape which takes advantage of the form and potential of each space — the result is a new typology of museum spaces :

austère que nous avons créé un trottoir surélevé et
une galerie publique rue de Lille, au sud.

Le musée et le visiteur
Inauguré pour l'exposition de 1900, cet édifice est à
l'échelle des grands bâtiments des expositions uni-
verselles du XIXe siècle.
A l'intérieur de ses espaces diversifiés, nous recréons
le paysage, déduisant de leur géométrie, de leurs
potentialités, une série d'interventions propres à
constituer la typologie spatiale du musée :
Une succession d'espaces, organisés suivant les axes
visuels suggérés par la gare et dont les proportions
sont en correspondance avec celles des œuvres,
mettent le visiteur dans une situation favorable à la
contemplation.
La lumière, les transparences, constituent un matériau de base de cet édifice, très favorable à sa
conversion en musée. Contrôlée, modelée, assistée,
la lumière oriente tous les espaces.

*The spatial sequence takes advantage of the axes suggest-
ed by the building and puts the visitor at ease through
the respect of the relationship between the works exhibited and their environment.*
*The natural light and the transparency of the building
lend themselves to the creation of a museum and have
thus become two basic elements in our design. Their
combined effect is apparent throughout the building.*

The layout of the museum
*Thus the paved central nave makes good use of the
enormous vault with its steel arches, overhead lighting
and stucco panels. The visitor arrives at the level of the
original tracks (4 meters below ground level) and
follows a long ramp up to ground level. The imposing
longitudinal walls (recalling the Seine's quays) form a
central axis and permit access to lateral galleries which
receive filtered natural light from overhead.*
*The entire museum is organized around this 140-meter-
long and 35-meter-high volume, its strong axis thus*

60

Détail de la charpente
métallique en cours de
restauration.

*Detail of the metal structure
during restoration.*

La structuration de l'espace muséographique

Ainsi, la grande nef au sol brut est constituée d'une voûte rythmée par les arcs d'acier et par les grandes verrières zénithales encadrées de caissons de staff. On y accède en descendant au niveau antérieur des voies (— 4 mètres) puis on remonte en pente douce jusqu'au niveau 0 au fond du cours encadré par des parois, fortes comme celles du quai au-delà de la Seine, qui déterminent les proportions du cours central et donnent accès aux salles latérales qui bénéficient de la lumière de la nef recontrôlée.

Tout l'espace muséographique s'organise donc à partir de cet axe longitudinal et de ce volume de 35 mètres de haut et de 140 mètres de long qui oriente le visiteur, lui permet de se repérer et de choisir son parcours.

Transversalement, les sept travées et les deux pavillons d'extrémité organisent une suite de séquences : la quatrième travée ne comporte pas de plancher intermédiaire et, par une plus grande transparence, définit une sorte de transept.

Rue de Lille, deux niveaux de chambres de l'hôtel ont été réunis pour constituer des salles ouvertes sur le cours, apportant une transparence vers le quartier qui n'existait pas auparavant puisque l'hôtel était séparé de la gare par un mur-rideau opaque.

Au-dessus des sept coupoles du vestibule couvrant les sept salons ovales, la galerie des Hauteurs a été aménagée dans le comble vide qui n'avait d'autre but que de dissimuler la nef aux promeneurs des Tuileries. Pour les peintures impressionnistes qui étaient au Jeu de paume, nous avons recherché une lumière naturelle vivante conservant la coloration de la lumière extérieure mais limitant son intensité à 300 lux.

Inventer une muséographie nouvelle

La préexistence de la gare, avec ses vastes espaces, a été propice à la création d'un beau musée. Il est probable qu'un bâtiment entièrement neuf ne justifierait pas la création d'une galerie de 35 mètres de haut et de 140 mètres de long pour les sculptures. Ainsi, ce que le musée a donné à la gare en permettant sa conservation, la gare le lui rend en lui offrant des espaces exceptionnels. Cette chance offerte par la ville au musée pour créer plus, nous avons pensé qu'il fallait la saisir pour donner au visiteur une opportunité de s'orienter, d'inventer son trajet, de prendre goût à flâner comme dans la ville.

ACT Architecture : Pierre Colboc,
Renaud Bardon, Jean-Paul Philippon,
architectes
(1987).

*permitting the visitor to easily find his way around.
A spatial sequence is defined by the seven transversal axes and the two end pavilions : the increased transparency of the fourth bay (obtained through the absence of the intermediate floor) gives the impression of a transept. Along the Rue de Lille, two levels of hotel rooms have been used to create open galleries giving onto the courtyard : from the exterior, this results in an apparent transparency which was lacking previously as the hotel and station were separated by an opaque curtain wall. An upper gallery has been created in the attic above the seven cupolas of the vestibule (in a space which originally served no other purpose than to hide the nave from the strollers in the Tuileries). As these galleries contain the impressionist paintings previously in the Jeu de Paume, our design research has resulted in a space which conserves all the qualities and liveliness of natural light while limiting its intensity to 300 lux.*

Inventing a new type of museum

*The vast spaces of the existing station lend themselves easily to the creation of a beautiful museum. The program for a totally new building would probably not have included a 140-meter-long and 35-meter-high sculpture gallery. Thus the museum's contribution to saving the station is repaid through the exceptional spaces the station provides the museum.
By the same token, we felt that the opportunity to create a museum offered by the city should be paralleled by the potential within the museum itself for the visitor to orient himself, construct his own visit and enjoy his journey as he would in the city.*

ACT Architecture : Pierre Colboc,
Renaud Bardon, Jean-Paul Philippon,
architects
(1987).

En haut à gauche : coupe transversale sur le pavillon Aval dans lequel on distingue l'ancienne salle des fêtes de l'hôtel et le buffet de la gare transformé en librairie.
En haut à droite : coupe transversale sur les espaces d'exposition et la galerie des Hauteurs qui abritent les impressionnistes. Au fond, les deux tours conçues par Gae Aulenti pour fermer la perspective de la nef.
En bas : coupe transversale qui exprime le parti de dégagement de la nef et le respect de son orientation d'origine tel qu'il a été retenu en 1978 par ACT Architecture (dessin de Gae Aulenti, 1982).

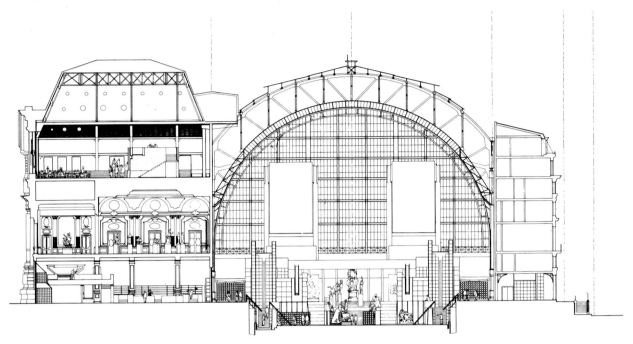

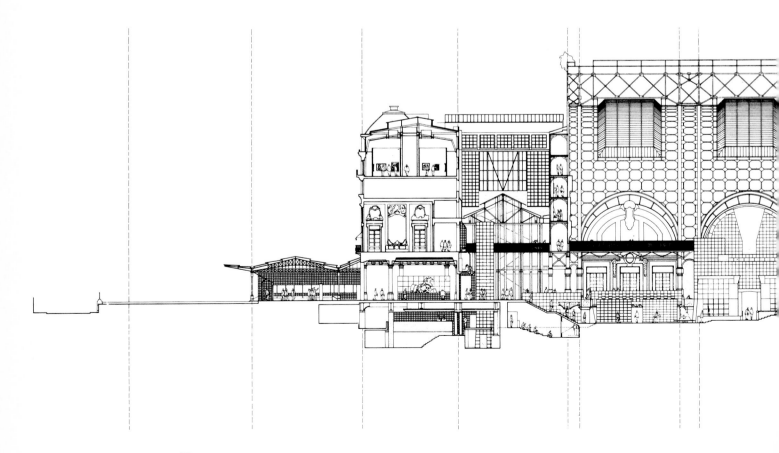

Below left : transverse cross-section of the Pavillon Aval in which the previous hotel's ballroom and the station's restaurant converted into a bookstore are apparent.
Below right : transverse cross-section through the exhibition space and the upper gallery housing the impressionists. Gae Aulenti's two towers end the nave's perspective.
Bottom : transverse cross-section illustrating the concept of freeing the nave and respecting its original orientation as designed in 1978 by ACT Architecture (drawings by Gae Aulenti, 1982).

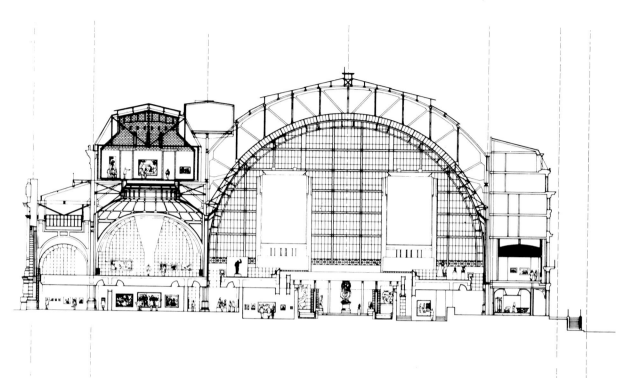

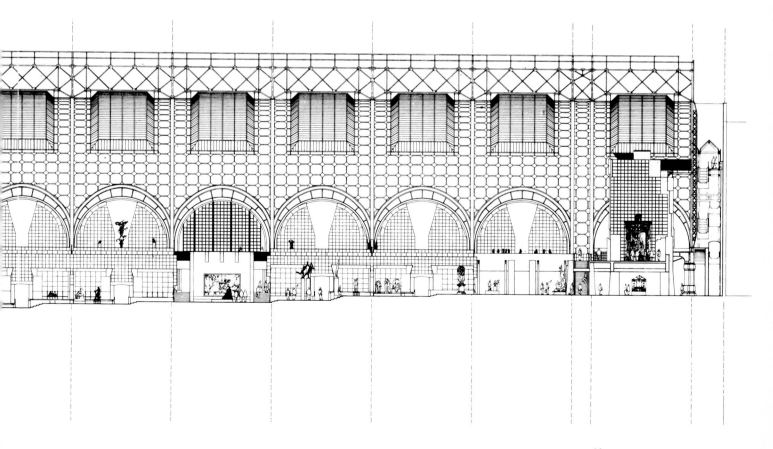

L'architecture intérieure   Interior architecture

Le projet est organisé comme une suite de lieux clairement définis dans leur architecture : salles, galeries, murs, passages, entrées, c'est-à-dire une architecture type de musée. La caractéristique du projet est de faire de cette succession de lieux une clé de lecture de l'édifice préexistant de Laloux. La complexité des problèmes rencontrés dans l'architecture intérieure du musée d'Orsay vient avant tout du fait que chaque lieu est projeté suivant un double système de relations : celui de l'architecture de l'édifice classé monument historique, c'est-à-dire le « territoire même » dans lequel s'insère l'architecture du musée, et celui des œuvres que le musée doit conserver et exposer. Ces relations ne s'établissent qu'entre des objets dont seule compte la réalité matérielle : il n'entre dans le travail de conception ni jugement de valeur, ni interprétation. L'architecture de Laloux ne doit pas subir de « jugement moral », mais doit être analysée dans la matérialité constructive de ses structures de fer et de ses revêtements de pierre. De la même façon, c'est moins la « qualité » artistique des œuvres qui sera en considération que leur matérialité en soi, c'est-à-dire leurs formes, dimensions, couleurs et textures.

Pour commencer à concevoir le projet, il faut accepter une convention établie par d'autres et nécessairement arbitraire, de façon à composer suivant les règles du jeu architectonique les éléments matériels de l'art et de l'architecture. Ainsi le parcours muséologique, voulu par les conservateurs, sert-il de convention, organisant les œuvres par collections, séries, séquences. Convention encore, la décision politique de transformer la gare en musée en la décrétant monument historique.

A la succession de lieux correspond une succession de problèmes spécifiques. Problème de l'entrée du musée déplacée sur le petit côté de l'édifice : à travers la succession de la marquise, du hall et de la cour de l'hôtel, les espaces d'accueil réinterprètent structurellement la fonction de filtre entre l'extérieur et l'intérieur. Problème de la grande nef, réalisée comme le croisement des flux des trains, dans le sens longitudinal, et du flux des voyageurs qui arrivaient du quai d'Orsay, dans le sens transversal. Problème de la division entre les salles de sculpture et les salles de peinture, par l'intermédiaire d'une séquence mur-écran-parapet qui filtre la lumière zénithale provenant de la grande voûte vitrée. Problème des tours conçues comme un nouveau type architectonique pour l'exposition de maquettes et d'objets. Problème du pavillon Amont, que sa structure de fer, mise à nu, voue à être un « musée d'architecture » organisé en un parcours vertical. Problème de la lumière zénithale filtrée de deux façons différentes dans la galerie des Hauteurs et dans la galerie Bellechasse : tandis que la galerie des Hauteurs sera placée dans le volume utilisé des combles construits au-dessus des salons ovales, la galerie Bellechasse rappellera, à travers une colonnade, la structure du corridor central et des chambres de l'ancien hôtel. Théoriquement, pour entreprendre notre travail,

The project is organized as a series of clearly defined, museum-like architectural elements : rooms, galleries, walls, passages, and entries. And it is the project's nature to make the succession of these elements a key to the understanding of Laloux's existing building. The complexity of the interior design problems encountered in the Orsay Museum is the result of the dual relationship within each space : that of the "territory" (of the interior design to the historic building itself) and that of the "content" (of the interior design to the works of art the museum must display and conserve). These relationships can only be established between objects whose sole value lies in their material being ; the design of an interior cannot be influenced by value judgements or interpretations. Laloux's architecture is not to be subjected to a "moral assessment" but must be analyzed in the positive reality of its iron structure and stone facing. By the same token, the artistic "quality" of the exhibited works will count less than their inherent physical qualities of dimension, form, color and texture.

From the outset, a certain number of conventions were necessary — even though they had been established earlier and were necessarily arbitrary — in order to determine the architectonic rules governing our composition. Thus the visitors' circuit sought by the museum's curators became a constraint, organizing the works of art by collections, series and sequences. Another convention was the political decision to classify the disused railway station a "historic monument" in order to permit it transformation into a museum.

The succession of spaces posed a series of specific problems. There was the transfer of the entrance to the station from the long side to the short side of the building : the sequence composed of the marquee, the hall and the courtyard of the hotel is a reinterpretation of the filter between the "exterior" and the "interior". There was the problem posed by the central nave's structure — conceived and built as the crossing of two axes with the trains in the longitudinal direction and the travellers arriving from the Quai d'Orsay in the transversal direction. There was also the separation of sculpture and painting exhibits by a sequence of wall-screen-parapet elements which filter the central vault's overhead natural light or the problem posed by the towers at the east end, designed as a new architectural form for the display of scale models or other objects. And, finally, there was the entrance building and its exposed steel structure — destined to become a vertical architecture museum.

Our approach did not involve the adoption of an ideological reference influenced by the different practices the building's re-use might require. On the contrary, we limited ourselves to the analysis of the three subjects for which we were consulted :
— the typology and the form of Laloux's building ;
— the museographical program of Michel Laclotte[1], and the division of the collections into periods stretching from romanticism to the avant-garde ;

1. Inspector general of French Museums with responsibility for the collections of the Orsay Museum.

nous ne nous sommes jamais référés à une quelconque idéologie influencée par les différentes pratiques de la réutilisation. Au contraire, nous nous sommes « limités » à une observation analytique et articulée des trois corps existants sur lesquels nous devions intervenir :

— l'édifice de Laloux, sa forme, sa typologie ;

— le programme muséographique de Michel Laclotte[1], les collections et leur répartition au regard d'une période de l'histoire de l'art français qui va du romantisme à l'avant-garde ;

— le projet ACT Architecture, lauréat du concours d'architecture pour la transformation de la gare en musée.

La géométrie de la grande nef contient en soi une forte illusion de symétrie : c'est ainsi que l'axe longitudinal le long duquel s'articule la première partie du parcours muséographique, de l'entrée au fond de la grande nef, a été flanqué de deux axes parallèles et d'innombrables axes transversaux ; les salles latérales dont les axes croisent les axes longitudinaux des deux galeries parallèles, à travers les ouvertures correspondant aux portes ; le transept central, qui parcourt d'un côté à l'autre l'édifice dans son entier. Tous ces croisements coïncident avec la loi structurelle que la typologie de l'édifice de Laloux contient en lui-même : un édifice dont l'entrée principale est composée de portiques et de salons ovales sur la façade longitudinale, vers la Seine, et d'une ouverture supplémentaire à travers la marquise, sur la place Bellechasse.

Le programme muséographique, l'analyse concrète des œuvres, leurs regroupements, leurs rythmes logiques, les séquences, ont déterminé une articulation de règles grâce auxquelles la reconstitution de la totalité du parcours muséographique devient une somme de typologies propres à la tradition des musées (salles, galeries, passages, loges) modifiées toutefois par ces différentes formulations que provoque leur insertion à l'intérieur de l'édifice de Laloux. Ce dernier, à son tour, a soumis le programme à ses lois ; l'une d'entre elles, par exemple, nous a conduits à mettre au jour dans le pavillon Amont une succession verticale de salles consacrées au musée de l'architecture : un véritable musée dans le musée. La multiplicité des différentes unités typologiques a ainsi permis l'invention d'autres types d'espaces originaux comme les tours, architectures autonomes, édifices dans l'édifice.

L'édifice de Laloux, sa structure en fer (les piliers, les poutres, la charpente, les nœuds, les charnières), ses murs de pierre qui révèlent ou dissimulent le métal ; les stucs, les décors ; les conditions de son existence même ont donc imposé le « territoire de la nouvelle construction ». Nous avons considéré l'édifice comme un objet contemporain, sans histoire : l'architecte Laloux était avec nous le concepteur de

1. Inspecteur général des musées de France, chargé des collections du musée d'Orsay.

— the ACT Architecture project, winner of the competition for the conversion of the station into a museum. The nave of the station incorporates a strong element of symmetry which meant that the visitors' circuit would have to begin with the longitudinal axis, running from the western entrance to the the end of the hall, flanked by two parallel axes and crossed by innumerable transverse axes. The axes of the lateral rooms correspond to the openings onto the Quai d'Orsay and cross the parallel longitudinal axes. The central transept crosses the entire building. All of these alignments correspond to the structural organization of Laloux's building, which incorporates porticoes and oval rooms on the long side overlooking the Seine, and the additional opening leading out under the marquee and onto the Place Bellechasse.

The program for the museum and a thorough analysis of its works of art and of their regrouping into logical rhythms and sequences determined the rules through which the visitors' path became a circuit of typical museum-like spaces (rooms, galleries, passages and loggias) nonetheless modified by their contact with Laloux's interior. The interior, of course, has its own laws which altered part of the museum, for instance, so that the Pavillon Amont forced the architecture section to adopt a vertical organization — a museum within the museum. Different types of space give rise to other, new spaces such as the towers, autonomous architectural objects — buildings within the building.

The "territory" of the new construction was largely determined by Laloux's building : the iron structure (pillars, beams, frames, joints, hinges), the stone walls which either reveal or hide the iron structure, the stucco-work and the decoration, even the conditions of its very existence.

We considered the building as a contemporary one, without a history, and its architect, Laloux, as a member of the team transforming the station into a museum.

The principle of composition adopted is one of deliberate and systematic contrast and not one of either natural or stylistic symbiosis. In this way the buildings within the building appear to profit from the decomposition-fragmentation process and develop their own language.

The same analytical method employed for the museographic program has been used for the existing building. No form or constituent element has been developed as a definitive form but as a combination of different parts which have been decomposed and recomposed. As a result, the various details are considered as part of a whole and thus could, if needed, be produced in limited series on an industrial scale. The diverse, but in no way haphazard, materials, varied but controlled, exclude an artisanal approach but do not impose the necessity of industrial production.

For the museum's lighting, each of the exhibits was studied and the type of lighting required was noted — this essentially concerns indirect lighting. The various possibilities of Laloux's building for natural lighting were taken into account. The decision was made to combine natural and artificial lighting (overhead ligh-

la métamorphose de la gare en musée. Le principe de composition adopté s'est voulu en conflit, en opposition systématique et non en symbiose naturaliste ou stylistique, comme si les édifices dans l'édifice analysaient le processus de cette décomposition, de cette fragmentation, pour donner forme aux éléments constitutifs de leur propre langage.

Le projet s'est prévalu, au regard des phases de la construction, de la même méthode analytique employée pour le programme muséographique et pour l'édifice existant. Aucune forme, aucun élément constitutif n'est né comme forme définitive, mais comme une combinaison, un emboîtement des différentes parties décomposées et puis recomposées. De là procède l'observation des différents détails, considérés comme parties d'un tout, et comme elles possibilité concrète d'être produits en série dans un chantier de production industrielle. La diversité des matériaux, nombreux mais contrôlables, exclut ainsi la possibilité artisanale mais ne fait pas une loi répétitive de la production industrielle.

L'étude de l'éclairage du musée a suivi le processus suivant : recherche des différentes typologies que le parcours muséographique provoquait, en isolant chaque espace et en articulant les diverses possibilités techniques définies cependant sous le dénominateur commun de « lumière indirecte » ; articulation des innombrables signes particuliers de l'édifice de Laloux se rapportant à l'éclairage naturel ; décision de faire coïncider, de superposer la lumière naturelle et la lumière artificielle (éclairage zénithal) dans les galeries sous les toits, lumière de la grande nef et des grandes fenêtres le long de la rue de Lille, lumières des oculi dans les salons ovales ; et, enfin, classement et mise en séquence de ces éléments articulés entre eux. Cette façon de procéder a permis d'éclairer chaque espace de façon différente en obtenant cependant partout les mêmes qualités techniques.

Gae Aulenti,
architecte [2]
(1987).

ting in the galleries under the roofs, light from the central nave and from the windows along the Rue de Lille, light for the oval rooms from the oculi). And, finally, these elements were classified, combined or adapted to give clear sequences. As a result, each space is lit in a different manner but the quality of light is consistent everywhere.

Gae Aulenti,
architect [2]
(1987).

2. *Interior Design : Gae Aulenti, Italo Rota, Piero Castiglioni (lighting), with Valérie Bergeron, Giuseppe Raboni, Marc Vareil, Luc Richard, Monique Bonadei.*

2. Intervenants dans l'architecture intérieure : Gae Aulenti, Italo Rota, Piero Castiglioni (éclairage), avec Valérie Bergeron, Giuseppe Raboni, Marc Vareil, Luc Richard, Monique Bonadei.

Le niveau bas : salle
d'exposition s'ouvrant sur
la grande nef. Les
perforations dans les
cimaises ont été conçues
pour l'accrochage des
œuvres et le confort
acoustique.

*The lower level : exhibit
space opening on the central
nave. The holes in the walls
ensure both picture hanging
and acoustic comfort.*

Perspective sur les salles impressionnistes créées dans l'ancien comble du vestibule. Au premier plan, une partie de la salle Van Gogh.

Perspective of the impressionist rooms carved out of the vestibule's attic. Part of the Van Gogh room is in the foreground.

Les Quatre Parties du monde soutenant la sphère céleste. Modèle pour la fontaine du jardin de l'Observatoire à Paris. Carpeaux, 1872.

The Four Corners of the World *support the celestial sphere. Model for the Observatory Garden, Paris. Carpeaux, 1872.*

Vue sur la grande nef
consacrée à la sculpture
(1850-1875).

View of the central nave
dedicated to sculpture
(1850-1875).

Détails mettant en
évidence la relation entre la
structure ancienne et
l'architecture intérieure
créée pour le musée.

Page de droite : vue
perspective transversale
depuis la nef. Une salle
avec oculus.

*Details illustrating the
relationship between the
existing structure and the
interior architecture created
for the museum.*

*Opposite page : transversal
view from the nave of a
lateral room and its skylight.*

L'Institut
du monde arabe

Dès 1974, la France et certains pays arabes jugèrent nécessaire de concrétiser leurs liens ancestraux et leur coopération dans le domaine de la culture et de la civilisation par la création d'une institution permanente qui apporterait à un large public français les éléments d'information, de connaissance et de savoir relatifs au monde arabe.

En 1980, cette décision fut ratifiée par la signature d'un acte international qui donnait naissance à l'Institut du monde arabe, fondation reconnue d'utilité publique par le gouvernement français.

Une aventure commune

Cette réalisation, unique à ce jour, associe de façon paritaire la France, d'une part, et, d'autre part, l'Algérie, l'Arabie Saoudite, Bahreïn, Djibouti, les Emirats arabes unis, l'Irak, la Jordanie, le Koweït, le Liban, la Mauritanie, le Maroc, Oman, le Qatar, la Somalie, le Soudan, la Syrie, la Tunisie, le Yémen du Nord et le Yémen du Sud. La Djamahiriya libyenne, en 1984, et l'Egypte, en 1989, ont rejoint ces premiers fondateurs.

La fondation a reçu une triple mission :
— développer et approfondir en France l'étude, la connaissance et la compréhension du monde arabe, de sa langue, de sa civilisation et de son effort de développement ;
— favoriser les échanges culturels, la communication et la coopération entre la France et le monde arabe, en particulier dans les domaines des sciences et des techniques ;
— participer ainsi à l'essor des rapports entre la France et le monde arabe, en contribuant au développement des relations entre celui-ci et l'Europe.

Une équipe franco-arabe travaille dès à présent à la réalisation de ces objectifs. L'Institut du monde arabe donnera ainsi tout son sens au dialogue des civilisations : la mise en valeur d'un riche passé conduira naturellement à la rencontre d'une culture vivante et proche.

Un site et une architecture prestigieux

En 1981, un concours national confiait à Jean Nouvel, Pierre Soria, Gilbert Lezènes et Architecture Studio la construction du siège de l'Institut sur le nouveau site retenu, l'un des plus prestigieux de Paris : au cœur du Quartier latin, au bord de la Seine, face à Notre-Dame et près de la mosquée de Paris. Le bâtiment, remarquable par ses nombreuses innovations, offre aujourd'hui au public :
— un musée d'art et de civilisation arabo-islamiques qui présente sur cinq niveaux et 2 800 mètres carrés des objets d'art provenant des collections nationales françaises et de ses propres fonds, dont une collection d'art contemporain. Il dispose d'une banque de données multimédias consacrée dans un premier temps à l'art islamique ;
— une médiathèque, équipée des matériels les plus modernes et offrant la possibilité de consulter 40 000 ouvrages, la plupart en libre accès dans une « tour des livres », 1 500 périodiques, des archives

In 1974, France and a number of Arab countries decided to confirm continued cooperation in the fields of culture and civilization through the creation, in Paris, of an institute providing extensive information about the Arab world.

In 1980, this decision was ratified by the signing of an international act creating the Arab World Institute, recognized by the French government as a public interest organization.

A joint adventure

This unique project, unites France and the following Arab countries : Algeria, Saudi Arabia, Bahrain, Djibouti, the United Arab Emirates, Iraq, Jordan, Kuwait, Lebanon, Mauritania, Morocco, Oman, Qatar, Somalia, Sudan, Syria, Tunisia, North Yemen and South Yemen. The Libyan Jamahiriya, in 1984, and Egypt, in 1989, joined the founder nations.

The institute has a triple mission :
— to develop a deeper knowledge and better understanding of the Arab world within France : of its language, its civilization and its struggle for development ;
— to improve communication, cooperation and cultural exchange between France and the Arab world — in scientific and technical fields in particular ;
— to better relations between France and the Arab world and thus contribute to the development of relations with the rest of Europe.

A joint French-Arab team is already working to meet these objectives. The Arab World Institute will give substance to the notion of the "dialogue between cultures" : the revelation of a rich past will naturally lead to the encounter with an enthusiastic contemporary culture.

Prestigious site and building

A national architectural competition awarded Jean Nouvel, Pierre Soria, Gilbert Lezènes and Architecture Studio the commission for the design of the Institute's headquarters on one of Paris' most prestigious sites : in the heart of the Latin Quarter, on the banks of the Seine, across from Notre-Dame and close to the Paris Mosque. The remarkable building today offers visitors :
— a museum of Arab-Islamic art and civilization, 2,800 square meters on five levels with works of art — including contemporary art — from the French national collections and from the Institute's own resources. It also features a multi-media data-bank initially limited to Islamic art ;
— a mediatheque with the latest equipment providing access to 40,000 books — most of which are stored in the "Book Tower" — 1,500 magazines, sound archives (records and cassettes), an image bank, dozens of films and a cinema directory ;
— a documentation service employs a computerized filing system containing information available in documentation centers and libraries specializing in the Arab world — in France and world-wide — to answer varied and detailed requests (from researchers, businesses...).

Symbolique et modernité

Symbols and modernity

Le siège de l'Institut du monde arabe à Paris prend en compte, en termes dialectiques :
— les aspects du site : quartier traditionnel, quartier moderne ;
— la culture arabe et la culture occidentale ;
— la modernité et l'histoire ;
— l'intériorité et l'ouverture.
Sa symbolique et sa modernité sont fondées sur une interprétation actuelle de l'histoire des civilisations arabe et occidentale.

Le site

Le terrain, situé à la frontière de deux tissus urbains, l'un traditionnel (continu), l'autre plus moderne (discontinu), entretiendra donc obligatoirement un dialogue avec ces deux types d'urbanisme.
Les points forts du site imposent au nouveau bâtiment un positionnement précis rendant possible le dialogue avec le Paris historique.
L'espace ouvert de l'université voisine sera profondément modifié pour accueillir l'Institut du monde arabe.

Le rapport au boulevard Saint-Germain

L'une des perspectives les plus importantes est celle de l'aboutissement du boulevard Saint-Germain.
Le bâtiment, vu depuis le boulevard, deviendra un point de repère évident du paysage parisien. L'extrémité ouest du bâtiment a été traitée par l'inclusion d'un cylindre blanc derrière une façade transparente : la « tour des livres ».
Cette façade, dont la partie vitrée s'efface légèrement derrière la structure afin d'en accentuer les transparences, permet des vues sur l'intérieur du bâtiment, sur la façade sud dont la géométrie se lit nettement dans une perception à contre-jour, et sur le cylindre. Celui-ci, dont le mouvement ascendant laisse deviner les livres qui le tapissent à l'intérieur, s'interrompt au niveau de la terrasse-jardin, ne laissant dans la partie haute du bâtiment que la présence de la verrière sur le ciel.
La proue, dans son ensemble, est un signe à l'échelle urbaine, sa présence est accentuée par l'inclusion du cylindre et par la richesse des jeux d'ombre et de contre-jour dus à la transparence des façades.

La façade nord

Elle symbolise la relation à la ville historique, d'où la retranscription de la façade :
— le rideau est rythmé de manière à suggérer les lits horizontaux de pierre ;
— en partie haute de la façade, des procédés photographiques utilisés sur le verre évoquent le reflet des immeubles parisiens qui lui font face, dans l'île Saint-Louis et le Marais.

La façade sud

Reprenant les thèmes historiques de la géométrie arabe, nous créons une façade vitrée où la projection visuelle est intégrée entre les vitrages au moyen d'une trame variable basée sur le principe du dia-

The Arab World Institute headquarters in Paris reflects the dialectics of :
— *the traditional and the modern surroundings of the site ;*
— *Arab and western culture ;*
— *history and modernity ;*
— *introversion and extroversion.*
Its symbolism and modernity are based upon a contemporary interpretation of the history of its two component civilizations.

The site

The site is located on the boundary between two types of urban fabric — one of which is traditional and continuous while the other is more modern and discontinuous — and a dialogue between the two is thus in order.
The strong points of the site and the location of the new building will create a positive relationship with historic Paris.
The open space of the neighboring university will be considerably modified in order to accommodate the Arab World Institute.

The relationship with the Boulevard Saint-Germain

The eastern end of the Boulevard Saint-Germain constitutes one of the most important vantage points for the site. The Arab World Institute's visual impact upon this important boulevard will make it a major reference point in the Paris landscape.
The western end of the building, visible from this point, includes a tall white cylinder behind a transparent façade — the "Book Tower".
The glazed portion of the façade is slightly behind the plane of the structure which accentuates the transparency and permits the observer to clearly perceive the interior of the building (especially the southern façade, whose geometry is clearly seen through the effect of back-lighting, and the tower). The tower's ascending movement clearly suggests the presence of the books which line it. The movement is cut off at the roof-garden level in order to leave only the glazing outlined against the sky at the top of the building.
The bow-shaped group of buildings constitutes an urban scale composition which is reinforced through the presence of the cylinder and the rich play of shade, shadow and backlighting due to the building's transparency.

The northern façade

The façade's design reflects its relationship with historic Paris :
— *the curtain wall incorporates a rhythm which suggests the courses of a stone wall ;*
— *the upper part of the façade uses silk-screened designs to transform the glass and to evoke the reflection of the Parisian buildings of the Ile Saint-Louis and the Marais opposite.*

The southern façade

The problem of the admission of natural light is solved by using an entire wall of diaphragms (a reference to the

Plan du rez-de-chaussée
et du parvis.

*Plan of the ground floor and
esplanade.*

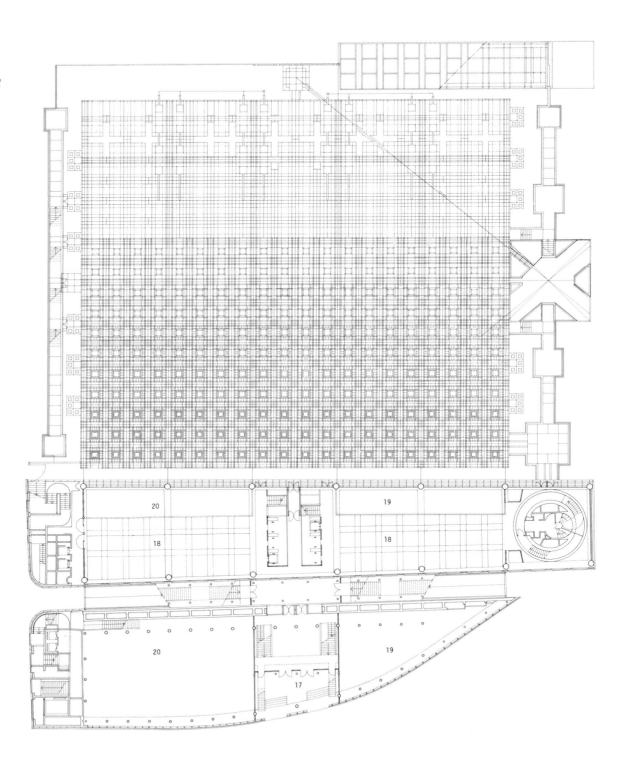

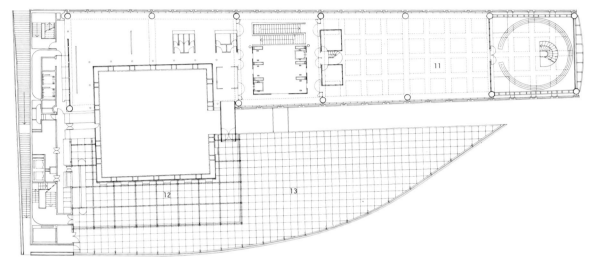

En haut : plan du dernier niveau avec la salle du haut-conseil.
En bas : plan du quatrième niveau s'ouvrant sur un patio intérieur. La faille sépare le musée, situé au nord, de la bibliothèque et de « la tour des livres » côté parvis, au sud.

Above : plan of the upper level and the High-Council's chamber.
Below : plan of the fourth level opening on the internal patio. The narrow opening separates the museum to the north from the library and the "Book Tower" to the southern, esplanade side.

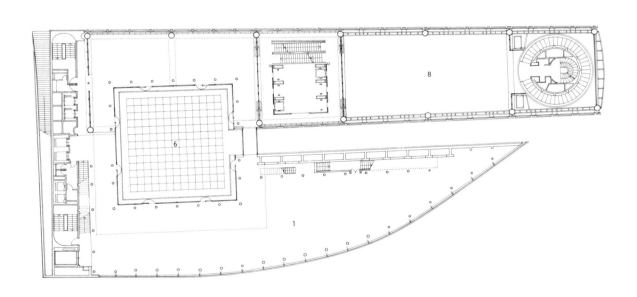

phragme. Une cellule photo-électrique permet un dosage de la lumière en fonction de l'ensoleillement. Les diaphragmes s'ouvrent et se ferment suivant la luminosité extérieure : la façade apparaît ainsi comme un vaste rideau en mouvement.

Cette géométrie « technologique » est aussi la transposition actuelle des ouvertures et des motifs les plus nobles de la grande architecture arabe. Le bâtiment est coupé en deux par une faille qui aboutit sur une cour au cœur du bâtiment, exprimant ainsi l'intériorité caractéristique de l'architecture du monde arabe.

Cette faille est l'occasion de créer une entrée particulière pour les personnalités qui arrivent en voiture sur un perron donnant directement accès à la salle du haut-conseil et à l'Institut. Son ouverture sur le chevet de Notre-Dame souligne le rapprochement de deux vieilles cultures.

Jean Nouvel
et Architecture Studio[1]
(1987).

Interview de Jean Nouvel
par Marc Jouassain

Marc Jouassain : Comment l'idée des fenêtres en forme de diaphragme de l'Institut du monde arabe est-elle née ?

Jean Nouvel : Ce qui, pour moi, caractérise la grande architecture arabe, c'est l'utilisation de la lumière comme matériau de cette architecture. C'est ainsi qu'on trouve les claustras, les moucharabiehs, les contre-jours, etc. J'ai donc voulu que la première matière de l'Institut du monde arabe soit la lumière : le mur sud est constitué comme une sorte de moucharabieh ; mais, comme c'est un bâtiment de modernité et comme nous ne sommes pas sous les cieux égyptiens ou marocains, on est obligé de jouer avec les conditions actuelles de lumière — un moucharabieh « permanent » n'aurait pas les mêmes caractéristiques en hiver et en été. On se rend compte de la contradiction qui existe à développer ce type d'architecture sous nos latitudes. J'ai proposé de jouer sur les thèmes décoratifs de la grande architecture arabe, ceux qu'on trouve en particulier à l'Alhambra, toujours basés sur le carré, l'étoile, le cercle, le polygone... Ce sont des figures qui fonctionnent souvent par rotation, d'où l'idée de diaphragmes. Ils permettent de réaliser en les dosant ces figures, de faire en sorte que, suivant la saison, on laisse entrer plus ou moins de lumière.

1. Le projet de l'Institut du monde arabe est l'œuvre de Jean Nouvel, Pierre Soria, Gilbert Lezènes, Martin Robain, Jean-François Galmiche, Rodo Tisnado et Jean-François Bonne.

noble geometric elements of Arab architecture), activated by photo-electric cells which register changes in external natural lighting conditions. The wall will thus resemble a curtain in constant movement.

The "technological" geometry becomes a contemporary expression of the importance of geometric openings in traditional Arab architecture. A reference to the introversion typical of Arab architecture lies in the division of the building into two distinct parts through the use of a narrow opening which terminates in a central courtyard deep within the building.

This opening accentuates the visiting dignitaries' entrance — accessible by car — leading directly into the Institute and to the High-Council's chamber. The view of Notre-Dame through this opening is a reminder of the link between these two ancient cultures.

Jean Nouvel,
and Architecture Studio[1]
(1987).

Interview with Jean Nouvel
by Marc Jouassain

Marc Jouassain : *How did you arrive at the idea of windows in the form of diaphragms for the Arab World Institute ?*

Jean Nouvel : *The major element in the best Arab architecture is the use of light as a material. One finds sun screens, moucharabiehs, back-lighting... Thus, I felt it essential that light should be the most important material in our project. The south façade is designed as a moucharabieh but, as the building is modern and we are not in Egypt or North Africa, its design reflects Paris' natural-lighting conditions — a "permanent" moucharabieh would have a different form in winter and summer. There is a definite contradiction in developing this type of architecture in our latitudes. My proposal was to employ the decorative themes which occur in the great Arab architecture of the Alhambra — the square, the circle, the star, the polygon... As the decorative figures are often generated through rotation, the idea of diaphragms came naturally. The advantage in their use is that they permit the entry of more or less light depending on the season.*

M.J. : *Are the constraints they impose a stimulus ?*

J.N. : *Constraints are always a stimulus. As architecture is necessarily built, we are always faced with constraints. Each new project, each new site gives rise*

1. *The Arab World Institute project was designed by Jean Nouvel, Pierre Soria, Gilbert Lezènes, Martin Robain, Jean-François Galmiche, Rodo Tisnado and Jean-François Bonne.*

M.J. : Ces contraintes ne sont-elles pas finalement pour vous un moteur ?

J.N. : Les contraintes sont toujours un moteur. Pour moi, l'architecture, c'est ce qui se construit, on est donc obligé de tenir compte de ces contraintes. On trouve dans chaque nouveau programme, dans les conditions mêmes du site, ce que j'appelle les spécificités d'un projet. Rien ne serait plus ennuyeux que de devoir travailler sur un terrain réel, mais presque théorique, qui ne présenterait pas de contraintes. Auquel cas, ce ne serait plus de l'architecture, car l'objet final ne traduirait pas les conditions de production d'une époque.

Ce que j'aime dans l'architecture de toutes les époques — et je la lis toujours ainsi —, c'est qu'elle révèle une sorte de consensus social, une possibilité des techniques de l'époque qui sont aussi une contrainte.

L'architecture, c'est : que peut-on faire à ce moment-là, dans une situation donnée ? Ce qui est intéressant, c'est de jouer avec les règles du jeu et d'aller aux limites du possible. Je pense qu'un architecte doit d'abord résoudre les problèmes liés à l'usage du bâtiment qui va se créer, qu'il doit donc répondre de façon précise à des éléments objectifs et qu'après seulement vient ce qui est du fait de la création.

Je ne crois pas qu'il puisse, au nom de ses valeurs artistiques, vouloir ou pouvoir influer sur cet usage. Souvent, on a vu les architectes utiliser un style, comme un peintre l'utilise, et finalement influer de façon directe sur la nature profonde de l'objet au point de vue de l'usage. C'est une déformation grave.

Cette sorte de refuge extraordinaire que permet le fait de dire : « je suis un artiste », cette autoproclamation de l'artiste est réellement insupportable : « Faites votre travail, messieurs les architectes et, en plus, si vous êtes capables de mettre de l'art dans ce que vous faites, alors tant mieux ! »[1]

to what I would call the specificities of the project. Nothing would be worse, or more boring, than to design for a site which presented no constraints. In the end, the design would not be architecture as it would not reflect the building conditions of its era.

What I have always appreciated in the architecture of all eras is that it reveals a sort of social consensus and a technical solution possible at its time.

Architecture offers an answer to the question : "What was possible at that moment, for a given situation?" It is always interesting to play with the rules of the game and to push back the limits.

An architect must first resolve all the problems related to the building's use and offer precise answers to its objectives, and only then can he begin to "create".

I don't think that he can or should invoke artistic values to alter the building's activities.

In the many instances when architects have employed a style in the same manner that an artist might, a direct impact upon the nature and the use of the object has resulted which can only be considered a grave mistake.

The comforting imposture which lies in the declaration : "I am an artist" — the self-proclamation on the part of the artist — is totally unacceptable. "Do the job properly first of all. If, in addition, you are capable of creating art in your endeavors, well then, so much the better !"[1]

1. Ce texte est extrait d'une interview de Jean Nouvel par Marc Jouassain, CAUE de Maine-et-Loire (12 octobre 1985).

1. *Excerpts from an interview with Jean Nouvel by Marc Jouassain, CAUE of Maine-et-Loire (October 12th, 1985).*

Plan de la façade sud
composée de panneaux de
diaphragmes en aluminium
qui reprennent des éléments
de la géométrie arabe. Une
cellule photo-électrique
dose la lumière en jouant
sur l'ouverture de
27 000 diaphragmes.

En bas à gauche : l'un des
240 panneaux vu de jour en
position ouverte et fermée.

En bas à droite : ce même
panneau vu de nuit.

*Plan of the south façade
composed of aluminum
diaphragm panels recalling
Arab geometric patterns. A
photoelectric cell adjusts the
light admitted by 27,000
diaphragms.*

*Lower left : one of the 240
panels in open and closed
positions during the day.*

*Lower right : the same panel
seen at night.*

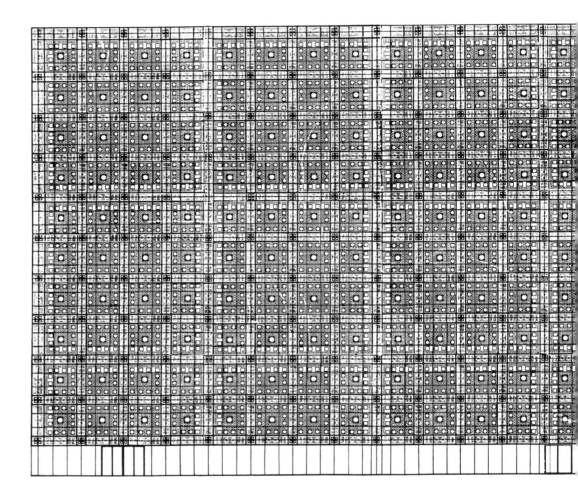

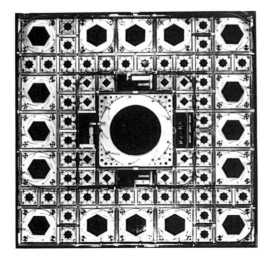

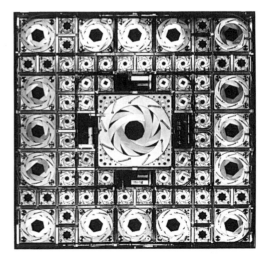

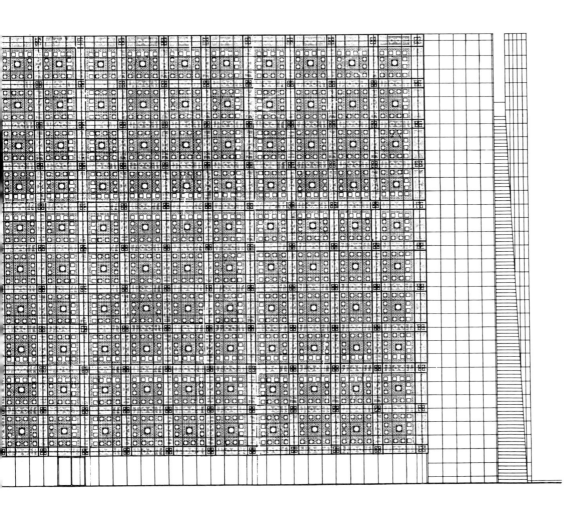

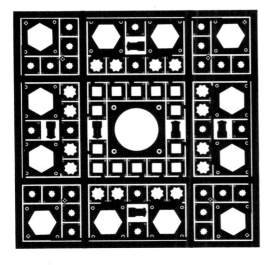
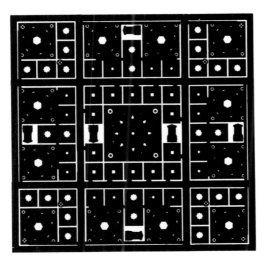

Plan de la façade nord. La silhouette des immeubles parisiens est sérigraphiée sur les vitrages pour mieux souligner l'appartenance du bâtiment au Paris historique. La conception graphique (P.-M. Jacot) a été traitée par ordinateur. A droite : détails de l'incrustation sur le vitrage.

Plan of the north façade. The silhouette of Parisian buildings silk-screened on the glass underlines the fact that the building belongs to historic Paris. The use of computers aided in the graphic design (P.-M. Jacot). To the right : details of incrustation on the glass.

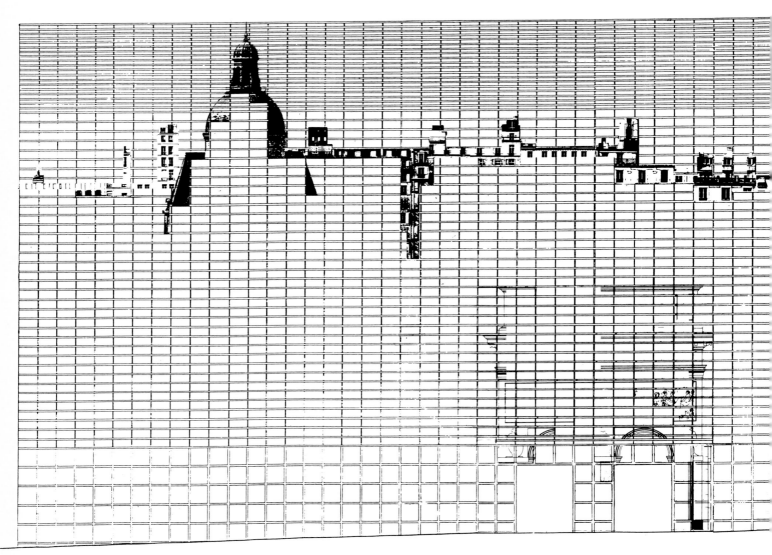

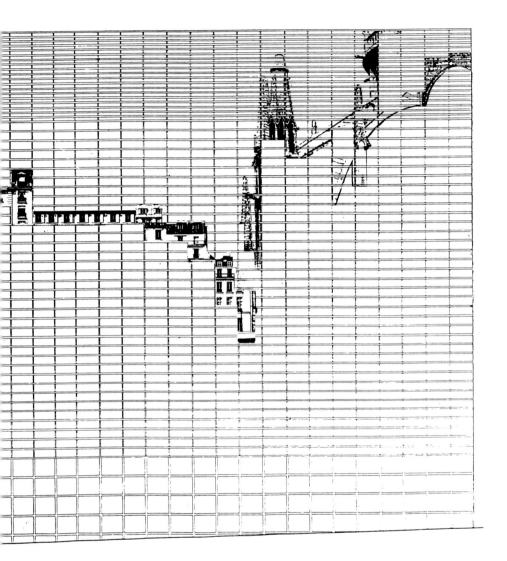

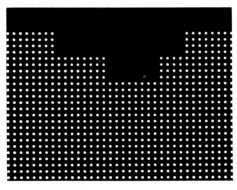

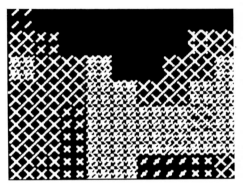

A gauche, vue de la « tour des livres »
la nuit. On distingue en transparence
l'escalier hélicoïdal. En haut à droite,
les diaphragmes de la façade sud, vus
de l'intérieur. En bas à droite, la faille
qui sépare la « tour des livres » au sud,
du musée au nord.

*Left : view of the "Book
Tower" at night. The
helicoidal ramp is visible.
Upper right : the south
façade's diaphragms, seen
from the interior.
Lower right : the gap
separating the "Book Tower"
to the south, from the museum
to the north.*

Le ministère
des Finances

Ci-dessous : le nouveau ministère des Finances. Maquette vue de l'ouest. La configuration du terrain a conduit les architectes à retenir une implantation perpendiculaire au fleuve, contrairement à celle adoptée pour les grands édifices publics qui bordent la Seine.

Page de droite : détail de la maquette. Vue sur l'hôtel des ministres et sur la pile dans la Seine.

Below : the new Ministry of Finances : model viewed from the west.
The site's shape led the architects to design a building perpendicular to the Seine, contrary to the practice for other public buildings along the river.

Opposite page : detail of the model. View of the minister's quarters and the column in the Seine.

Le projet du nouveau ministère procède dans sa genèse de trois décisions du président de la République :
— faire du musée l'unique occupant du palais du Louvre et installer le ministère des Finances qui en partageait jusqu'alors l'usage, sur un nouveau site (24 septembre 1981) ;
— choisir comme lieu d'accueil pour ce ministère un quartier en pleine mutation — l'est parisien — et un site à la hauteur des ambitions du projet : un terrain de 5 hectares à Bercy-gare de Lyon dans le 12ᵉ arrondissement (3 mars 1982) ;
— retenir parmi les projets sélectionnés par le jury du concours d'architecture lancé le 21 juin 1982, celui conçu par MM. Chemetov et Huidobro, architectes, et M. Duhart-Harosteguy, architecte conseil (16 décembre 1982).

Une réalisation d'une ampleur exceptionnelle
Le nouveau ministère à Bercy est un ensemble de cinq bâtiments abritant près de 6 000 personnes et constituant en Europe, aujourd'hui, le plus grand chantier de bureaux, et demain le plus grand centre administratif construit — 200 000 mètres carrés hors œuvre nets. Au projet principal est venu s'adjoindre,

The proposal for a new Ministry of Finances is the result of three decisions made by the President of the French Republic :
— to turn the entire Louvre Palace over to the museum and to install the Ministry of Finances, occupant of a major section of the Palace, to a new site (September 24th, 1981) ;
— to choose a site in an eastern Paris neighborhood undergoing major changes which also reflected the ambitions of the project : a 5-hectare site at Bercy-Gare de Lyon in the 12th Arrondissement (March 3rd, 1982) ;
— to retain from among the projects chosen by the jury of an architectural competition launched June 21st, 1982, the proposal by Chemetov-Huidobro architects and Duhart-Harosteguy consulting architect.
The project's size, ambitions and thorough management make it exemplary in more than one respect.

The project's size
The new Ministry of Finances, five buildings accommodating more than 6,000 persons, is one of Europe's largest office projects and the largest administrative center — 200,000 square meters net usable floor space. The principal project joins a realization comprising two buildings designed by architects Arretche, Karasinsky

dès 1983, un projet connexe conçu par MM. Arretche, Karasinsky et Ciocardel situé sur la dalle gare de Lyon et composé de deux immeubles.

A l'issue de l'opération, lorsque la dernière tranche du bâtiment A sera livrée, quatre ministres, leurs cabinets et près des deux-tiers des agents parisiens du ministère travailleront ensemble, regroupés sur un même site. Plus de 200 entreprises auront coopéré à la construction du nouveau ministère.

Une administration exemplaire

A l'origine de l'opération et dès le stade du programme, des priorités ont été définies tant il était évident qu'il fallait saisir l'opportunité d'une telle réalisation pour faire du ministère des Finances une administration exemplaire au plan des conditions de vie et des méthodes de travail. Les Finances à Bercy c'est donc surtout :
— un meilleur regroupement des services : les cinq bâtiments de Bercy permettront d'accueillir 6 000 agents aujourd'hui dispersés sur une trentaine de bâtiments dans différents quartiers de Paris ;
— la modernisation des méthodes de travail : le développement d'un réseau local — projet Scribe — permettant l'interconnexion de tous les ordinateurs terminaux et postes bureautiques fait que ces bâtiments sont classés parmi ceux dits « intelligents ». D'autre part, l'un des plus grands systèmes de télécommunication privée jamais réalisé permettra de desservir plus de 10 000 lignes grâce à son autocommutateur à haut niveau d'intégration des services. Enfin, des équipements techniques particuliers sont venus compléter l'ensemble comme le transport automatique du courrier ou l'archivage des dossiers centralisé et entièrement robotisé ;
— de meilleures conditions de vie : les bâtiments ont été conçus pour le confort de ses occupants avec des bureaux clairs et fonctionnels équipés de mobiliers modernes issus du concours lancé en 1982 par le ministère de la Culture (Clen, Strafor, Knoll). L'espace bureau a fait l'objet d'une démarche expérimentale afin de tester la finalité des différents produits sur le marché en matière de mobilier, de distribution électrique, d'acoustique et de flexibilité de l'espace.

Une opération d'une grande rigueur

L'opération de transfert du ministère des Finances à Bercy présente l'originalité par rapport aux autres grands projets d'être conduite directement par ses propres services. La maîtrise d'ouvrage est assurée par la Sous-direction de la construction et des affaires immobilières (Direction du personnel et des services généraux).

Il est donc prouvé qu'une opération d'une telle ampleur peut être menée à bien au sein de structures administratives existantes, dans un strict respect des engagements malgré un contexte parfois défavorable et avec un calendrier toujours tendu. La réalisation de l'opération Grand Louvre, entièrement dépendante du transfert du ministère à Bercy, peut ainsi entrer dans sa seconde phase dès le 14 juillet 1989.

and Ciocardel located next to the Gare de Lyon train station.

With the completion of Building "A", the project's last phase, four Ministers, their cabinets and nearly two-thirds of the Ministry's Parisian agents will be gathered on the same site.

More than 200 construction firms will have participated in the Ministry's realization.

The project's ambitions

From the project's very beginning, the decision was taken to profit from the scale of the operation to make the Ministry of Finances an administration whose work methods and conditions were beyond reproach. The Ministry of Finances in Bercy is above all :
— an improved grouping of services : Bercy's five buildings will provide accommodation for more than 6,000 agents now scattered across Paris in more than 30 buildings ;
— modern working methods : the development of a local network — the Scribe project — will ensure the interconnection of all of the buildings' computer terminals and office equipment placing the ensemble in the "smart building" category. One of the largest-ever private telecommunications systems will feature a highly integrated automatic switching device permitting the management of more than 10,000 lines. Specific technical equipment such as the automatic correspondence transport system or the entirely automated centralized file system completes the picture ;
— better working conditions : a concern for employee comfort is reflected in the light, functional offices and the modern furniture resulting from the design competition organized in 1982 by the Ministry of Culture (Clen, Strafor, Knoll). The office space is a laboratory space where furniture, electrical distribution, acoustic and spatial definition products are evaluated.

The project's management

The transfer of the Ministry of Finances to Bercy differs from the other Major Projects in that it is the only one to be managed directly by its own services.

The Construction and Real Estate, division of the Personnel and General Services Directorate has played the role of General Contractor and proven that a project of this size can be managed by existing administrative structures.

Engagements were respected in spite of the sometimes difficult conditions and the very tight schedule. The second phase of the Grand Louvre, entirely dependent upon the transfer of the Ministry to Bercy, will go ahead as planned starting on July 14th, 1989.

Construire l'image

Building an image

L'ensemble des bâtiments du ministère de l'Economie et des Finances marquera la géographie urbaine de Paris, s'inscrivant ainsi dans la suite des monuments qui jalonnent la Seine.

Il ne s'agit pas, en l'occurrence, d'une reprise de bâtiments préexistants, comme ce fut hier le cas au palais de Chaillot ou, aujourd'hui, pour le musée d'Orsay, mais bien d'une création urbaine comparable à celle de la galerie du Bord-de-l'Eau du Louvre, du collège des Quatre-Nations ou de la Monnaie.

Toutefois, dans ces exemples, et à plus forte raison dans des compositions précédées d'un grand terreplein (Invalides, Concorde, Champ-de-Mars), la relation à la Seine était frontale. La difficulté du terrain retenu est le petit côté qu'il présente au fleuve. Il était donc indispensable de chercher à faire figurer sur la Seine les bâtiments à édifier. Il est clair que le viaduc de Bercy qui porte le métro aérien — avec sa double rangée d'arcades de pierre blanche — amorce le parti proposé. Il ne s'agit pas, bien entendu, de reprendre directement des formes mais plutôt de provoquer la nécessaire association de deux éléments.

La présence du viaduc serait ainsi confirmée dans son potentiel urbain : retenue visuelle sur le cours de la Seine qu'on retrouve, à la limite aval du Paris historique, au pont de Bir-Hakeim. A Paris, l'accès ouest jouit de la présence verticale de la tour Eiffel. Il s'agit, en ce qui nous occupe, de signaler l'accès est. Le viaduc marque la ligne de franchissement du fleuve par l'ancienne enceinte des Fermiers généraux qui limitait le Paris d'avant 1860. Tout indique qu'il existe ici un lieu sensible dans l'histoire de la ville. Le maintien dans notre projet de deux bâtiments d'entrée des anciens octrois et leur prise en compte comme axe est-ouest de la composition confirment cette observation.

Le bâtiment principal a donc été projeté allégoriquement comme un viaduc faisant face au tumulus (tout autant métaphorique) que les architectes Andrault et Parat ont choisi pour forme enveloppe du Palais omnisports.

Tout bâtiment longiligne suppose réglé le problème de ses ailes. L'extrémité vers la Seine est traitée comme une arche interrompue à la façon des loges de l'architecture italienne dont Venise a stéréotypé un modèle. Il est certain que, de ce point, la vue sur la courbe du fleuve, le Jardin des plantes et Notre-Dame est, comme disent les gazettes, imprenable.

Il est évident que le projet du ministère des Finances doit satisfaire des besoins de représentation autant que de fonctionnement ; il faut donc fabriquer un symbole.

Pour exprimer l'institution ou la puissance, on utilise l'hypertechnologie. Il est certain que l'usage dans le bâtiment des formes et des matières de la technologie spatiale ou automobile fait que les images valorisantes attachées à ces domaines sont transportées sur le bâtiment. Ce type de réponse pose une condition : le prix. Pour exemple, le prix des bâtiments avoisine 5 francs par kilo, l'automobile coûte dix fois plus

The Ministry of Economy and Finances buildings will enrich the urban geography of Paris, becoming part of the historical monuments along the Seine.

This will not involve restoration of existing buildings, as with the Palais de Chaillot or the Museum of the 19th century. It is a design in its own right, similar to the riverside Gallery of the Louvre, the Collège des Quatre-Nations or the Mint.

In all of these examples, and those with an open space (Invalides, Concorde, Champ-de-Mars), the relationship to the Seine is frontal. The difficulty presented in this case is that the smaller side of the site borders the Seine. Thus it became indispensible to find a way to make the buildings face the Seine. The Bercy metroviaduct, with its double set of white stone arcades, is an evident point of departure for our concept. It is obviously not our intention to imitate the forms but to underline the necessary association of the two elements. The urban potential of the viaduct is thus confirmed. A reminder of the historic limit of Paris, it is reflected further downstream by the Bir-Hakeim bridge. The western entrance to Paris is visually reinforced by the Eiffel Tower, and it is our task to strengthen the eastern one. The viaduct crossing the Seine marks the boundary of the earlier wall of the Fermiers Généraux which designated the Paris city limits until 1860. That this is a sensitive site in the history of the city has been further confirmed through the conservation of two entrance pavilions from the earlier wall as the east-west axis of our composition.

The principal building was thus conceived as an allegorical viaduct facing the allegorical tumulus chosen by Andrault and Parat for the envelope of the Omnisports Palace.

The problem with all long buildings lies in the extremities. The end over the Seine is treated as an interrupted arch in the same manner as the Italian loggias which Venetian architecture has established as a stereotype. From this privileged vantage point the views over the Seine on Notre-Dame and on the Jardin des Plantes are unimpeded.

The Ministry of Finances project must obviously fulfill both representational and functional requirements ; an image must be produced.

In this context, the latest technology is an expression of the institution or of its power. It is quite clear that a design which adopts forms and materials from spatial or automobile technology profits from the transfer of the positive image of these industries to the buildings which result. The only drawback to such an approach is the cost. A building may cost less than a dollar a kilo, for example, while an automobile will cost up to ten times as much and the cost of space exploration is enormous... which goes some way towards offering an explanation as to why the recent projects of Rogers in London or Foster in Hong Kong are double to quadruple that estimated for our project.

We were given a cost objective of 7,500 Francs per square meter (net) which corresponds to current office building costs in 1983. This limited both the type and the choice of technological solutions opened to us.

Vue sur la façade principale. La structure d'immeuble-pont souligne la proximité du fleuve. Les deux franchissements de 70 mètres qui enjambent le quai de la Rapée et la rue de Bercy constituent des portes monumentales vers le Paris historique. Les immeubles à l'arrière-plan prolongent l'opération vers la gare de Lyon.

View of the principal façade. The building-bridge's structure underlines the river's proximity. The two 70-meter spans over the Quai de la Rapée and the Rue de Bercy form monumental gateways to historic Paris. The buildings in the background continue the project towards the Gare de Lyon train station.

Vue de la porte
monumentale dans la cour
d'honneur.

*View of the monumental
door in the main courtyard.*

L'hôtel des ministres.
Croquis de Borja
Huidobro (janvier 1986).

The minister's quarters.
Sketch by Borja Huidobro
(January 1986).

cher, et ne parlons pas du coût de la conquête de l'espace... Cela explique pourquoi le budget nécessaire aux œuvres récentes de Rogers à Londres ou de Foster à Hongkong est double ou quadruple de celui retenu pour le ministère des Finances.

Pour le ministère, nous avions un prix réduit de 7 500 francs par mètre carré (hors œuvre), prix normal pour des bureaux en 1983. Cette première contrainte limitait non seulement l'éventail des solutions techniques mais plus encore la famille formelle utilisable.

Ce qu'attendent les observateurs, ce n'est pas un nouveau Versailles — même si, obscurément, cette image rassurante hante leurs esprits —, c'est bien un bâtiment qui les aide aujourd'hui à se situer de façon positive dans la relation contradictoire du monde moderne à la tradition, fût-elle architecturale.

Une autre voie de réponse réside dans la prise en compte de l'échelle des travaux publics dans le bâtiment. L'intérêt porté par des profanes aux

Observers are thus not waiting for us to produce a new Versailles — even if this reassuring notion may occasionally appear to haunt them — but to come up with a building which will somehow allow them to assume a positive position in the contradictory relationship between the modern world and their traditions — and even, perhaps, an architectural tradition.

Another possible solution lies in the civil engineering aspects of the building. The general public is always interested in contemporary construction feats — airports, bridges — and the spatial images which they provoke have a positive significance.

It is entirely possible in the field of architecture to firmly fix the symbolism of the new building through the ways in which it is perceived. The simple example which follows amply demonstrates how we will achieve this goal.

The approaches to the building, the views familiar to Parisians and the distances involved have strongly influenced the development of the buildings' designs.

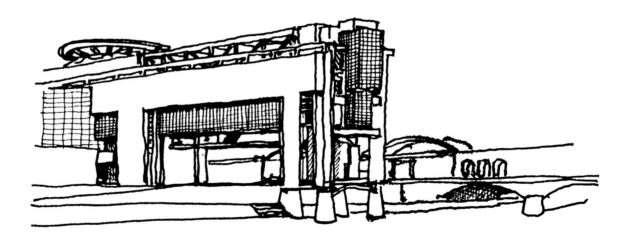

En haut : perspective
d'ensemble du projet.
Croquis de Borja
Huidobro (avril 1984).
En bas : façade principale
vue depuis la Seine.
Croquis de Borja
Huidobro (janvier 1986).

Top : perspective of the
project. Sketch by Borja
Huidobro (April 1984).
Bottom : main façade
viewed from the Seine.
Sketch by Borja Huidobro
(January 1986).

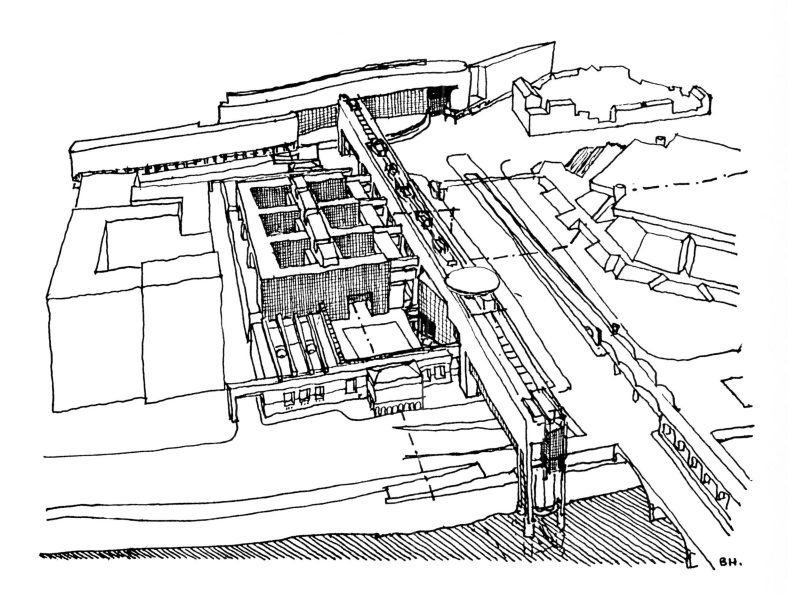

grands ouvrages contemporains — aérogares, ponts — pour le rêve d'espace qu'ils provoquent a une signification positive.

Quitter l'abstraction, en notre domaine, c'est aussi ancrer la symbolique nécessaire dans la perception sensible du nouveau bâtiment. Développons un seul exemple, il illustre fort bien notre démarche.

L'approche du bâtiment et la vision qu'en auront les Parisiens ont orienté la facture du ministère qui tient compte des distances de vue possibles.

De loin, les lignes d'un attique en gradin et des superstructures métalliques qui rappelleront celles du Palais omnisports joueront sur le ciel, transposition des balustrades, cheminées et lucarnes des bâtiments traditionnels parisiens.

En vision moyenne, entre les piles porteuses, la maille d'une grande charpente métallique et le remplissage en mur-rideau veulent signifier que ce bâtiment est aussi un lieu de travail tertiaire et peut donc aussi utiliser ce qui le caractérise aujourd'hui.

En vision rapprochée, le jeu des épaisseurs de pierre des socles et des nervures en béton bouchardé (montrant ainsi la construction réelle des piles), des poutres ou des tirants en profilés métalliques, évitera que ce grand bâtiment, qui a la taille de la façade de l'Ecole militaire, n'apparaisse que comme un schéma découpé à la scie égoïne et indifféremment plaqué d'un seul matériau, fût-il noble.

Il est bien évident qu'un tel traitement qui, comme nous le disions, n'ignore pas le côté positif des « ouvrages d'art » (qu'on médite sur ces mots : qui oserait aujourd'hui se qualifier, à l'instar de Guimard, d'architecte d'art ?) et met donc en scène la rationalité technique et constructive, crée la possibilité d'une collaboration inventive et fructueuse avec les ingénieurs du bâtiment qui devrait se prolonger par le dialogue avec les entreprises, dès lors que leur fierté de constructeurs peut s'investir dans les valeurs apparentes du bâtiment. Nous l'avons constaté lors de l'élaboration du projet ; espérons que la construction du ministère des Finances en permettra l'expression.

Paul Chemetov et Borja Huidobro,
architectes
(1987).

From a distance, the lines of the stepped-back attic and the metal superstructure similar to that of the Omnisports Palace will be seen against the sky — a transposition of the balasters, chimneys and skylights of the traditional Paris skyline.

At a middle distance, the structural grid between the supporting columns will signal that this is also a work-place — entirely capable of assuming the materials which characterize office buildings today.

From close-up, the play of the thicknesses of the stone base and of the bush-hammered cannelations (thus revealing the real construction of the pilings), the metal beams or tension members will ensure that this huge building, the same size as the Ecole Militaire, will not look like something turned out on a jig-saw and indiscriminantly covered with a single — if noble — veneer.

It should be obvious by now that our project incorporates an expressive use of technical and constructional rationalism and recognizes the positive aspects of the civil-engineering "art". (This comment should inspire a few minutes reflection : who today would dare — as Hector Guimard did — to refer to himself as a practitioner of the art of architecture!) We have created the possibility for the inventive and fruitful collaboration between designers and engineers which should continue as interaction with the builders — to the extent that their pride as builders finds its expression in the values represented by the building. This potential first became apparent during the development of the design of the project ; we hope that the construction of the Ministry of Finances building will permit its expression.

Paul Chemetov and Borja Huidobro,
architects
(1987).

Perspectives sur le hall
d'accueil.

*Perspectives of the entrance
hall.*

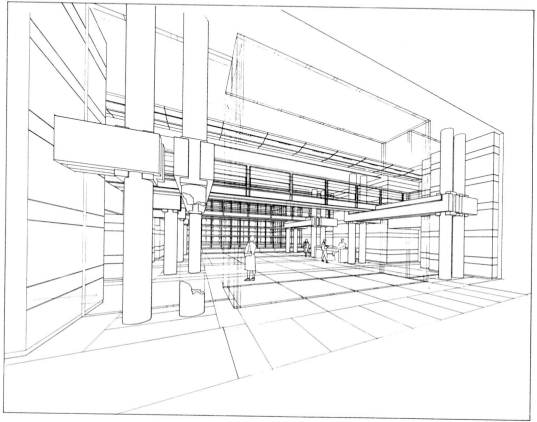

En haut : le bâtiment principal de 360 mètres de long joint la Seine aux voies ferrées. Au premier plan, l'enjambement de la rue de Bercy.

Top : the main building, 360 meters long, links the Seine to the rail lines. In the foreground, the bridge spanning the Rue de Bercy.

En bas à gauche : la cour d'honneur. Au premier plan, le centre de conférences. Au fond, l'hôtel des ministres que surmonte la plate-forme des hélicoptères. En bas à droite : les terrasses aux sorties des restaurants. A l'arrière-plan supérieur, les passerelles de liaisons aériennes.

Bottom left : the main courtyard. Conference center in foreground. Minister's residences surmounted by heli-pad in background. Bottom right : the terraces at the restaurant exit. The upper level bridge links in the background.

Vue sur la pile du ministère des
Finances dans la Seine.

Piling in the Seine.

L'opéra
de la Bastille

Construire l'opéra du XXIᵉ siècle

Un nouvel opéra pour Paris : cette décision annoncée le 9 mars 1982 par un communiqué du Conseil des ministres reprenait les conclusions de Jean Vilar et Pierre Boulez qui avaient affirmé, dès 1968, la nécessité d'un nouveau lieu pour redonner à la vie lyrique française une dimension vivante et contemporaine.

• Le premier objectif assigné à cet opéra est d'augmenter sensiblement le nombre des places offertes. Il est très vite apparu qu'il ne pourrait être atteint par un aménagement du palais Garnier dont la conception spatiale limite le nombre des représentations et qu'une salle démesurée dans sa capacité d'accueil ne permettrait ni de voir ni d'entendre dans de bonnes conditions. L'ouverture de l'opéra de la Bastille à un plus large public devait procéder d'une réflexion sur les modes de production des spectacles d'art lyrique. Le constat n'est pas propre à Paris et les consultations engagées par le maître d'ouvrage auprès des responsables des plus grands théâtres lyriques du monde ont marqué la nécessité d'espaces autour de la scène principale pour effectuer hors d'elle toutes les opérations de répétitions ainsi que de montage des décors. Il devenait ainsi possible d'augmenter le nombre des spectacles et d'accueillir en conséquence un plus grand nombre de spectateurs tout en donnant aux artistes les moyens techniques d'assurer la qualité de leur travail.

C'est de cette réflexion qu'est née la grande salle de l'opéra de la Bastille (2 700 places) et ses équipements scéniques formés de dix espaces d'alternance

Build the opera of the 21st century

A new Paris opera : the decision announced by the Council of Ministers on March 9th, 1982, adopted the conclusions of Jean Vilar and Pierre Boulez who affirmed, as early as 1968, the need for a new hall to give French opera a lively contemporary dimension.

• The first objective for the new opera was to significantly increase the number of spaces offered. It was quite clear that the spatial conception of Garnier's existing Opera limited the number of representations and that an oversized hall would not provide proper visual and acoustic conditions. The Bastille Opera should welcome a larger public through a rethinking of the means employed for the presentation of lyric art.

This is not just true of the Paris opera. Directors of operas worldwide stressed the necessity for spaces surrounding the principal stage which would permit rehearsals and the manipulation of sets. In this way the number of shows could be increased while giving artists the best conditions for the presentation of their work. This sequence of thought led to the conception of the Bastille Opera as a hall with a capacity of 2,700 seats and a stage surrounded by ten similar spaces on two levels, including an identical rehearsal stage. The inclusion of workshops for stage sets and costumes would ensure the presence of the entire chain of production.

• The second objective assigned to the opera was to offer the public the largest possible variety both in terms of the diversity of program and in terms of the creation of contemporary and future operatic productions. This objective includes the possibility of presenting creations close to opera developed in other cultures having their

Ci-dessous : opéra de la Bastille. Vue axonométrique du projet montrant l'avancement des études d'architecture, fin 1985. A droite du trait de coupe, les ateliers dont la suppression a été décidée par le gouvernement en août 1986. A gauche, le demi-cylindre de la salle modulable dont l'affectation est réservée.

Below : the Bastille Opera. Axonometric view showing the advancement of the architectural studies at the end of 1985. To the right of the cross-section marks lie the workshops which the government suppressed in August 1986. To the left is the semicircle of an adjustable hall whose use has not been decided.

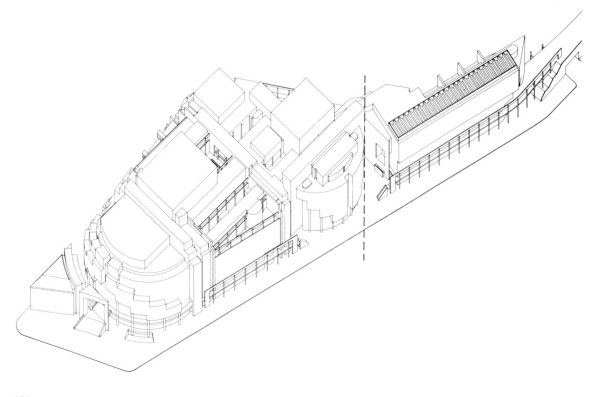

répartis sur deux niveaux et surtout d'une scène de répétition à l'identique. La présence sur place d'ateliers de fabrication de décors et costumes permet d'assurer la totalité de la chaîne de production.

• Le deuxième objectif assigné à l'opéra de la Bastille est d'offrir au public la plus large diversité dans la programmation, à la fois les richesses du répertoire et les créations lyriques contemporaines, celles d'aujourd'hui et celles de demain. C'est aussi lui donner la possibilité de rencontrer des démarches proches de l'opéra, issues de cultures étrangères ayant leurs propres conventions. La salle modulable (600 à 1 000 places) répond à cette nouvelle ambition artistique, parce qu'elle est conçue comme un lieu spécifique, libéré des contraintes spatiales et acoustiques des théâtres traditionnels. Ses dimensions en font un complément indispensable de la grande salle pour les spectacles à effectifs réduits ; sa modulabilité permet la confrontation des genres et des époques.

Cette diversité dans la programmation des deux principales salles de spectacle est renforcée par une volonté d'ouverture quotidienne des espaces publics. C'est une attitude nouvelle en contraste avec les théâtres lyriques traditionnels enfermés dans leur architecture du XIXᵉ siècle. A l'opéra de la Bastille, le public peut accéder toute la journée au niveau du parking ou du métro ou par les nombreuses entrées situées sur la place de la Bastille. En dehors des heures de spectacles des deux salles principales, il trouvera d'autres manifestations artistiques dans l'amphithéâtre (600 places) et dans le studio (280 places), d'autres formes d'animations permanentes ainsi que des boutiques et des lieux de restauration.

Ouvert sur l'espace urbain environnant et facilement accessible au visiteur, l'opéra de la Bastille a été conçu pour devenir un lieu permanent d'information, d'échange et de rencontre. Son ambition est aussi de répondre à l'attente des professionnels, à leur souhait d'un opéra moderne offrant de nouvelles conditions de travail. Un ensemble lyrique d'une telle importance est destiné à accueillir de 800 à 1 000 personnes, permanentes et saisonnières, représentant tous les corps de métiers de la production lyrique, du soliste au menuisier. Aussi la majeure partie des 150 000 mètres carrés de l'opéra de la Bastille est-elle consacrée aux espaces professionnels : les salles de répétition propres à l'orchestre, aux chœurs et au ballet, les loges pour les chanteurs, les ateliers pour les techniciens et les artisans, les bureaux pour les gestionnaires et les responsables d'une commercialisation dirigée vers une clientèle parisienne, mais aussi nationale et internationale.

La réponse architecturale

Le défi architectural était de réunir un lieu propre à l'accueil de spectacles exigeants et fastueux et un centre de production fonctionnel, d'une haute technologie. En 1982, il n'existait aucun modèle de référence. Maître d'ouvrage et maître d'œuvre ont

own conventions. The modular hall (600 to 1,000 places) responds to this artistic objective in that it is freed of the spatial and acoustic constraints imposed by traditional theaters. Its reduced dimensions make it the perfect complement to the main hall ; its physical adaptability permits the confrontation of music types and eras.

The diversity in the programming of the two principal presentation halls will be reinforced through the opening of the building throughout the day. This attitude is a change from traditional operas, generally locked in the trappings of their 19th century architecture. For the Bastille Opera, the public will have access to the building throughout the day, either from the parking and the metro or from the entrances on the Place de la Bastille. Aside from presentations in the two principal halls, activity will be found in other events in the amphitheater (600 places) and the studio (280 places), the shops and the restaurant.

Open to the surrounding neighborhood and easily accessible, the Bastille Opera has been designed as a permanent medium for information, exchange and activity.

The facility's ambition is to create a modern building incorporating new working conditions. An opera of this importance will employ between 800 and 1,000 permanent and temporary professionals — from the soloist to the set makers. Thus the largest part of the building's 150,000 square meters is dedicated to professional spaces : orchestral, choir and ballet practice rooms, dressing rooms for singers, workshops for technicians and craftsmen, offices for exploiting and administering a facility directed at a Parisian as well as national and international audience.

The architectural response

The challenge for the architect was to unite in a single unit a facility for the presentation of demanding, grandiose shows and a functional production complex employing the latest techniques.

In 1982, no other opera provided a reference. Client and designer were obliged to establish a working relationship allowing them to invent the program for a new generation of operatic theater.

The proposal by architect Carlos Ott, winner of the 1983 international design competition which drew 750 projects, impressed the jury with its comprehension of the building's brief and its adaptation to the site.

It is remarkable today to witness the degree to which the final design respects the original concept. The building's functions remain clearly expressed, especially those involving public or professional spaces. The major orientations have been respected : strong public accessibility expressed in the building's transparency and the use of the same materials for interiors and exteriors ; affirmation of a modern expression which avoids copying the 19th century model while respecting certain elements traditionally associated with the opera such as the grand staircase.

This building's architecture is summed up in the strong attachment to program requirements associated with a

Plan de la scène principale, de la scène de répétition et de leurs cinq espaces de dégagement. Le dispositif scénique qui permet le stockage des décors et l'alternance des représentations est l'élément le plus innovateur du projet.

Plan of the principal stage, of the rehearsal stage and of the five storage spaces. The inclusion of spaces permitting set storage and thus the concurrent presentation of several operas is the project's most original element.

donc dû établir un mode de fonctionnement qui leur permette d'inventer les données d'une nouvelle génération de théâtre lyrique.

La proposition de Carlos Ott, lauréat du concours international d'architecture qui avait rassemblé, en 1983, 750 projets, avait séduit le jury et les responsables de l'opéra de la Bastille par sa grande compréhension de l'ensemble du programme et son adaptation au site exceptionnel de la Bastille. Les différentes fonctions du bâtiment sont clairement affirmées, notamment entre lieux publics et lieux professionnels. Les orientations majeures ont été poursuivies : volonté d'une composition urbaine respectueuse du site ; ouverture vers le public, marquée par la transparence des façades et l'emploi de matériaux identiques à l'extérieur et à l'intérieur ; affirmation d'une esthétique moderne, échappant au plagiat du XIXᵉ siècle mais sensible à une certaine spécificité lyrique, comme en témoigne par exemple la mise en valeur du traditionnel grand escalier. Toute l'architecture de ce bâtiment se résume dans une grande rigueur par rapport aux contraintes du programme associée à une recherche constante pour les dépasser, pour faire oublier la superbe machine en proposant un cadre étonnant. Les foyers répartis

constant research for the means to surpass them, to produce a stunning environment which overpowers the superb machine. The new opera offers the public a stunning new approach to lyric art. The lobbies spread over several levels adjoining the main hall benefit from natural lighting and a view of the surrounding city. These vast ambulatories also offer smaller, more intimate spaces. The monumentality of the volumes is tempered by the unity and lightness of the materials used.

Tradition once again prevails in the sense that the main hall is the heart of the new building. Designed and decorated by Carlos Ott, the hall makes it perfectly apparent to the spectator that no effort has been spared to provide him with the best conditions for seeing and hearing the production. From the very beginning, the client body established a consulting team of stage engineers, with an experience drawn from German operas, and a team of acoustic specialists.

Fundamental element for success, the acoustic properties of the grand hall required an exemplary series of studies. The desire to offer the best possible conditions for hearing opera encompass varied and complex requirements involving sound : reverberation, intensity, brightness, warmth, clearness...

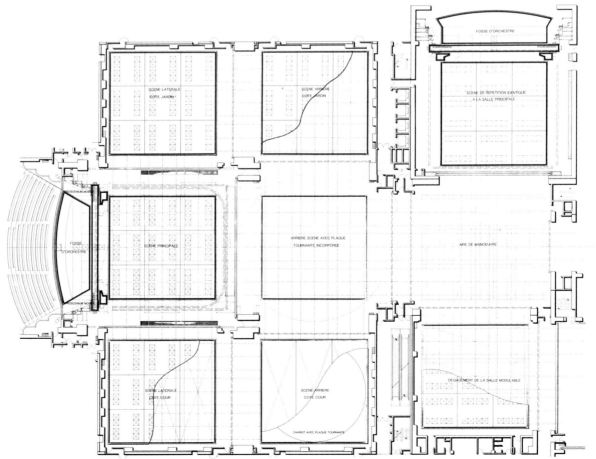

sur plusieurs niveaux autour de la grande salle laissent voir à travers ses larges structures de verre la lumière du jour et sont ouverts vers la ville. Ils sont de vastes déambulatoires, offrant aussi dans leurs recoins des espaces plus intimes. La monumentalité des volumes est apaisée par l'unité et la clarté des matériaux.

Mais la tradition reprend ses droits pour faire de la grande salle le cœur de la nouvelle maison. Dessinée et décorée par Carlos Ott, elle montre à l'évidence au spectateur qu'il est là d'abord pour regarder le spectacle et que l'on a tout fait pour lui permettre de bien le voir et bien l'entendre.

Cela signifie que, dès l'origine, la maîtrise d'œuvre a dû intégrer un certain nombre de compétences spécifiques, essentiellement une équipe de génie scénographique, issue de l'expérience des opéras allemands, et surtout une cellule acoustique.

Objectif primordial de réussite, l'acoustique de la grande salle de l'opéra de la Bastille a donné lieu à un processus d'études exemplaires. La volonté d'offrir les meilleures conditions d'écoute possible recouvre des exigences très diverses et très complexes : la réverbération des sons, leur intensité, leur brillance, la chaleur, la netteté, etc. Dans la définition du programme d'architecture, le maître d'ouvrage avait intégré les premières garanties pour une acoustique naturelle : limitation du nombre de places, géométrie globale, formes générales. Le projet de Carlos Ott présentait, dans ses grandes lignes, une bonne base de départ. Les acousticiens (Helmut Müller et l'équipe de recherche du Centre scientifique et technique du bâtiment — CSTB — de Grenoble) ont ensuite effectué, avec l'architecte, un travail d'adéquation portant particulièrement sur la forme et la profondeur des balcons, le dessin du proscenium ainsi que celui du plafond. De même, le choix par Carlos Ott des matériaux souhaités pour ces différents éléments, a été testé par les acousticiens en fonction des caractéristiques de propagation des sons souhaitées pour chaque zone de la salle. Une maquette au 1/20e reproduisant exactement les formes architecturales et les réactions propres à chacun des matériaux réels, a permis d'étudier, à partir de fréquences émises depuis la scène et la fosse d'orchestre, les courbes de réponses obtenues à chaque place de la salle. Les résultats de ces expériences ont permis à Carlos Ott d'effectuer les dernières mises au point architecturales en fonction des objectifs acoustiques poursuivis. A ces contraintes liées à l'acoustique, il devait aussi associer celles relevant de la scénographie : mobilité du proscenium permettant des variations du rapport scène-salle ; adaptation de la fosse d'orchestre aux formations musicales variables selon les œuvres.

Au-delà du simple respect des fonctions acoustiques et scénographiques, l'architecte a voulu clairement donner une nouvelle image de salle d'opéra.

Le résultat est une salle en vision frontale, affirmant sa modernité par la rigueur des formes et une grande recherche dans le choix de matériaux inhabituels

The definition of the architectural brief already limited the options to those involving natural sound : the hall's limited size, the configuration and the general forms. Carlos Ott's initial project offered a solid basic concept. The acoustical engineers (Helmut Müller and researchers of the CSTB, Grenoble) then worked with the architect in the refinement of the hall : the form and depth of the balconies, the design of the proscenium and of the ceiling. The materials chosen by the architect for each part of the hall were tested for their acoustic properties. A 1/20 scale model faithfully reproducing the architectural forms and the characteristics of materials permitted the evaluation of the acoustic response curves for any position in the hall of sound emitted from the stage or the orchestra pit. The test results allowed Carlos Ott to make the final choice of materials while respecting the brief's acoustic objectives. These acoustic constraints also had to contend with such scenographic features as a moveable proscenium which changed the relationship stage-audience and the adaptation of the orchestra pit to the size of orchestra required for a specific production.

Beyond the simple respect of scenographic or acoustic functions, the architect also wished to create a new form of opera hall which avoided copying as well as invention for invention's sake. The modern expression of the resulting hall is found in the strict forms and the research resulting in materials not usually found in an opera : grey-blue granite walls (smooth, fired or ribbed), dark-wood trim for the principal forms, pear-wood for the proscenium and the lateral galleries, pear-wood combined with embroidered black velvet in harmony with the granite wall and floors.

The grand hall's principal decorative element is the ceiling. Large surfaces of glass play both an acoustic and lighting role which renews — without copying them — the role played by the traditional crystal chandeliers of traditional opera halls.

The ceiling also underscores the importance given to light throughout the project. The atmosphere of the main hall is determined by the quality of this important element which, contrary to 19th century lighting, focuses attention on the stage.

Visitors to the Bastille Opera will be struck by the new forms and details to be found in the public spaces. The magic of the productions will no doubt mask the technical innovations the building makes available to the opera professionals such as a most modern scenery moving machinery, telecommunications and computer aids. The latest developments in hydraulics have permitted the design of a new type of semi-automated wagons to allow the movement of large sets from storage to stage position for alternating productions. Stage machinery is commanded by a specially developed computer program. Computerized ticket sales, obviously, will be accessible by phone.

More generally, both designers and builders have developed new systems and technologies which have already become a reference for the design or restoration of theaters.

Faced with an impressive complexity and numerous

pour un tel lieu : granit gris-bleu sur les murs, flammé, adouci ou rainuré ; grands éléments de bois noir soulignant la composition formelle ; chaleur du bois de poirier pour le proscenium et les fines structures des galeries latérales. Le même bois de poirier s'assemble en harmonie avec le velours noir brodé des sièges et le granit des murs et du sol.

Mais l'événement principal de la salle est le plafond. Formé de grandes surfaces de verre ouvragé, sa double fonction acoustique et lumineuse se trouve synthétisée en un concept qui renouvelle, sans les renier, les grands lustres et les plafonds décorés des salles du passé.

Ce dernier élément est l'illustration de l'importance particulière donnée à la lumière dans tout le projet. L'ambiance de la salle est complètement modelée par la qualité de cet éclairage qui prépare le public au spectacle lyrique, mais l'amène à la différence des théâtres du XIXe siècle, à concentrer son attention sur la scène.

La magie propre au théâtre leur rendra invisibles l'ensemble des innovations technologiques mises pour la première fois à la disposition des artistes. Pourtant, l'opéra de la Bastille fait appel aux techniques les plus modernes en matière de manutention, de levage, mais aussi de télécommunication et d'informatique. Ainsi ce sont les derniers développements de l'hydraulique qui ont permis la conception des chariots semi-automatiques qui assureront la circulation des décors montés entre les scènes et les dégagements d'alternance. Les équipements de la cage de scène sont télécommandés grâce à un logiciel propre à cet équipement. La billetterie sera, bien sûr, accessible à distance grâce à l'informatisation.

Les systèmes développés par les concepteurs et les entreprises sont déjà des références en matière de construction ou de restauration de théâtres.

Malgré sa complexité, la réalisation de l'opéra de la Bastille s'est faite dans le respect des coûts et des délais. Pourtant, le projet a eu à connaître de nombreuses péripéties. Bien que de nombreux artistes, directeurs d'opéras et spécialistes de l'art lyrique du monde entier aient réaffirmé, en 1986, l'importance de ce nouvel équipement pour la communauté lyrique internationale, les changements politiques de cette période avaient amené une remise en cause du projet. La construction des ateliers de fabrication de décors et costumes ainsi que les équipements de la deuxième salle avaient alors été suspendus.

Si l'opéra de la Bastille a finalement retrouvé toute sa cohérence initiale, il en résulte une remise en route en plusieurs étapes, décalant la réalisation des ateliers et de la salle modulable. La grande salle et tous ses équipements, ses foyers et lieux d'accueil ouvrent, selon le calendrier initial, pour les fêtes du 14 juillet 1989.

Ainsi, fidèle en tous points aux nécessités qui ont fondé le projet, l'opéra de la Bastille dote Paris du grand équipement lyrique indispensable à son rayonnement culturel dans le monde.

changes, realization of the Bastille Opera has respected both budgets and schedules.

In spite of the fact that in 1986 numerous artists, directors and opera specialists reaffirmed the importance of this new facility for the international opera community, political events of that year led to the project being challenged. At that time, construction of the stage set and costume workshops and the second opera hall were suspended. While the initial program has now been reconfirmed, realization of the workshops and the modular hall will be carried out in several stages. The main hall with all its equipment, lobbies and reception areas will open as per the initial schedule on July 14th, 1989, for the celebration of the Bicentenary of the French Revolution. Thus faithful to all of the basic elements upon which the project was founded — and which were the source of early controversy — the Bastille Opera will give Paris the major opera hall indispensable for the capital's international cultural image.

Entrée principale de l'opéra. Le volume cylindrique englobe la grande salle de 2 700 places. Au premier plan à gauche, l'immeuble de la *Tour d'Argent* dont la façade a été reconstruite à l'identique. Il abrite notamment un studio de 280 places.

Main entrance to the Opera. The cylindrical volume encloses the 2,700-seat main hall. In the foreground is the Tour d'Argent building (with its original façade reproduced) housing a 280-place studio.

L'architecture du projet Bastille

The architecture of the Bastille project

En dehors de l'appréciation subjective et individuelle, l'opéra de la Bastille marque une étape importante dans l'histoire de l'architecture urbaine. Former un jugement sur un projet architectural, c'est estimer la pertinence du résultat en fonction des objectifs fixés. A cet égard, le projet se présente comme un manifeste par rapport aux récentes attitudes urbaines, dont la portée se trouve amplifiée par la nature de l'objet (un théâtre d'opéra) et par sa situation (la place de la Bastille, à Paris).

En premier lieu, il s'oppose aux ruptures brutales et aux destructions dans les tissus des villes provoquées, au cours des trente dernières années, par l'application abusive et schématique d'un système urbain utopique, issu des principes de la charte d'Athènes, conçu pour l'homme du XXIe siècle présupposé différent.

Il s'élève aussi contre la réaction éclectique qui associe, avec naïveté et nostalgie, à la notion d'espace urbain constitué et hiérarchisé (avenues, rues, places, squares, etc.) des architectures pastiches reproduisant des organisations formelles sans correspondance avec leur contenu.

Face à ces deux courants, l'opéra de la Bastille affirme une volonté essentielle : celle de la reconquête du centre urbain par l'architecture de notre temps, dans le respect de l'histoire des lieux et des hommes. Cette volonté est tout d'abord visible par le choix de la place de la Bastille, qui est à Paris l'exemple quasi unique de la rencontre des formes urbaines de chaque époque parvenues presque intactes jusqu'à nos jours et de leur contenu, témoin d'une culture, d'une activité et d'une histoire, offrant ainsi en quelque sorte une image contractée de l'histoire des hommes et des sociétés à travers le temps. Mais la place de la Bastille, c'est aussi, concrètement, un vide urbain, conséquence de la fameuse démolition de la forteresse.

L'objet opéra qui va prendre place dans un site aussi particulier doit intégrer, dans sa conception même, une véritable contradiction : il est d'abord, par nature, un lieu de spectacles prestigieux, hors du commun ; mais il est aussi un centre de production, moderne et fonctionnel, dans lequel travaillent quotidiennement un millier de personnes, artistes et artisans, techniciens et personnels administratifs.

Il fallait trouver une réponse à ces objectifs. Et cette réponse devait éviter deux écueils, fréquemment rencontrés aujourd'hui : soit privilégier l'image de l'objet architectural au détriment de sa fonctionnalité (pastiche de l'ancien ou fausse simplicité moderne), soit se limiter à la construction d'un simple outil. Il fallait aussi gommer la dichotomie entre l'espace interne de l'opéra et l'espace externe de la ville. Il doit y avoir une véritable symbiose entre le bâtiment et le tissu urbain, à la différence du palais Garnier, bâtiment fermé qui semble infranchissable. Le projet de l'opéra de la Bastille joue avec cette interaction entre l'espace urbain et l'espace architectural. C'est un bâtiment qui appartient au public.

Le projet prouve que l'architecture peut s'affirmer et

Quite aside from a subjective, personal appreciation, the Bastille Opera marks an important step in the history of urban architecture. A critical appraisal of an architectural project requires an evaluation with regard to a certain number of objectives. Compared with recent urban phenomena, this project can be considered as a manifesto whose importance is magnified through the nature of the project (an opera) as well as through its site (the Place de la Bastille in Paris).

To begin with, the proposal is in opposition to the brutal ruptures and destruction of urban fabric of the last thirty years which was due to the abusive and systematic application of the principles of the Athens Charter — an utopic system conceived for a 21st century man considered somehow to be different.

It is also opposed to the eclectic reaction which associates — with a mixture of naïveté and nostalgia — the notion of structured urban space (avenues, streets, places, squares, etc.) with architectural pastiche employing formal organizations devoid of content.

In the face of these two trends, the Bastille Opera affirms a fundamental desire : that of the reconquest of the urban center by the architecture of our times — respectful of both human and urban history. This conviction is expressed in the choice of the Place de la Bastille : This is the almost unique Paris space containing virtually untouched fragments of urban form from all periods and their content — examples of a culture, an activity and a history. The result is a compressed image of the history of man and his society. But the Place de la Bastille is also a void, the consequence of the destruction of the famous fortress.

The Opera-object, placed in such a peculiar site, must also incorporate a contradiction : by its nature the Opera is above all, a prestigious, an extraordinary entertainment hall ; it is also a modern, functional production-center employing a thousand persons — artists, craftsmen, workers and administrators — on a daily basis.

It was necessary to find a response to these objectives. And the response must take care to avoid two dangers often encountered today : to give too much importance to the form of the object (pastiche of the past or false modern simplicity) — to the detriment of its functioning — or to simply build a machine. It was also necessary to erase the dichotomy : internal space of the opera, external space of the city. There should be a real symbiosis between the building and the surrounding area unlike the Palais Garnier solution of an hermetically-sealed building. The Bastille Opera project plays with the interaction between urban space and architectural space. The building will belong to the public. The project proves that the architect can affirm himself and make his complex efforts understood. The architect must be prepared to assume the complexity of his work, to refine and bring it out into public view. He can no longer hide behind a virtuous simplicity which, more often than not, conceals a conceptual poverty.

The Bastille architecture is based upon the refined expression of the different elements of the program. The use of simple volumes makes it possible to identify the

La grande volée d'escaliers
qui mène aux foyers.

*The grand staircase which
leads to the foyer.*

Vue de l'amphithéâtre de 600 places,
février 1989.

The 600-seat amphitheater, February 1989.

se faire comprendre comme une entreprise humaine complexe, l'attitude nouvelle consistant à assumer cette complexité, à l'apprivoiser et à la montrer plutôt que de se cacher derrière les vertus d'une simplicité qui recouvre trop souvent une pauvreté conceptuelle. L'architecture de la Bastille est fondée justement sur l'expression transcendée des différentes fonctions du programme. Des volumes simples permettent d'identifier la fonction de chaque lieu et composent une morphologie dans laquelle les différents espaces sont répartis d'une façon très rationnelle et très lisible. A un premier ensemble d'espaces publics et de foyers s'ajoutent, autour des salles, les zones consacrées au travail artistique et à la préparation des spectacles (loges, salles de répétition, etc.). L'équilibre et l'harmonie sont assurés par le contrôle rigoureux des formes, de leur composition, de leurs proportions, et par le choix d'une gamme cohérente de quelques matériaux nobles exprimant aussi bien la tradition (la pierre) que les apports contemporains (le verre et le métal).[1]

Carlos Ott,
architecte.

1. Texte établi sur la base d'entretiens avec Carlos Ott.

function of each space and to compose an ensemble within which different activities are distributed in a very rational and visible manner. The initial group of public spaces and vestibules gathered around the central hall are completed by the areas necessary for the artists' work and the preparation of presentations (dressing rooms, rehearsal rooms, etc.).
Equilibrium and harmony are ensured through the rigorous control of the composition and proportions of forms, and through the use of a coherent range of noble materials — both traditional (stone) and contemporary (glass and metal).[1]

Carlos Ott,
architect.

1. Excerpts from an interview with Carlos Ott.

La maquette de la grande salle de
2 700 places.

The model of the 2,700-seat main hall.

La Villette

La « petite ville »

Lorsque, en décembre 1979, le président de la République, M. Valéry Giscard d'Estaing, décida de consacrer à un Musée des sciences, des techniques et des industries l'édifice inachevé qui devait à l'origine abriter la salle des ventes des abattoirs de la Villette, il eut certainement conscience d'avoir ainsi choisi de doter la France d'un grand équipement qui lui manquait — du moins à une dimension actuelle — en même temps qu'il résolvait un épineux problème politique et financier. Sans doute ne pouvait-il aussi sûrement prévoir que, par sa décision, il allait offrir à notre pays une série d'« occasions » architecturales dont il avait grand besoin.

Certes, le réaménagement de l'énorme bâtisse pour l'adapter à son nouvel office en fut une, qui incita les meilleurs architectes français à proposer leurs solutions. Mais il fallait, pour ouvrir complètement le site de la Villette à l'architecture, que le projet se fît accueillant à toute culture et non pas seulement à celle des sciences exactes. Un parc et un équipement musical étaient bien mentionnés dans le programme de 1979 ; ils ne figuraient toutefois qu'en indication de l'environnement du musée. C'est au président François Mitterrand qu'il reviendra, en 1982, de fixer définitivement les orientations d'un grand projet culturel global à la Villette : il s'agissait moins d'augmenter le programme du prédécesseur, dès l'abord confirmé, que de le préciser et de lui donner une plus grande cohérence en affirmant la nécessité de symbiose entre les différents éléments du programme. Il s'agissait aussi — et c'est ici ce qui importe le plus — de faire de chacun de ces éléments un événement architectural. On verra d'ailleurs que les projets choisis sont devenus autant d'incitations à l'architecture pour ceux qui devaient suivre.

Un site exceptionnel mais contraignant

Le site de la Villette, à vrai dire, méritait bien ces soins. Peu de métropoles peuvent encore dégager un terrain de 55 hectares sinon au cœur de la cité, du moins à l'intérieur de son enceinte du XIXᵉ siècle. Le voisinage n'était pas des plus prestigieux, mais les invitations à l'art urbain ne manquaient pas :
— des voies d'eau rigoureusement tracées marquent le site : l'une, rectiligne depuis la célèbre rotonde de Ledoux, traverse le terrain de la Villette et le divise en deux parts à peu près égales avant d'aller former au-delà de Paris le canal de l'Ourcq. L'autre, perpendiculaire à ce canal, délimite le site à l'ouest. Surtout, l'intersection de ces deux voies d'eau a été aménagée en un « rond-point des canaux » dont le nom décrit bien l'intention urbaine ;
— des anciens abattoirs de la Villette, les plus modernes d'Europe lorsqu'ils furent inaugurés en 1867, il reste, après les démolitions auxquelles il fallut consentir, la Grande Halle aux bœufs, œuvre d'un élève de Baltard qui constitue un impressionnant exemple d'architecture métallique du siècle dernier.

Ces grandes réalisations ponctuaient de vastes compositions urbaines, témoignages des vues généreuses

The « little city »

The 1979 decision by French President Giscard d'Estaing to transform the unfinished Salle des Ventes (auction hall) at La Villette into the Museum of Science, Technology and Industry was intended to create a modern facility which France lacked, while solving a difficult financial and political problem. The President was also aware, no doubt, that his decision would result in a series of architectural events which the country sorely needed.

The remodelling of the enormous Salle des Ventes drew proposals from the best French architects. For the La Villette site to successfully welcome modern architecture, however, it was essential that the project encompass all facets of culture and not just sciences. A park and a music facility were mentioned in the 1979 program — though they only figured as potential elements of the museum's environment. Thus it fell to President Mitterrand, in 1982, to determine the overall orientations of the important La Villette cultural complex : the task was less one of extending his predecessor's program than that of carefully defining the program and of emphasizing the need for a symbiosis between all the program elements. His task also consisted — and this concerned us directly — in making each of the elements an architectural landmark. As we shall see, each of the projects became an essential factor in the design of those which followed.

An exceptional, but difficult site

The La Villette site deserved the effort because very few metropolitan areas can boast of a 55-hectare site, if not in the heart of the city, at least within the 19th century urban boundaries. The neighborhood was not one of the most prestigious but it did have an urban design potential :
— the site is marked by several rigorously defined waterways : one is straight and, beginning at Ledoux's famous Rotunda, cuts the site in two nearly equal parts before becoming the Ourcq Canal to the east of Paris. The other is perpendicular to the first and marks the site's western limits. The meeting point of the two at a circular intersection creates the opportunity for a canal roundabout with a strong urban identity ;
— the Grande Halle aux Bœufs (Main Cattle Hall), designed by a student of Baltard, is the sole reminder of the La Villette slaughterhouses — the most modern in Europe at their 1867 inauguration — and a striking example of the last century's metal architecture.

In both cases our predecessors punctuated their urban compositions with major projects — testimonies to their generosity. The building and remodelling that were undertaken express the same spirit in a contemporary manner.

What were the site's characteristics ? First of all, the site was 1.5 times larger than Paris' largest existing park, the Tuileries Gardens. It was marked by the waterways mentioned above (the Saint-Denis Canal and the Ourcq Canal), and dominated by two imposing existing buildings :
— to the north was a 30-meter-tall, rectangular building with a 3-hectare footprint within which it would

La Villette : le site des anciens abattoirs. Seuls sont conservées la Grande Halle (à gauche) et la salle des ventes (à droite).

La Villette : site of the 19th century slaughterhouses. Only the Grande Halle (left) and the Salle des Ventes (right) were kept.

de nos devanciers. Les constructions qu'il s'agissait d'édifier ou d'aménager devaient exprimer une semblable volonté, dans une perception contemporaine. Quelles étaient les données ? Un terrain, d'abord, dans lequel aurait pu tenir une fois et demie le plus grand parc de Paris, le jardin des Tuileries. Un terrain marqué par la présence de l'eau — les canaux de l'Ourcq et de Saint-Denis déjà évoqués — et sur lequel s'imposaient deux ensembles de bâtiments :
— au nord, un volume bâti, inachevé, occupait 3 hectares au sol et élevait à plus de 30 mètres au-dessus du terrain naturel un parallélépipède massif où l'on aurait pu loger trois fois le Centre national d'art contemporain de Beaubourg. La modeste rotonde des vétérinaires, vestige des premiers abattoirs de 1867, faisait à côté bien frêle figure ;
— au sud, la Grande Halle allongeait sur 241 mètres ses 30 portiques de fer (86 mètres de portée, 19 mètres de hauteur à la clé). Flanquée, au sud, de deux pavillons de pierre de la même époque, elle constituait le fond d'une vaste place pavée, héritage aussi des anciens abattoirs.

Un projet global

C'est donc à partir de ces données que s'est progressivement défini le projet global de la Villette : dans l'ordre chronologique, le programme énoncé le

have been possible to house the National Contemporary Art Center at Beaubourg three times over. The modest Rotonde des Vétérinaires to the west, a reminder of the 1867 slaughterhouses, was, in comparison, a slight figure indeed ;
— to the south was the Grande Halle with its 30 bays (86 meters wide and 19 meters tall) stretching over 241 meters. Along with the two flanking pavilions built in the same period, the cobbled space was also a remnant of the previous slaughterhouses.

An all-encompassing project

The overall project for La Villette was progressively defined on the basis of these existing elements : the first was the Science Museum which soon became the Center for Science and Industry ; then came the remodelling of the Grande Halle to the south ; the general program for the Parc de la Villette and for the Center for Music followed ; the Zénith pop-music hall was first envisaged as a temporary structure but is now considered permanent due to its importance to popular music — one of La Villette's previous features.
The size of this concert hall dedicated to pop-music and rock and the usual programming of late evening shows give this activity a certain autonomy with respect to those of the surrounding area. The Park's objective of providing a diversity of activity-centers with free circulation between them should eventually reduce this effect.

121

premier a été celui du Musée des sciences, devenu depuis lors la Cité des sciences et de l'industrie, puis ce fut le tour du centre d'exposition dans la Grande Halle, au sud ; vinrent ensuite le programme général du parc et celui de la Cité de la musique ; enfin, la halle de concerts du Zénith est apparue comme un élément étranger au projet et temporaire d'abord, mais bien vite devenu permanent tant son usage pour la musique populaire prolongeait des pratiques antérieures à la Villette.

Toutefois, les dimensions de cette salle de concert, plus particulièrement consacrée à la musique de variétés et au rock, et les horaires habituels des spectacles lui conféraient une certaine autonomie que l'aménagement du parc, jouant sur la diversité des centres d'intérêt et sur la libre circulation entre chacun d'eux, devait s'efforcer d'atténuer.

Tel était le vœu des concepteurs du parc, soucieux d'accueillir les publics les plus variés et de leur offrir des choix très ouverts.

Le programme de la Grande Halle, comme celui de la Cité des sciences et de l'industrie, est né de la convergence entre le constat d'un besoin et la volonté de réutiliser au mieux un bâtiment à conserver. D'un côté, 20 000 mètres carrés couverts dégageant un espace librement utilisable ; de l'autre, une demande non satisfaite pour des grandes expositions culturelles et pour des salons commerciaux de moyenne envergure.

Il a donc fallu aménager la halle pour l'enrichir des équipements nécessaires à la tenue commode d'expositions et d'autres manifestations (conférences, spectacles) tout en lui conservant sa souplesse originelle d'utilisation.

Le programme de la Cité des sciences et de l'industrie, logée dans un bâtiment long de 270 mètres et large de 110 mètres, fut établi en 1979 par Maurice Lévy, premier président du nouvel établissement. L'originalité du dernier-né des grands centres destinés à la culture scientifique tient à trois caractéristiques essentielles :
— la présentation simultanée des sciences, des technologies et de leurs conséquences sur le plan socio-économique ;
— l'utilisation très large des dernières techniques audiovisuelles et informatiques ;
— le rassemblement, pour la première fois en un même lieu, de moyens de communication divers, adaptés à tous les publics.

Dernier des grands équipements de la Villette à recevoir une définition précise, la Cité de la musique ferme, de part et d'autre de la place aux Lions, la composition amorcée par la façade sud de la Grande Halle et celle des deux pavillons qui l'accompagnent. La première phase de cette réalisation comprend les nouveaux aménagements du Conservatoire national supérieur de musique dont le transfert, envisagé depuis 1979, a été décidé en 1982. Ces équipements, qui seront achevés avant la fin de l'année 1989, seront ensuite complétés par des réalisations accessibles au public : une salle de concerts de 1 200 places

The designers intended the Park to welcome the widest public possible and to provide them with a rich selection of possibilities.

As with the Center for Science and Industry, the program for the Grande Halle project results from the need for a facility and the desire to make the best use of a historic building. On one hand is the unsatisfied demand for large cultural exhibits and modest commercial fairs ; on the other is 20,000 square meters of covered, open space. It was thus necessary to provide the Grande Halle with all of the facilities needed for exhibits and other activities (conferences, shows) and to maintain its original flexibility of use.

The Center for Science and Industry program was initially established by the Public Authority's first President, Mr. Maurice Lévy. The originality of the latest center for scientific interest results from four essential characteristics :
— the simultaneous presentation of science and technology and of their socio-economic consequences ;
— the generous use of the latest audio-visual and computer-related techniques ;
— the unique combination of a variety of communication adapted to the needs of a broad public ;
— the 270-meter-long and 110-meter-wide building.

The last of the Major Projects — the Center for Music — occupies both sides of the Place aux Lions, thus completing the composition begun by the Grande Halle and its two flanking pavilions. The Center for Music's first phase includes the new National Conservatory of

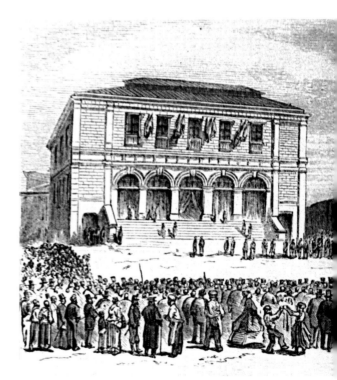

que le Conservatoire partagera avec l'Ensemble intercontemporain, le Musée de la musique et l'Institut de pédagogie musicale et chorégraphique.

Le projet de La Villette comprend, enfin :
— la réhabilitation de la rotonde des vétérinaires qui abrite la « maison de la Villette », sorte d'écomusée du site et des quartiers environnants ;
— la réalisation de logements, de bureaux, et d'une structure hôtelière, répartis en deux ensembles : le premier, au nord de la Cité des sciences et de l'industrie, contribuera au traitement architectural de l'esplanade qui s'ouvre devant le bâtiment de la Cité ; le second, au sud-ouest, assurera la continuité du bâti entre la Cité de la musique et les constructions bordant la grande avenue qui conduit vers le centre de Paris.

Une fête pour l'architecture

Enoncer des programmes aussi variés allant de la réhabilitation de bâtiments existants à d'ambitieux édifices nouveaux proposant des usages individuels aussi bien que des fonctions au service d'un large public, c'était ouvrir le champ à une intense émulation architecturale. De fait, il ne s'est guère passé d'année entre 1980 et 1987 sans que la Villette ne mette un projet en concours. Il est aisé d'imaginer l'intensité des échanges intellectuels, de l'effervescence créatrice, que la conception, la discussion puis la mise en œuvre des différents projets ont suscitée. Il n'est sans doute pas exagéré d'affirmer que les

Music, planned since 1979 and programed in 1982. To be completed before the end of 1989, these facilities will be joined by installations destined to receive the public : a 1,200-place hall to be shared by the Conservatory, the Ensemble Intercontemporain, the Museum of Music and the Music and Choreography Teaching Institute.
Also included in La Villette's program :
— the rehabilitation of the Rotonde des Vétérinaires, a La Villette center housing an ecomuseum of the site and its surroundings ;
— apartments, offices and hotel distributed in two buildings : the first building, north of the Center for Science and Industry, helps define the esplanade before the massive building ; the second, to the southwest of the site, ensures the continuity between the Center for Music and the buildings bordering the Avenue Jean-Jaurès leading into the center of Paris.

A celebration of architecture

The announcement of an ambitious program of rehabilitation and construction concerning both individual activities and public services was the beginning of an intense period of architectural design activity. Since 1980, in fact, every year has seen La Villette the focus of one competition or another. It is easy to imagine the intensity of intellectual exchange and the creative fervor generated by the design, the refinement and the realization of the different projects. It is no exaggeration to believe that the outstanding quality of La Villette's projects will mark the 1980's.

La Villette, côté porte de Pantin : le marché de la viande en 1868. La Grande Halle, les deux pavillons attenants et la Fontaine aux lions ont été conservés.

The Porte de Pantin side of La Villette : the meat market in 1868. The Grande Halle, the two neighboring pavilions and the Lions Fountain remain.

123

réalisations de ce site marqueront la décennie par leur qualité exemplaire.

On trouvera, dans les pages qui vont suivre, le rappel de quelques textes dans lesquels les principaux maîtres d'œuvre exprimèrent leur approche architecturale. Ce qu'il est possible aujourd'hui de constater, c'est la confirmation des espoirs dont chacune de ces architectures était porteuse.

Pour la Cité des sciences et de l'industrie, la presse et le public ont été frappés par l'évidence symbolique et la force de la Géode (ouverte en mai 1985), miroir étrange de son environnement, posé sur un plan d'eau face à l'imposant bâtiment de la Cité.

Celui-ci, inauguré en mars 1986, se distingue par sa masse austère, gainée d'acier inoxydable, ses trois grandes serres qui flanquent la façade sud, son imposant hall d'accueil.

Le Zénith, structure hardie revêtue de toile argentée, a inauguré une « nouvelle génération » de salles de concerts. Ses architectes ont réussi, malgré ses dimensions, à lui conférer un chaleureux confort qui manque souvent à des salles de ce volume.

Dans la Grande Halle, c'est le respect des structures d'origine, la discrétion, la subtilité et l'harmonie des aménagements nouveaux qui suscitent les louanges : « Mais on n'y a rien fait ! », pouvait s'exclamer un visiteur peu averti, le jour de l'inauguration.

La Cité de la musique équilibre, au sud, la composition du site, et son architecture inspirée, traversée par la lumière, apporte une nouvelle dynamique à la place de la Fontaine aux lions. La Cité ouvrira ses portes à la fin de l'année 1989.

Enfin, l'exacte synthèse du projet culturel de la Villette s'est trouvée réalisée dans la conception du parc qui unifie des constructions en elles-mêmes disparates par un jeu de circulations et d'éléments repères, par un équilibre de surfaces et de volumes. Les douze premiers hectares sont aujourd'hui achevés et l'aménagement du parc se poursuivra jusqu'en 1991.

La Villette se veut un lieu de fête — fête pour l'esprit, fête pour le corps ou simplement fête populaire — fête, aussi, de l'architecture. Est-ce un hasard si, pour la première fois réunies, la Biennale de l'architecture et la Biennale de Paris ont conjointement inauguré, en 1985, le cycle des expositions de la Grande Halle ?

In the following pages, the principal designers describe their architectural approach. It is possible today to witness the confirmation of the hopes which each of these designs embraced.

For the Center for Science and Industry, both the press and the public were struck by the force and the symbolic nature of the shiny Géode — a curious reflection of its environment — resting on a watery base in front of the Center.

The Center, inaugurated in March 1986, is characterized by the imposing mass of the stainless-steel clad structure, the three huge green houses of the south façade and the dramatic entrance hall.

The Zénith, with its silvery fabric covering the versatile structure beneath, is the first of a new series of rock-concert halls. In spite of its size, the architects have managed to give the building a warmth which is often lacking in other spaces.

The Grande Halle has maintained a respect for the original structure — a certain discretion, subtlety and harmony — which often led inauguration-day visitors to remark "But you haven't done anything!"

The Center for Music, scheduled to open in the autumn of 1989, balances the site's composition and its dramatic architecture, full of light, brings a new dynamic quality to the Place aux Lions.

And finally, the exact synthesis of the cultural ideals of La Villette are to be found in the design of the Park, the unification of a collection of disparate buildings through the combination of landmarks and paths, by a play of surfaces and volumes. The first 12 hectares are now complete and the Park's development will continue until 1991. La Villette aims to be a feast for the body and for the spirit as well as a public fair — it will also be an architectural event ! This became perfectly clear when, for the 1985 inauguration of the Grande Halle, the Architecture Biennial and the Paris Biennial shared the same space for the first time.

Perspective générale du parc. Le parc est formé par la rencontre de trois systèmes : les points — petits bâtiments appelés « folies » — abritent les activités et sont répartis sur une trame de 120 mètres ; les lignes — galeries couvertes, promenades et circuits sinueux — ; les surfaces — grands espaces bordés d'arbres pour le sport, les jeux, les spectacles de plein air.

Perspective view of the Park. The Park's form is derived from the combination of three systems : the points—small buildings called "follies"—contain activities and are located on a 120-meter grid ; the lines—covered galleries, promenades and sinuous paths— ; surfaces—large areas bordered by threes dedicated to sports, games and open air spectacles.

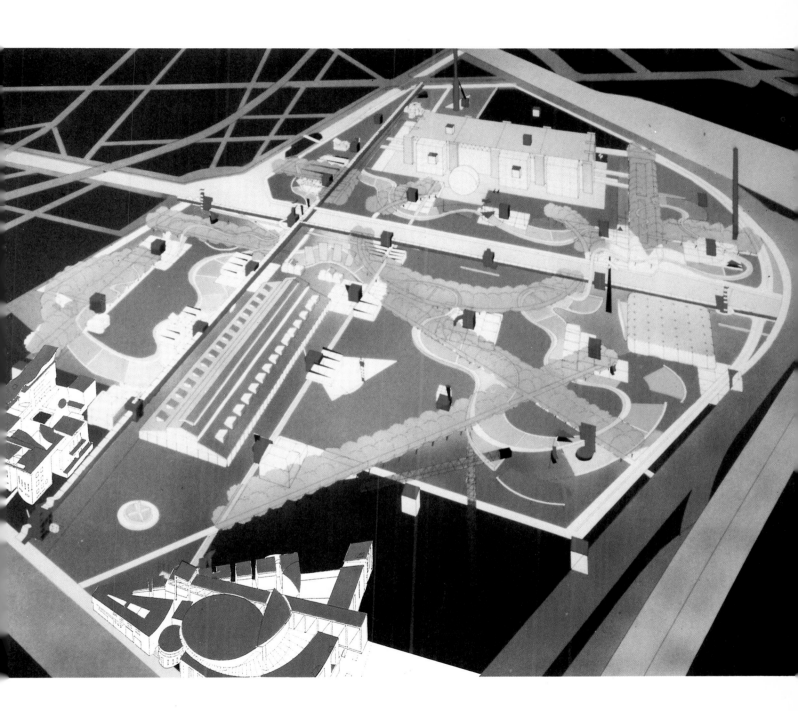

Le parc
Réinventer un espace urbain

La Villette : un grand quartier populaire du nord de Paris, profondément marqué il y a dix ans par la fermeture des abattoirs et laissé à l'abandon ; un espace de 55 hectares qu'un grand projet a fait renaître.

La « petite ville » est en effet devenue le théâtre d'une des plus grandes réalisations urbaines de notre époque : la réunion en un lieu unique situé non pas au centre, mais à la périphérie de Paris, d'un ensemble d'équipements culturels de dimension internationale.

Le parc, avec près de 35 hectares, est l'un des trois éléments constitutifs de cet ensemble, avec la Cité des sciences et de l'industrie, au nord, et la Cité de la musique, au sud.

Il est le lieu de la mise en relation de ces deux équipements, en même temps qu'un équipement de plein air culturel et populaire répondant à deux objectifs majeurs.

Un nouveau modèle d'espace urbain
La ville a perdu ses espaces publics, devenus circulatoires et fonctionnels. La place, la rue, autrefois lieux d'échange, de rencontre, de commerce et de plaisir, ne sont plus que transit et traversée.

La plupart de nos parcs ne sont plus, comme au XVIIe et au XVIIIe siècle, des points forts de la vie de la cité : trop fréquemment conçus comme des espaces verts fonctionnels et sans charme, ils sont peu fréquentés par la population active.

Le parc de la Villette, ville-jardin, jardin dans la ville, propose un modèle nouveau d'espace urbain, lieu collectif d'échange et de rencontre, mêlant l'urbanité, le plaisir et l'expérimentation.

Actif, il s'adresse aussi bien aux adultes et aux adolescents qu'aux enfants ou aux personnes âgées ; permanent, il fonctionne toute l'année : la galerie qui relie les portes de la Villette et de Pantin, et rassemble les activités les plus animées, vivra jour et nuit, été comme hiver ; expérimental, le parc s'ouvre à toutes les formes de création culturelle et d'expression sociale qui trouvent également leur place dans la Grande Halle, le Zénith, le théâtre Paris-Villette.

Le mélange des publics et des cultures
Le parc de la Villette s'inscrit dans un contexte particulièrement fécond au cœur d'un ensemble urbain — 19e arrondissement, communes de Seine-Saint-Denis — où se côtoient toutes les catégories sociales et une multitude d'ethnies et de nationalités ; il réunit sur son territoire les expressions culturelles les plus contemporaines dans le domaine de l'art, de la science et de la technique.

Le parc est le creuset où se mêlent amateurs de musique contemporaine et jardiniers du dimanche, rockers et joggers. Dès 1985 ou 1986, alors même que le chantier battait son plein, il accueillait pêle-mêle la Biennale de Paris, un carnaval de quartier, le Salon de la musique, un festival de jazz et un marché aux fleurs...

The Park
Reinventing an urban space

Ten years ago La Villette, a large blue-collar neighborhood in Paris' northeastern sector, was profoundly affected by the closing of its slaughterhouses and the abandoning of the site. A Major Project is bringing new life to the 55 hectares.

In fact the "little city" has become one of the major urban projects of our era : a collection of internationally important cultural facilities is not being built in Paris' center but on a single peripheral site.

The 35-hectare park is one of the three constituent elements of the project (with the Center for Science and Industry to the north and the Center for Music to the south).

It is both the element which joins the two other facilities and a public open space and, as such, its design reflects two objectives.

A new type of urban space
The city has lost its public spaces, abandoned to traffic and other functions. The square and the street, which used to be places for shopping, meeting and amusement, are now only used for circulation.

Most of our parks are no longer focal points for the life of our cities, as they were in the 17th and 18th centuries : too often designed as functional spaces, devoid of charm, our parks are only rarely used by the working population.

The Parc de La Villette — city-garden, garden in the city — will offer a new type of urban space : a common space for public interaction which will combine pleasure, adventure and an urban feeling.

An active space, it is designed to appeal to adults and to adolescents as well as to the elderly and to the very young. Around-the-clock activity, winter and summer, is programmed for the gallery which links the gates of La Villette and Pantin and provides access to the most popular activities.

The Park will experiment with accommodating all the forms of social and cultural expression represented by the Grande Halle, the Zénith and the Paris-Villette theater.

The interaction of different cultures
The Parc de La Villette takes its place within a particularly rich context. All of the social categories and a multitude of races and of nationalities can be found in the 19th Arrondissement and the villages of the Seine-Saint-Denis Department. The area also brings together the most contemporary representatives of the fields of art, of science and of technology.

The Park accommodates modern music and Sunday gardeners, rock fans and joggers. In 1985 and 1986, with its construction in full swing, the Park had already accommodated the Paris Biennial, a neighborhood Carnival, the Music Show, a jazz festival and a flower market...

Open new horizons, give an impact to expression, bring different cultures together : these are the objectives for a space which constantly benefits from contact with all forms of contemporary expression.

These general objectives are reflected in the activities

Décloisonnement, métissage, choc des expressions et rencontre des cultures : tels sont les objectifs d'un espace qui peut sans cesse s'enrichir au contact de toutes les sensibilités contemporaines.

Ces objectifs généraux s'expriment concrètement par un programme d'activités qui a été défini de manière à répondre aux attentes d'un public très divers, en privilégiant les pratiques plutôt que les produits de manière à donner aux loisirs un statut majeur et une fonction créative.

C'est donc sur la base d'un programme complexe et foisonnant — qui cherchait à concilier le besoin d'espaces de proximité, lieux d'accueil d'activités multiples, et le développement d'un concept à la mesure du site — que travaillèrent les 471 concurrents (36 pays) du concours international, jugé en 1983, dont Bernard Tschumi fut désigné lauréat.

Son projet, qui impliquait également l'intervention d'autres concepteurs — architectes, paysagistes, artistes — organise le site autour de trois systèmes :
• Les bâtiments : il s'agit tout d'abord des folies. Placées, selon une trame régulière, elles marquent le site, lui donnent son échelle et ses repères. Toutes construites selon un même principe — une ossature en béton revêtue de tôle émaillée rouge vif — les folies combinent, chacune selon son programme et sa localisation, un volume de base cubique et des éléments associés : circulations extérieures, cylindre... Chaque folie est enfin dotée d'un élément spécifique qui l'identifie sur le plan architectural. Selon la nature des activités qu'elle accueille, la folie peut être complétée par des constructions plus vastes appelées « maisons » et confiées à d'autres maîtres d'œuvre.

Ainsi, les réalisations de trois maisons, la serre, le centre vidéo et la maison des restaurants, dont les programmes précis sont en cours de définition, ont été respectivement confiées à Cédric Price, Jean Nouvel et Oscar Tusquets.
• Les circulations : elles combinent deux galeries perpendiculaires et une promenade sinueuse qui parcourt le parc.

Les deux galeries, conçues comme de longs passages abrités, constituent les lignes de force du parc. L'une, reliant la Cité de la musique à la Cité des sciences et de l'industrie en passant par la Grande Halle et les principaux lieux d'activité du site, a le caractère d'une véritable rue qui contribue à l'animation la plus permanente du parc. L'autre, plus légère, est conçue comme un balcon longeant le canal de l'Ourcq et reliant d'ouest en est Paris à la banlieue.
• Les surfaces : elles donnent au parc sa respiration. Ce sont les prairies — les deux prairies centrales représentent une superficie de 8 hectares —, les espaces de jeux, les places pavées qui marquent les entrées majeures du parc, les jardins, installés le long de la promenade, et composés selon différents thèmes.

La réalisation du parc se fait progressivement. Les douze premiers hectares sont aujourd'hui achevés, qui comprennent :

programmed for a very diversified public : action is favored over objects in such a way as to give leisure activities a major role and a creative function.

An international competition featuring a rich and imaginative program — a compromise involving needed neighborhood spaces, a support for a variety of activities and the development of a concept at the scale of the huge site — drew entries from 471 teams from 36 countries from which the jury selected architect Bernard Tschumi.

His project, implying the participation of other designers — architects, landscape architects and artists — organized the site on the basis of three systems :
• *The buildings : the Park's basic elements are called "follies". Positioned on the basis of a regular grid, the follies mark the site, giving it both scale and landmarks. All are built on the same principles — a concrete frame covered in bright red enamelled-steel panels — with each folly combining a standard cubic volume and, depending upon location, such other elements as exterior circulation, cylinders... Each folly has its own identifying architectural element. Depending upon the nature of activities concerned, certain follies are completed by larger buildings awarded to other designers.*

Thus, Cédric Price, Jean Nouvel and Oscar Tusquets have been commissioned to design major constructions currently being defined ; these will involve greenhouses, video and restaurants respectively.
• *The paths : two perpendicular walkways and a sinuous promenade provide circulation within the park. Two straight paths, designed as long sheltered walkways, establish the Park's major structuring elements. One joins the Center for Music, the Grande Halle and the Center for Science and Industry, and having the*

Folies (architecte : Bernard Tschumi).
En haut : à gauche, folie observatoire ; à droite, folie café.
En bas : à gauche, galerie est-ouest traversant folies ; à droite, détail de la folie café.

Follies (Bernard Tschumi, architect).
Above left : belvédère folly ; to the right, café folly.
Below : left, east-west gallery crossing follies ; right, folly café detail.

Vues de nuit des galeries
nord-ouest et est-ouest (le long du
canal).

*Night time views of the north-south
and east-west galeries (with the
canal).*

- Neufs folies :
— le café de la ville ;
— les deux folies des enfants (le studio vidéo et l'atelier d'arts plastiques) ;
— la folie « Information Villette », point central d'accueil et d'information des visiteurs du site, installée à la croisée des canaux ;
— le belvédère, accessible sur deux niveaux, qui offre, depuis le sud, un excellent point de vue sur l'ensemble du parc ;
— le « poste de secours », près de la Grande Halle ;
— l'entrée du futur centre vidéo qu'accueillera une maison ;
— le kiosque à journaux ;
— une folie qui va être aménagée pour l'accueil des enfants.
- Des prairies : la prairie du triangle et la prairie du demi-cercle, d'une superficie de 6 hectares.
- Des jardins : le jardin de bambous, conçu par Alexandre Chemetoff, celui de la Treille, imaginé par Gilles Vexlard, et le jardin d'eau d'Alain Pelissier. On peut y voir des œuvres de Daniel Buren, Bernard Leitner, Nakaya et Jean-Max Albert.
- Des galeries et des places : la plus grande partie de la galerie de l'Ourcq, le long du canal, et de la galerie de la Villette ; le parvis nord et la place du Charolais.

Enfin, la rénovation de la rotonde des vétérinaires a permis l'installation de la maison de la Villette où l'on peut découvrir l'histoire du site et du quartier à travers la mémoire de ses habitants et la trace des témoignages et des documents historiques.

L'aménagement du parc se poursuivra jusqu'en 1991 avec notamment l'achèvement des galeries, des jardins et des maisons : restaurants, serre et centre vidéo.

D'autres projets, enfin, d'échelles variables, comme la réalisation d'un simulateur de vol, l'aménagement d'un parc aquatique et l'installation, dans une structure définitive, du poney-club déjà présent, sont aujourd'hui à l'étude avec des partenaires privés susceptibles d'intervenir comme investisseurs ou comme exploitants.

character of real street links the permanent elements of activity at the scale of the Park. The other is lighter and is designed as a balcony bordering the Ourcq Canal, linking Paris and its northeastern suburbs.
- The surfaces : these areas give the Park breathing space. The ensemble of spaces include two central lawns totalling 8 hectares, play spaces, paved spaces marking the principal entrances, the theme gardens strung along the promenade.

Realization of the Park is progressing steadily. The first 12 hectares are already complete and include :
- Nine follies :
— the café ;
— the two children's follies (the video activities folly and the sculpture studio folly) ;
— the "Information Villette" folly, the reception and information center located at the crossing of the two canals ;
— the belvédère, the two level vantage point offering views of the whole park ;
— the "first aid station" located near the Grande Halle ;
— the entrance to the future video activities building ;
— the newspaper stand ;
— a folly to be fitted out for use by children.
- The lawns : the triangular and semi-circular lawns cover an area of 6 hectares.
- The gardens : the bamboo garden designed by Alexandre Chemetoff, the grid work garden imagined by Gilles Vexlard and the water garden by Alain Pelissier. These gardens contain artworks by Daniel Buren, Bernard Leitner, Nakaya and Jean-Max Albert.
- The paths and squares : most of the two covered walkways (along the Ourcq Canal and the La Villette spine) as well as the north esplanade and the Place du Charolais.

The renovation of the Rotonde des Vétérinaires has permitted the installation of the La Villette Center presenting the history of the site and the neighborhood through the souvenirs of local inhabitants and historic documents.

Development of the Park will continue up to 1991 with the completion of the walkways, gardens and three centers : restaurants, green houses and video activities. Other projects including a flight simulator, an aquatic park and permanent facilities for the existing poney club are currently under study by partners capable of realizing or managing them.

Le parc
Un parc urbain pour le XXIᵉ siècle

The Park
An urban park for the 21st century

Un type nouveau

Le concours pour l'aménagement du parc de la Villette est le premier dans l'histoire récente de l'architecture à établir un nouveau programme, celui d'un parc urbain proposant que la combinaison et la juxtaposition d'activités diverses encouragent de nouvelles attitudes et de nouvelles perspectives. Ce programme représente un important pas en avant. Les années soixante-dix ont témoigné d'un renouveau d'intérêt vis-à-vis de la constitution formelle de la ville, de ses typologies et de ses morphologies. Bien que développant des analyses marquées par l'histoire de la ville, cet intérêt a été en général sans conséquence au niveau des programmes. Aucune analyse n'a abordé le problème des activités dans la ville. Aucune n'a vraiment considéré que l'organisation de fonctions et d'événements fait autant partie de l'architecture que l'élaboration de formes ou de styles.

Le parc de la Villette, au contraire, avec son centre culturel en plein air, encourage une politique de programmes intégrés à la fois à la ville et à ses limites. Le programme du nouveau parc urbain exige des ateliers, des thermes, des terrains de jeux, cela en addition à la Cité des sciences et de l'industrie et à la Cité de la musique. Le parc peut être ainsi considéré comme un des plus grands bâtiments jamais construits, un édifice discontinu mais possédant une structure unique, se superposant dans certaines de ses parties à la ville et à sa banlieue. Ce parc forme un modèle de ce que pourront être les nouveaux programmes du XXIᵉ siècle.

Durant le XXᵉ siècle, nous avons assisté à un changement concernant le concept du parc, lequel ne peut plus désormais être dissocié du concept de la ville. Le parc forme une partie de la vision de la ville. Le fait que Paris concentre un emploi professionnel ou tertiaire aussi bien qu'ouvrier milite contre les parcs d'esthétique passive et pour de nouveaux parcs urbains fondés sur l'invention culturelle, l'éducation et la récréation. Le dépassement de la polarité civilisation-nature dans les conditions de la ville moderne a invalidé le prototype historique du parc en tant qu'image de la nature. Le parc ne peut pas être conçu comme un modèle d'un monde utopique en miniature protégé de la réalité vulgaire. Plutôt qu'un refuge, le parc contemporain ne peut être vu que comme un environnement défini par les préoccupations de l'habitant de la ville, à travers les besoins récréatifs et les plaisirs déterminés par les conditions de travail et les aspirations culturelles de la société urbaine contemporaine.

Le concept d'« espace vert » s'épuise devant la réalité du parc culturel. Ainsi, nous nous opposons à la notion d'Olmsted, répandue pendant le XIXᵉ siècle, que « dans le parc, la ville n'est pas censée exister. » Créer de fausses collines cachant un boulevard périphérique ignore la force de la réalité urbaine.

Nous proposons à la place un type de parc nouveau, distinct et innovant, représentant un changement, par son programme, par son organisation formelle

An innovative park

The competition for the Parc de La Villette is the first in recent architectural history to set forth a new program — that of the "urban park," proposing that the juxtaposition and combination of a variety of activities will encourage new attitudes and perspectives. This program represents an important breakthrough. The 70's witnessed a period of renewed interest in the formal constitution of the city, its typologies and its morphologies. While developing analyses focused on the history of the city, this attention was largely devoid of programmatic justification. No analysis addressed the issue of the activities that were to occur in the city. Nor did any properly address the fact that the organization of functions and events was as much an architectural concern as the elaboration of forms or styles.

The Parc de La Villette in contrast, represents an open-air cultural center, encouraging an integrated programmatic policy related both to the city's needs and to its limitations. The program allocates space for workshops, gymnasium and bath facilities, playgrounds, exhibitions, concerts, scientific experiments, games and competitions, in addition to a Center for Science and Industry and a Center for Music. The Park could be conceived as one of the largest buildings ever constructed - a discontinuous building, but nevertheless a single structure, overlapping in certain areas with the city and existing suburbs.

It forms an embryonic model of what the new programs for the 21st century will be.

During the 20th century, we have witnessed a shift in the concept of the park, which can no longer be separated from the concept of the city. The park forms part of the vision of the city. The fact that Paris is a concentration of tertiary or professional employment argues against passive "esthetic" parks of repose in favor of new urban parks based on cultural invention, education and entertainment. The inadequacy of the civilization vs. nature polarity under modern city conditions has invalidated the time-honored prototype of the park as an image of nature. It can no longer be conceived as an undefiled utopian world-in-miniature, protected from vile reality.

What we see, then, is the exhaustion of the cultural park. Hence we opposed the notion of Olmsted, widespread through the 19th century, that "in the park, the city is not supposed to exist." To create false hills hiding the Périphérique ignores the power of urban reality.

We proposed, instead, a distinctive and innovative park, embodying a change in social program, physical form, and social context. Extending the radical shift in ideology implicit in the program, our ambition goes beyond producing a variation of an existing type by altering one of its components. We aim neither to change styles while retaining a traditional content, nor to fit the proposed program into a conventional mould, whether neo-classical, neo-romantic or neo-modernist. Rather, our project is motivated by the most constructive principle within the legitimate "history" of architecture, by which new programmatic developments and inspirations result in new typologies. Our ambition is

131

Vue générale de la folie des jeunes, la folie des enfants - animation vidéo et de la folie accueil. Au premier plan, le rond-point des canaux, puis la croisée des galeries.

View of the adolescent's folly, children's folly (video demonstration), entrance folly. Canal round point and gallery intersection in foreground.

Maquette de la galerie des
jeux électroniques
(architecte : Jean Nouvel).

*Model of the electronic-
games gallery (Jean Nouvel
architect).*

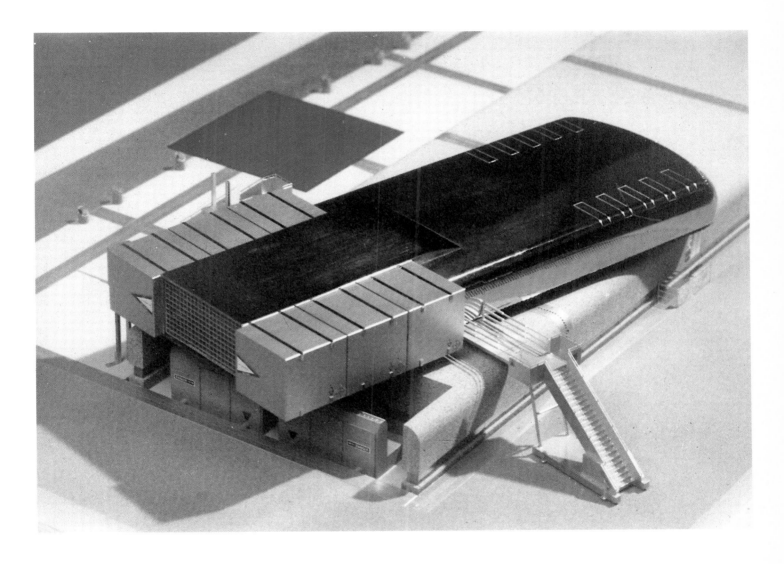

et, si possible, par son contexte social. Développant le changement radical sous-jacent au programme donné, notre ambition va au-delà de la production d'une variation d'un type existant. Nous refusons donc de changer de style en conservant un contenu traditionnel ou d'insérer le programme donné derrière une façade conventionnelle, qu'elle soit néo-classique, néo-romantique ou néo-moderniste. Au contraire, notre projet est motivé par les principes les plus constructifs ayant régi l'histoire légitime de l'architecture dans laquelle de nouveaux développements programmatiques ont résulté de nouvelles typologies. Notre ambition est de créer un nouveau modèle dans lequel programme, forme et contexte jouent un rôle complémentaire.

Les systèmes structurels

Le développement du projet est déterminé par le fait que le site ne se trouve pas dans la nature, mais dans un quartier populeux et semi-industriel, et incorpore deux édifices considérables : la Cité des sciences et de l'industrie et la Grande Halle. Rejetant l'idée d'une masse supplémentaire, même linéaire, sur un terrain déjà encombré, et respectant, par ailleurs, les importantes demandes du programme, nous proposons une solution structurelle simple : distribuer les exigences programmatiques à travers le site tout entier dans un arrangement régulier de points d'intensité variable, désignés comme « folies ». En déconstruisant le programme en une série d'activités placées suivant les caractéristiques d'usage et de contexte, le projet permet le mouvement maximal à travers le site, encourageant les découvertes et présentant aux visiteurs une diversité de programmes et d'événements.

Les développements en architecture sont généralement liés à certains développements culturels motivés par de nouvelles fonctions, de nouveaux rapports sociaux ou des découvertes techniques : nous avons pris cette constatation comme principe de base de notre projet, cherchant à le constituer comme image, modèle structurel et exemple paradigmatique d'une organisation architecturale. Dans une période qui a vu l'avènement de la production de masse et des séries répétitives, le concept du nouveau parc consiste en un ensemble d'objets semblables et neutres dont la similarité, loin d'être un désavantage, leur permet toute variation et toute qualification programmatiques. Ainsi, dans sa structure de base, chaque folie est nue, indifférenciée et « industrielle » dans son image. Cependant, à travers la spécialisation de son programme, elle devient complexe, articulée et connotée. Chaque folie constitue un signe autonome tout en suggérant, à travers une structure de base commune, l'unité du système global. Ce jeu de thèmes et de variations permet une lecture à la fois symbolique et structurelle du parc, tout en autorisant un maximum de flexibilité programmatique et d'invention.

En contraste avec les organisations spatiales de la Renaissance ou du XIXᵉ siècle, le parc de la Villette

to create a new model in which program, form, and ideology all play integral roles.

Structure

Our project is motivated by the fact that the site is not "virgin land", but is located in a populated semi-industrial quarter, and includes two enormous existing structures, the Center for Science and Industry and the Grande Halle. Rejecting the idea of introducing another mass, even of a linear character, into an already encumbered terrain and respecting the extensive requirements of the program, we proposed a simply structural solution to distribute the programmatic requirements over the total site in a regular arrangement of points of intensity, designated as "follies." Deconstructing the program into intense areas of activity placed according to existing site characteristics and use, this scheme permits maximum movement through the site, emphasizing discoveries and presenting visitors with a variety of programs and events.

Developments in architecture are generally related to cultural developments motivated by new functions, social relations or technological advances. We have taken this as axiomatic for our scheme, which aims to constitute itself as image, as structural model and as a paradigm of architectural organization. Proper for a period that has seen the rise of mass production, serial repetition and disjunction, this concept for the Park consists of a series of related neutral objects whose very similarity allows them to be "qualified" by function. Thus in its basic structure each folly is bare, undifferentiated and "industrial" in character ; in the specialization of its program, it is complex, articulated and weighted with meaning. Each folly constitutes an autonomous sign that indicates its independent programmatic concerns and possibilities while suggesting, through a common structural core, the unity of the total system. This interplay of theme and variation allows the Park to read symbolically and structurally, while permitting maximum programmatic flexibility and invention.

In contrast to the Renaissance or 19th century spatial organization, the Parc de La Villette presents a variation on a canonical modern spatial scheme, the open plan.

Conforming to the definition of a system or structure, the grid of the follies is self-referential, meaning that it is initially independent of Park, program and site. It is only when the grid is applied or, more precisely, put in place, that it takes on a reality distinguishing it from a simple geometric system.

The new Park is formed by the encounter of three autonomous systems, each with its own logic, particularities and limits, the system of objects, the system of movements and the system of spaces.

The overlay of the different systems thus creates a carefully staged series of tensions that enhances the dynamism of the park.

Points

The follies are placed according to a point-grid coordi-

134

présente une variation spatiale canonique de l'époque moderne, le plan libre.

Conformément à la définition de tout système ou structure, la trame des folies est autoréférentielle, c'est-à-dire qu'elle est initialement indépendante du parc, du programme et du site. C'est seulement lorsque la trame est utilisée, ou plus exactement mise en place, qu'elle prend une réalité qui la distingue d'un simple système géométrique.

Le nouveau parc est formé par la rencontre de trois systèmes autonomes, chacun avec leurs logiques, leurs particularités et leurs limites respectives : le système des objets (ou points), le système des mouvements (ou lignes), le système des espaces (ou surfaces).

La superposition des différents systèmes crée une série soigneusement agencée de tensions qui renforcent le dynamisme du parc.

Les points

Les folies sont placées sur une trame ponctuelle, à 120 mètres d'intervalle. Elles sont le dénominateur commun de tous les événements et de toutes les

nate system at 120-meter intervals. They provide a common denominator for all events generated by the program. Each is essentially a 10 × 10 × 10-meter cube or 3-storey construction of neutral space which can be transformed and elaborated according to specific programmatic needs.

The strict repetition of the basic 10 × 10 × 10-meter folly is aimed at developing a clear symbol for the Park, a recognizable identity as strong as the British telephone booth or the Paris metro gates. The advantages of this grid system are manifold. It is by far the simplest system establishing territorial recognition and one that is easily implemented. It lends itself to easy maintenance. The structure provides a comprehensive image or shape for an otherwise ill-defined terrain. The regularity of routes and positioning makes orientation simple for those unfamiliar with the area. The advantage of the point grid system is that it provides for the minimum adequate equipment of the urban park relative to the number of its visitors.

Lines
The folly grid is related to a larger coordinate structure

Points de vue sur le jardin de bambous. Architecte paysagiste Alexandre Chemetoff.

Bamboos' garden. Panoramic views. Landscape architect Alexandre Chemetoff.

activités engendrées par le programme. Chaque folie est essentiellement un cube de 10 mètres de côté ou construction de trois étages d'espace neutre et transformable suivant n'importe quelle demande programmatique particulière.

La stricte répétition de la folie de base a pour but de développer un symbole clair pour le parc, une identité reconnaissable, aussi forte que celle des cabines téléphoniques londoniennes ou des bouches de métro parisiennes. Le système de la trame ponctuelle est développé de façon à accueillir une diversité d'activités de nature complémentaire ou conflictuelle (par exemple, cinéma, restaurants, jardins, thermes, ateliers) et de les distribuer à travers le parc sans concentration excessive des masses. Les avantages de la trame ponctuelle sont nombreux : c'est de loin le système le plus simple pour établir une détermination territoriale ; sa structure donne une image cohérente à un site par ailleurs irrégulier, tout en assurant un équipement adéquat minimal du parc urbain par rapport au nombre de visiteurs.

Les lignes

La trame des folies est liée à un système orthogonal d'axes de coordonnées, ou passages piétonniers couverts, marquant le site par une croix. Le passage nord-sud relie les deux portes de la Villette et de Pantin, le passage ouest-est relie Paris à sa banlieue. Les activités les plus fréquentées sont placées le long des coordonnées de manière à y accéder facilement vingt-quatre heures sur vingt-quatre et, liés à la vie urbaine, les axes de coordonnées permettent qu'une masse critique se développe, concentrée sur les activités les plus dynamiques du parc.

Le système des lignes comprend également la « promenade des jardins thématiques », un circuit sinueux qui relie les différentes activités du parc et est bordé par les jardins botaniques, sensoriels, paysagistes, du programme. La « promenade des jardins thématiques » intersecte les axes de coordonnées à différents endroits, offrant des rencontres imprévues avec certains aspects inhabituels d'une nature domestiquée ou programmée.

Les surfaces

Les surfaces du parc reçoivent toutes les activités du programme nécessitant une grande quantité d'espaces pour des jeux, des exercices physiques, des spectacles de groupe, des marchés, etc. Chaque surface est déterminée suivant le programme. Les surfaces d'herbe des prairies de jeux prennent la forme du cercle, du triangle, de la courbe au sud et du carré à l'ouest. Les surfaces stabilisées (athlétisme) sont marquées par le carré est. Les surfaces résiduelles sont composées de terre battue et de gravier, une surface de parc urbain familière aux Parisiens.

Bernard Tschumi,
architecte,
maître d'œuvre général
(1987).

(the Coordinates), an orthogonal system of high-density pedestrian movement which marks the site with a cross. The North-South Passage or Coordinate links the two Paris gates and subway stations of Porte de la Villette and Porte de Pantin ; the East-West Coordinate joins Paris to its suburbs. A 5-meter-wide covered structure runs the length of both Coordinates. Organized around the Coordinates so as to facilitate and encourage access are follies destined for the most frequent activities : the Center for Music, restaurants, Square of the Baths, art and science displays, children's playgrounds, video workshops and Sports Center.

The line system also includes the Thematic Gardens Path, the seemingly random curvilinear route that links various parts of the Park in the form of a carefully planned circuit. The Thematic Gardens Path intersects the Coordinate axes at various places, providing unexpected encounters with unusual aspects of domesticated or "programmed" nature.

Surfaces

The surfaces of the Park receive all activities requiring large expanses of horizontal space for play, games, exercises, mass entertainment, markets, etc. Each surface is programmatically determined.

Grass surfaces for play-prairies take the form of the Circle, the Triangle, the South Free-Curve and the West Square. Stabilized surfaces for light athletics are delineated by the East Square. The remaining areas are covered with gravel or earth, familiar to the Parisians in their parks.

Bernard Tschumi,
coordinating architect
and chief designer
(1987).

Page de gauche, en haut : galerie sud vue du côté nord.
En bas : trois exemples du mobilier conçu pour le parc. De gauche à droite : chaises pivotantes de Philippe Starck, réverbère de Philippe Starck et corbeilles à papiers de Bernard Tschumi.

Opposite page, top : north side of the south gallery. Bottom : three examples of Park furniture. From left to right : pivoting chairs by Philippe Starck, lamp by Philippe Starck and waste baskets by Bernard Tschumi.

La Grande Halle
Mettre en scène un lieu existant

The Grande Halle
Directing an existing space

La Grande Halle de la Villette tient une place tout à fait particulière dans ce qu'il est convenu d'appeler les « grands projets ». Près de dix ans après la démolition des halles de Baltard, la réutilisation de la Grande Halle prend une valeur de symbole, celui du maintien d'un « lieu » — architecture intérieure par excellence — et de la sauvegarde d'une certaine qualité architecturale que des générations de responsables administratifs et d'architectes n'avaient pas su comprendre.

Respecter l'intégrité du bâtiment
Notre attitude vis-à-vis de cet édifice exceptionnel fut celle du respect, au propre et au figuré. Tous les choix techniques et architecturaux ont été faits pour respecter la composition de la halle, la logique de sa technique et la qualité des détails architecturaux.
On a mis en valeur sa transparence, sa lumière et son acoustique, tout en se donnant les moyens de modifier leurs caractéristiques. Mais, au-delà de ces quelques règles, nous nous sommes efforcés de suggérer des utilisations futures qui, elles aussi, respectent la spécificité du lieu. Notre souhait est que les scénographes et les concepteurs des événements futurs comprennent cette architecture et utilisent les moyens qui sont à leur disposition.
Notre intervention peut se résumer à deux actions majeures : « mise en scène » d'un lieu existant et création d'un outil de travail. Il s'agissait tout d'abord d'architecturer la halle pour créer une gamme d'espaces divers, pour assurer la fermeture permettant le chauffage et la sécurité, et pour permettre l'exploitation (réserves, ateliers, locaux techniques, etc.).
En complément de ces interventions fixes, nous avons conçu des éléments mobiles et un système d'éléments modulaires qui donnent des possibilités d'aménagement multiples. Les scénographes ont à leur disposition les moyens de modifier les configurations de la halle par l'utilisation, en particulier, de passerelles et de plateaux qui peuvent coulisser d'un bout à l'autre.

En faire un lieu polyvalent
La polyvalence du lieu ne dépend pas de mécanismes coûteux mais de la mise en espace des spectacles ou des expositions : les balcons latéraux, les plateaux et les passerelles mobiles ainsi que les gradins réinstallés pour chaque spectacle permettent une grande variété de configurations : ainsi, la mise en scène du lieu complète ou amplifie la mise en scène des spectacles.
Le « plateau » qui couvre l'ensemble du rez-de-chaussée est accompagné d'espaces « servants » situés en sous-sol et reliés par huit monte-charge et par une table élévatrice. Les éclairages scéniques, les moyens audiovisuels et la sonorisation sont mis en place à partir du sol ou des passerelles, la couverture ne gardant que sa fonction d'abri. Ainsi, l'architecture de la halle conserve son intégrité et n'est pas altérée par les installations de scénographie.

The Grande Halle occupies a special place among the "Major Projects". Ten years after the destruction of the Baltard Halles, the recycling of the Grande Halle has become a symbol, one of the conservation of an ideal interior space and of the preservation of an architectural heritage which previous generations of administrators and architects had not recognized.

Respect for the building's integrity
We adopted an attitude of respect with regard to this building - both in the proper and the figurative sense. All of the technical and architectural decisions respected the composition of the Halle, the logic of its construction and the quality of its architectural details.
The transparency, the quality of light and the acoustics of the Halle were emphasized even though their characteristics were modified. Beyond these few adjustments, we also felt it necessary to suggest possible future uses which would respect the specific qualities of the space. It is important that future set-designers and directors understand the building's architecture and fully exploit the means at their disposal.
Our task consisted of two major activities : the adaptation of an existing space to new uses and the creation of a resource for others to use. The first stage involved defining a variety of spaces, sealing the building for reasons of climate control and security and reserving space for the building's functions (storage, workshops and technical plant). In addition to these fixed elements, we also designed complementary mobile units and a system of modular elements which could be adapted to a number of potential arrangements. Set-designers are able to modify the configuration of the Halle through the use of bridges and platforms which can be moved the entire length of the space.

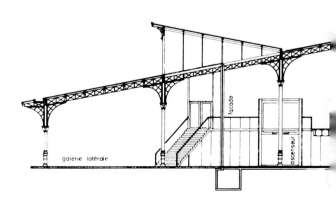

Le projet de la Grande Halle pose le problème de l'intégration d'éléments contemporains dans un édifice classé. Notre réponse architecturale est très claire : utilisation des mêmes matériaux et dessin contemporain. Ainsi, tous les ouvrages nouveaux, notamment les façades, les balcons latéraux, les éléments mobiles pour les montages d'expositions et de spectacles, sont réalisés en acier, en pierre ou en bois, qui sont les trois matériaux de la halle. Par ailleurs, nous avons utilisé des modules et des trames semblables aux mesures existantes, décalés d'un élément pour respecter les structures d'origine.

La Grande Halle n'a pas la charge symbolique des autres grands projets qui vont témoigner à travers la ville du rôle de l'Etat dans les domaines de la communication, de l'opéra, des musées et des finances. Elle s'assimile plutôt à un espace public et s'inscrit dans la ville comme le ferait une galerie publique, un marché couvert ou une place interdite aux voitures. Les activités qu'elle présente ne sont pas définies ni répétitives. C'est à ce titre qu'il faut la situer dans le contexte du parc de la Villette dont elle forme l'une des composantes.

Bernard Reichen et Philippe Robert,
architectes
(1987).

A multi-use space

The multiple-use of the space does not depend upon expensive machinery but upon the spatial concept of the activity : the lateral balconies, the mobile bridges and platforms and the seats installed for each event allow a wide variety of configurations. Thus the character and the attributes of the space complete or amplify the setting for the specific use.

The "stage", covering the entire ground floor of the Halle, is served by ancillary spaces located below ground and linked to the surface by six elevators and a moveable deck. The lighting, the audio-visual equipment and the sound system are located on the bridges and at ground level. The roof remains unaltered and does nothing more than cover the whole. The Halle's architecture is unchanged by its new vocation.

The Grande Halle project posed the problem of the integration of contemporary elements within a historic building and our response is very clear : use the same materials in a contemporary design. Thus all the new elements (façades, lateral balconies, mobile elements for exhibitions and spectacles...) employ steel, wood and stone — the three materials used in the existing building. The same grids and modules were used but were shifted to respect the original structure.

The Grande Halle is not charged with the same symbolism as the other Major Projects and is more appropriately a public space, inscribed in the city in much the same manner as a public arcade, covered market or a traffic-free square. The activities which will take place in this building are neither static nor repetitive. In this respect it must be considered a principal component of the Parc de La Villette which surrounds it.

Bernard Reichen and Philippe Robert,
architects
(1987).

La Grande Halle : coupe transversale. Les passerelles et les plateaux mobiles permettent de moduler l'espace intérieur.

The Grande Halle : transverse cross-section. The bridges and moveable platforms allow a transformation of the building's interior.

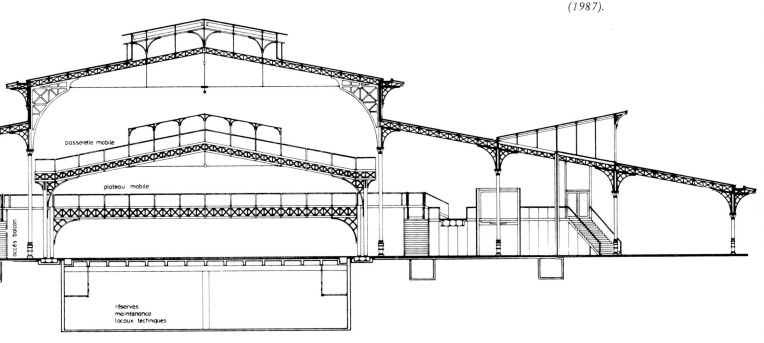

139

L'édifice vu de nuit. Au
premier plan, les « carrés
de la découverte » qui
balisent le parc.

L'édifice vu de nuit. Au
premier plan, les « carrés
de la découverte » qui
balisent le parc.

*The building at night. In the
foreground are the Discovery
Squares limiting the Park.*

140

Entrée latérale.

Side entrance.

A gauche : le parvis s'ouvrant sur la cour de la Fontaine aux lions.
Ci-dessous : la nef avant les travaux.
En bas : l'aménagement intérieur lors de la Biennale de Paris.

To the left : the esplanade opening on to the courtyard of the Lions Fountain. Directly below : the nave before transformation.
Below : the interior for the Paris Biennial.

142

Les structures métalliques durant les travaux.

The metal structures during transformation.

Le Zénith
Sous un chapiteau, une architecture implicite

The Zénith
An implicit architecture under cover

Ci-dessous : le Zénith. Une double toile tendue recouvre les armatures et fait fonction de couverture et de façade.

Below : the Zénith. A double skin covers the structure and acts as both cover and façade.

Structure

Les structures légères utilisées habituellement pour le spectacle (chapiteaux, gonflables, structures tendues) présentent toutes des contraintes d'utilisation et offrent rarement des conditions favorables pour le spectacle (mâts gênant la visibilité dans les chapiteaux, difficultés pour suspendre les équipements scéniques...). La plupart de ces structures obligent, pour une utilisation en spectacle, à rapporter des éléments complémentaires (passerelles d'éclairage, gril technique, etc.).

Dans le projet du Zénith, la structure est conçue pour être à la fois porteuse de la toile, support des équipements de toute nature nécessaires au spectacle — éclairage scénique, décors, enceintes acoustiques, écrans —, et organe de circulation pour les personnes appelées à mettre en place ou à manœuvrer ces équipements.

Cette structure, d'une portée totale de 80 mètres, sans appui intermédiaire, est constituée d'un ensemble de poteaux et de poutres de section triangulaire, réalisés en charpente métallique, et supporte la double enveloppe composée d'éléments modulaires

Structure

The lightweight structures usually adopted for concerts (tents, inflatables, tensile structures) all pose certain constraints and rarely offer the best conditions for large shows (masts in the case of tents, difficulties in suspending lighting and sound equipment in the others...). Most of these structures require complementary supports for large presentations (lighting catwalks, technical grids, etc.).

The Zénith's structure is designed to carry the textile roof, support the technical equipment of big shows — stage lighting, stage sets, speakers, screens — and provide access for the installation and manipulation of this equipment.

The all metal, 80-meter span structure is composed of triangular-section columns supporting a horizontal space-frame. The skeleton contains the technical galleries at elevation +13 meters and supports the compound-curve roof elements with their stretched PVC/ polyester double-skin. To save time and money, the entire roof — fabric covering, electricity, ventilation — was assembled on the ground and then raised to the top of the peripheral columns.

à double courbure, réalisés en toile tendue PVC-polyester.

Par souci d'économie et de rapidité d'exécution, l'ensemble de la nappe de couverture a été assemblé et totalement équipé au sol — toile, électricité, ventilation —, puis hissé au sommet des poteaux périphériques.

Scénographie

La recherche des conditions optimales de visibilité et d'un maximum de possibilités et de souplesse pour l'espace scénique a conduit à retenir un plan carré où la distance du dernier rang de spectateurs à l'aire de jeu est minimale. Cette compacité de l'espace constitue un facteur essentiel dans le rapport entre aire de jeu et public, et permet une bonne utilisation des angles de la structure pour les dépôts et les loges aménagés de part et d'autre de l'aire de jeu.

La scénographie a été spécialement étudiée pour la variété et le rock : plutôt qu'un dispositif frontal, la salle est dessinée suivant un tracé en éventail imprimant à l'ensemble une convergence et une focalisation sensible vers l'aire de jeu. Sur l'aire centrale, faisant face à l'estrade, peuvent être implantés des sièges en continuité des gradins. L'aire centrale peut aussi recevoir du public debout (concerts de rock) ou permettre une extension de l'aire de jeu.

Sous la partie arrière des gradins, au niveau rez-de-chaussée, est situé le hall d'accueil qui distribue les différents accès de la salle.

A l'extérieur, sur le parvis qui s'ouvre vers le parc, une résille de grande dimension reçoit affichage et informations. Cette résille constitue la « façade » proprement dite de la structure. Ainsi, comme dans les chapiteaux, on ne rentre pas directement dans la toile mais par l'intermédiaire d'une façade construite et architecturée.

Le Zénith n'est pas, à proprement parler, un « grand projet ». Il n'était, à l'origine, qu'une solution immédiate et provisoire pour pallier l'insuffisance à Paris de grandes salles de spectacle en attendant la construction d'une salle de rock définitive dont on redoute le délai de réalisation.

Le problème posé au début de 1983 était de construire le plus rapidement possible, et avec un budget très limité, une structure temporaire d'une grande capacité (6 500 places) spécialement adaptée aux concerts de variétés et de rock qui, jusque-là, n'avaient jamais disposé de lieux spécifiques.

La solution n'était pas évidente, et la plupart des artistes et des techniciens auxquels nous exposions l'idée ne se faisaient pas beaucoup d'illusions sur les capacités d'une structure textile que tous avaient pratiquée au travers de concerts sous chapiteaux.

Bien que le Zénith de la Villette reste imparfait à bien des égards, nous avons acquis la conviction qu'il est possible de réaliser pour le spectacle des structures légères tout aussi performantes et durables que des structures traditionnelles.

L'idée n'est pas nouvelle. D'autres, Jean Prouvé en particulier, ont largement ouvert la voie à ces ar-

Stage-design

The search for optimum visibility and maximum stage-area flexibility led to the adoption of a square plan in which the distance to the stage for the furthest spectator is less than it would be with other solutions. This compactness in plan is an essential aspect of the relationship between entertainer and public and leaves sufficient space in the corners on either side of the stage for dressing rooms and storage.

The interior layout is specifically designed for rock concerts and other popular entertainments and thus abandons the traditional Italian form for a fan-shaped one which focusses the spectators' attention on a projecting stage. The floor in front of the stage can increase the seating capacity (a continuation of the fixed seats), accommodate the standing audience of rock concerts or serve as an extension of the stage.

The entry hall and circulation space occupy the ground-level area under the raised seating.

The structure's visible façade is the large lattice supporting signs and other information which opens towards the park. Thus, unlike a tent, the entry is not a hole in the fabric but a solid, architecturally treated structure.

The Zénith is not a proper Major Project in the sense that it was initially conceived as a quick way to fill the void for a large Parisian hall until the definitive rock concert facility (whose future is now doubtful) could be built.

The problem in 1983 was to build — as quickly and as economically as possible — a facility which did not exist in Paris : a temporary structure capable of accommodating 6,500 spectators for rock concerts and other shows.

The solution was not immediately obvious as most artists and technicians who were approached did not express much hope for the capacities of a fabric structure given their experience with tents.

While the Zénith at La Villette is not ideal in some respects, we are convinced that lightweight structures can be just as appropriate and hard-wearing for concerts as traditional structures.

This is not a new idea and others, such as Jean Prouvé, have already demonstrated that lightweight structures could be applied to a number of uses. These structures are particularly suited to concerts and other large gatherings : the lightness, the quick, uncomplicated construction and the low cost make it possible to respond almost immediately to entertainment phenomena whose rapid evolution is unforeseeable.

The Zénith has also been an architectural experience in that the economic constraints have pushed us to optimize each design and each component. This constant preoccupation instills the project with a conviction which reminds us of "implicit" architecture : it is an architecture whose form lies outside references and reminiscences, and is simply an expression of the forces which contributed to its construction.

The social and economic system within which we were working obviously influenced our search for another type of less traditional architecture. For us, the airplane

Coupes sur le bâtiment :
l'espace central est dégagé
de tout appui.

*Cross-section : the central
space is free from any
supports.*

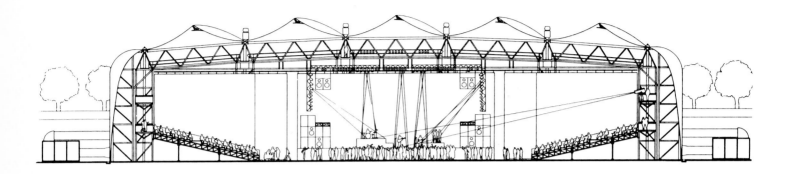

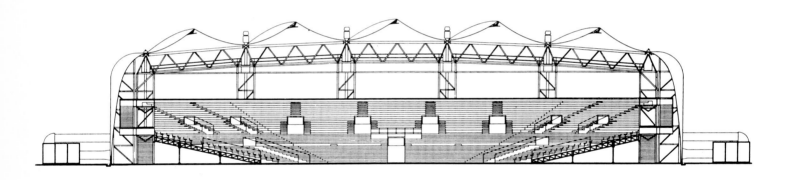

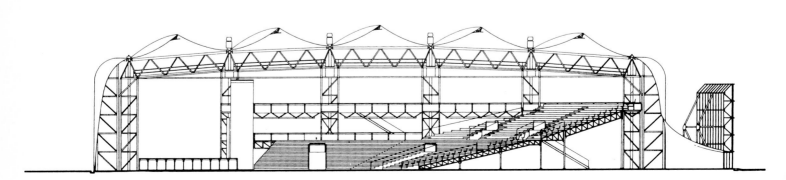

146

La structure avant le levage
de la toile.

*The structure before raising
the textile roof.*

chitectures légères qui touchent aujourd'hui de nombreux domaines de la construction. Mais, peut-être, dans le spectacle, ces idées trouvent-elles un champ d'application particulièrement favorable. La légèreté, la rapidité de réalisation, l'économie, permettent de répondre de façon presque immédiate à des phénomènes fluctuants dont on ne peut prévoir l'évolution rapide.

Le Zénith est aussi, pour nous, une expérience sur le plan architectural. Les conditions économiques du projet ont conduit à rechercher dans chaque dessin, dans chaque pièce, une optimisation maximale. Ce souci constant confère peut-être au projet une certaine évidence et nous renvoie à cette architecture « implicite », une architecture qui prend corps, hors des références et des nostalgies, simplement dans le jeu des forces qui contribuent à sa réalisation.

Sans doute le système social et économique dans lequel nous intervenons invite-t-il à une architecture autre, à des démarches assez éloignées des pratiques habituelles. Au Zénith, l'avion, simple objet qui domine le parvis, focalise un univers propre à la salle — légèreté, dérive, voyage ; il est, pour nous, l'amorce de démarches d'un autre ordre, et l'ouverture, au-delà du high-tech, vers des moyens différents de faire l'architecture.

Philippe Chaix et Jean-Paul Morel,
architectes
(1987).

above the entry plaza is a simple object which serves as a focal point for the Zénith's special environment — airiness, escape, travel — and as the symbol of an approach surpassing "high-tech", seeking new ways of creating architecture.

Philippe Chaix and Jean-Paul Morel,
architects
(1987).

147

La Cité des sciences et de l'industrie
Donner un sens
à l'aventure humaine

The Center for Science and Industry
Giving a sense
to human endeavor

Le 19 février 1979, la décision a été prise de créer le parc de la Villette et d'y intégrer un Musée national des sciences, des techniques et des industries construit à partir de l'ancienne salle des ventes des abattoirs de la Villette. Il fut alors demandé à Maurice Lévy de réfléchir aux objectifs de ce musée ainsi qu'à ses modalités d'action et de réalisation.

L'échelle du site, mais aussi le retard pris par notre pays dans le domaine des réalisations muséologiques à caractère scientifique et industriel conduisirent à prendre un parti ambitieux pour un projet qui se devait d'être au moins comparable aux réalisations étrangères les plus significatives.

Le nom de Cité des sciences et de l'industrie, donné à cet établissement et préféré à celui de musée, exprime assez l'importance de la réalisation autant que la diversité des activités qu'elle accueille, la volonté d'un choix novateur autant que la conscience d'un environnement socio-économique. Dans son domaine, la Cité des sciences et de l'industrie constitue le prototype d'une nouvelle génération de musées qui succède à celle des musées historiques, dont le Deutsches Museum[1] de Munich apporte le meilleur exemple, et à celle des centres interactifs, créés un peu partout aux Etats-Unis, et dont le palais de la Découverte, ouvert en 1937, fut le précurseur. Cette nouvelle génération d'équipements culturels correspond à une évolution des besoins, à l'élévation du niveau de vie, à l'augmentation du temps de loisirs. Elle permet à l'homme d'aller vers la connaissance scientifique à son pas et selon ses propres désirs. Elle est conçue pour que chacun découvre, s'émerveille, apprenne ou simplement s'amuse. Ce qui a été pensé, pour la Cité, c'est un grand lieu, non contraignant, où la science deviendrait authentiquement un puissant moyen de culture à la dimension de l'homme.

Des centaines de chercheurs, de scientifiques, d'ingénieurs, d'architectes, d'universitaires ont donné le meilleur d'eux-mêmes pour imaginer, sans modèle, le plus original et le plus grand ensemble scientifique du monde qui, paradoxe, veut donner à chacun les moyens et la liberté d'y trouver son propre chemin :

— Explora : l'exposition permanente répartie sur 30 000 mètres carrés s'organise, autour de quatre grands secteurs d'activités humaines, à partir des éléments les plus simples et les plus évidents — « De la Terre à l'univers », « L'aventure de la vie », « La matière et le travail de l'homme », « Langages et communication ».

Des spectacles multimédia, des logiciels interactifs, des maquettes sont mis à la disposition des visiteurs pour développer une attitude d'information active ;

— les expositions temporaires sont le complément naturel de l'exposition permanente. Coproduites avec des partenaires extérieurs, elles abordent des sujets d'actualité scientifiques ou techniques ;

On February 19th, 1979, the decision was taken to create the Parc de La Villette which would incorporate the National Museum of Science, Technology and Industry in the Auction Hall of the La Villette stockyards. Maurice Lévy was consulted on the subject of the museum's objectives, the ways in which it might function and the conditions for its realization.

The scale of the site, combined with the extent to which our country had fallen behind in the development of scientific and industrial museums led to an ambitious proposal for a facility at least comparable to the most significant foreign realizations.

The name Center for Science and Industry was preferred to that of "museum" as the huge undertaking encompasses a diversity of activities, is intended to be a new concept and reflects a specific socio-economic environment.

Center for Science and Industry constitutes the prototype for a new generation of museums like the interactive museums found throughout the United States and for which Paris' Palace of Discovery, opened in 1937, was the precursor. This new generation of cultural facilities — of which the Munich Deutsches Museum[1] is the best example — corresponds to an evolution in demand, an improvement in living standards and an increase in leisure time.

The Center permits the visitor to approach science at his own pace, following his own interests. The Center offers discovery, surprises, learning and fun.

The Center has been conceived as an open facility in which science would become a strong and readily available cultural force.

The world's largest scientific complex has benefitted from the participation of hundreds of scientists, researchers, engineers, architects and educators — and yet, paradoxically, the principal goal remains to make it possible for everyone to use the center as he pleases :

— Explora, the permanent exhibition of 30,000 square meters is organized around some of the simplest and most obvious human activities : "From Earth to the Universe", "The adventure of life", "The matter and the work of man", "Languages and communication". Multimedia shows, interactive programs and models are placed at the disposition of visitors to induce an attitude of active information ;

— temporary exhibits offer the natural complement to the permanent exhibit. Co-produced with exterior aid, these exhibits cover current events in science and technology ;

— the Inventorium offers young children a first approach to science and technology and is their first contact with the Center ;

— the Médiathèque, a computer-manager information center, brings together books, magazines, films and computer-aided-learning programs. One sector is open to the general public and a second to specialists ;

— the Current Events in Science Room, open to the

1. *Deutsches Museum von Meisterwerken der Naturwissenschaft und Technik* (Musée allemand des arts et métiers, et des sciences physiques).

1. *Deutsches Museum von Meisterwerken der Naturwissenschaft und Technik.*

La Cité des sciences et de
l'industrie en mars 1986.

*The Center for Science and
Industry in March, 1986.*

— l'inventorium propose aux jeunes enfants une approche des sciences et de la technologie, et constitue le premier contact avec la Cité ;

— la médiathèque est un centre de documentation informatisé qui réunit livres, revues et documents audiovisuels et didacticiels. Elle comprend deux secteurs ouverts, l'un au plus large public et l'autre aux spécialistes ;

— la salle sciences-actualités, d'accès libre, associe des journalistes scientifiques et techniques au commentaire et à l'explication de l'actualité ;

— le centre international de conférences offre plusieurs salles, parfaitement équipées, dont la capacité varie entre 50 et 1 000 places ;

— les classes Villette s'adressent aux écoles, collèges et lycées de toute la France. La Cité accueille en permanence une quarantaine de classes auxquelles elle propose des séjours d'activités scientifiques et techniques ;

— le cinéma Louis-Lumière, enfin, un centre de formation, un centre de recherche en histoire des sciences et des techniques, des commerces et des restaurants complètent cet ensemble.

Telle est donc l'offre multiple, actuelle et active de la Cité.

Dans les domaines de la science, des technologies et de l'industrie, la Cité des sciences et de l'industrie devrait jouer dans les années à venir un rôle majeur de sensibilisation du grand public à l'évolution très rapide que nous vivons actuellement et aussi un rôle de formation des jeunes générations, en leur donnant un sens de l'aventure humaine, de ses enjeux et de son avenir.

public, features the comments and explanations of technical and scientific journalists on recent events ;

— the International Conference Center contains completely equipped conference rooms with capacities varying from 50 to 1,000 places ;

— the La Villette Classes serve primary and secondary schools throughout the country. On any given day, the Center provides scientific and technical activities for 40 classes ;

— the Louis-Lumière movie theater, a teaching center, a center for historical research in science and technology, shops and restaurants complete the Center's program.

The Center for Science and Industry is destined to become a major force in the fields of science, technology and industry. It should play an important part in developing public interest in the rapid evolution which we are currently experiencing as well as instilling in our younger generations a comprehensive attitude towards of the dimension and the future of human endeavor.

La Cité des sciences et de l'industrie
La mutation d'un édifice monumental

The Center for Science and Industry
The metamorphosis of a monumental building

Les grandes lignes du parti architectural

Le parti architectural découle d'une réflexion à l'échelle du site et de son environnement afin d'établir des relations privilégiées entre le musée et le parc.

Trois thèmes marquent la conception du bâtiment : l'*eau* qui entoure le bâtiment, la *végétation* qui le pénètre par les serres bioclimatiques, la *lumière* qui tombe des coupoles rotatives et éclaire l'espace de l'exposition permanente.

L'ensemble du site était couvert de constructions relativement basses et à l'échelle du paysage, réalisées sans rigueur structurale.

Nous avons choisi de :

— démolir tous les bâtiments adjacents à l'espace compris entre les vingt piles supportant la toiture de la salle des ventes ; l'espace conservé est supérieur aux besoins du musée dans sa première phase et dépasse en superficie (165 000 mètres carrés) le plus grand musée scientifique existant au monde ;

— ne pas remblayer les fouilles à 13 mètres en contrebas par rapport au terrain naturel pour accroître la hauteur de l'édifice et éclairer naturellement les niveaux prévus initialement enterrés.

C'est cette disposition qui, par ailleurs, devrait permettre d'accueillir les 95 000 mètres carrés d'activités prévus dans la première phase, en utilisant en particulier l'ancienne gare.

Par le jeu du reflet dans l'eau des bassins qui ceinturent en contrebas le musée, la perception de la hauteur de l'édifice sera doublée pour créer un nouvel ordre monumental. La réhabilitation devient une véritable transfiguration tout en prenant le parti de mettre en valeur les structures existantes en disposant toutes les façades en retrait par rapport à la structure primaire.

Les formes architecturales simples et sans maniérisme échapperont aux modes fugitives du goût architectural actuel.

La façade sur le parc

La Cité s'ouvre sur le parc, au sud, par une façade totalement transparente, tandis que la façade nord, côté ville, est relativement fermée.

La façade sud, côté parc, est constituée de trois serres (32 mètres × 32 mètres) dans le but de contrôler les apports solaires (espaces tampons), de récupérer l'énergie et d'intégrer la végétation à l'intérieur du musée : « trait d'union » entre le musée et le parc. Le parc devient ainsi le prolongement naturel du musée.

Cette façade bioclimatique est un ouvrage de haute technicité mettant en œuvre une structure en tubes d'acier inoxydable centrifugé assemblés par des pièces moulées.

Le vitrage est composé de panneaux de verre trempé de 2 mètres × 2 mètres, suspendus en chaîne et raidis par un système de câbles précontraints créant une surface extérieure lisse et continue.

La précision des techniques mises en œuvre et la finesse des pièces d'assemblage donnent à cette

The major elements of the architectural design

This project's architectural concept is based upon the creation of a privileged relationship between the museum and the Park.

Three themes mark the Center's design : the water surrounding the building, the vegetation spreading into the building through the bio-climatic greenhouses, and the light falling from the rotating cupolas into the permanent exhibition space.

The site was previously covered with a poorly structured collection of buildings that were relatively low with respect to scale of the landscape.

We chose :

— to demolish all of the structures adjacent to the volume defined by the twenty columns supporting the roof of the Auction Hall ; the remaining space is larger than the needs of the museum in its first phase and contains a larger surface area (165,000 square meters) than the largest science museum in existence ;

— to leave the excavated areas as they were, i.e. 13 meters below ground level, thus making the building appear taller and allowing natural light to penetrate the lower floors.

This arrangement will permit the realization of the 95,000 square meters first phase and the inclusion of the old station.

The reflection of the museum in the water-filled basins at its base will increase its apparent height and reinforce the building's monumental quality. The rehabilitation has completely transfigured the Halle even though the existing structure is made even more evident by the placing of the façade behind it.

The simple, unaffected forms are devoid of any trace of transient architectural styles.

The Park façade

The southern façade of the Center is totally transparent and opens onto the Park while the northern façade faces the city and is relatively closed.

The southern façade is composed of three (32 meters × 32 meters) greenhouse elements which create a transition between the Park and the interior of the museum — the Park thus becomes the natural extension of the museum. This bio-climatic façade is a high-tech realization with a structure of stainless-steel tubes held together by moulded elements.

A continuous, smooth surface of glass is accomplished through a series of suspended tempered glass panels (2 meters × 2 meters) stiffened through a system of prestressed cables.

The technical precision and the lightness of the elements give the façade a refinement and transparency never before achieved on this scale.

The entrance hall

The Center is 250 meters long and 120 meters wide and contains seven levels. The large entrance hall (18 meters × 100 meters) has been created in order to allow visitors to have an overall view of the activities from the moment they enter the building and to orientate themselves easily — the hall opens towards the city on

façade une transparence et une légèreté jamais atteintes à l'échelle d'éléments de cette taille.

Le hall d'accueil

La Cité (250 mètres de long sur 120 mètres de large) se développe sur sept niveaux. Un grand hall central (18 mètres × 100 mètres) a été créé afin de permettre aux visiteurs de percevoir dès l'entrée l'ensemble des activités du centre et de s'orienter facilement. Le hall s'ouvre, au nord, vers la ville, au sud, vers le parc ; ce vaste espace intérieur permet d'éviter une ségrégation par niveaux des différentes activités de la Cité ; il regroupe les circulations verticales majeures. La lumière, « source d'énergie du monde vivant », pénètre à l'intérieur par l'intermédiaire de deux coupoles rotatives de 17 mètres de diamètre, soutenues par une structure suspendue par câbles dite « araignée » et reliées au périmètre rectangulaire de la charpente existante par une couverture isolante en toile tendue translucide.

La réhabilitation

Elle exige le respect de la discipline et des contraintes de la structure existante tout en l'adaptant aux besoins muséologiques ainsi qu'aux règles de sécurité d'un bâtiment ouvert au public (la structure existante ne présentait aucune stabilité au feu).
Il faut aussi irriguer les espaces en fluides et en énergie pour répondre à des besoins très différents et plus complexes que ceux prévus initialement.
En particulier, les faibles performances de certains planchers et leur inclinaison ont nécessité leur renforcement et leur redressement pour supporter les charges nouvelles ; une des techniques employées est la précontrainte additionnelle par câbles dans des gaines en acier maintenues par des blochets de béton collés sur les joues des poutrelles. La vérification de la précontrainte a été effectuée par ultrasons. Les problèmes posés par la sécurité du public ont été abordés dès le début de l'étude avec les services compétents, et les principales dispositions ont été adoptées grâce à une concertation sans idées préconçues : en effet, aucune règle existante ne pouvait s'appliquer à un bâtiment comparable à un quartier de ville qui n'avait pas été conçu pour recevoir du public.
Deux routes traversent longitudinalement la Cité et permettent aux véhicules des sapeurs-pompiers d'accéder au cœur de l'immeuble, de stationner dans quatre gares et d'emprunter sept escaliers réservés dans les piles porteuses pour atteindre les niveaux supérieurs ou inférieurs.
Le niveau d'accès des véhicules des pompiers étant à mi-hauteur, le bâtiment échappe alors à la réglementation des immeubles de grande hauteur.
L'intérieur des piles a été vidé pour mettre en place des escaliers servant d'issue de secours conformes aux normes de sécurité.

Les abords de la Cité

Les abords intègrent la Cité à son environnement,

the north and towards the Park to the south. This enormous space contains the major vertical circulation elements (escalators, elevators, stairs) and successfully avoids the segregation of activities by level. Natural light, "life's energy source", flows into the interior through two rotating cupolas (17 meters diameter) supported by a type of tensegrity structure and covered with an isolated tension membrane of translucent fabric.

Rehabilitation

The design respects the existing structure while adapting the volume to the Center's functional needs and to the safety requirements for a public building (the former structure had no fire protection).
It was equally important to provide for a series of needs (water, gases, vacuum, energy...) which are totally different and much more complex than those of the original building.
The thin sloping floors required reinforcement and rectifying in order to support new loads — one of the solutions adds a compression load to the slab through the use of cables in steel casings, kept in place through the use of concrete blocks attached to the sides of beams. The load obtained was verified through ultra-sonic analysis.
Public safety problems were discussed with the appropriate authorities at the beginning of the study and the principal problems were resolved : this type of building is unique and no existing regulation could possibly refer to a public building the size of a city block.
Two interior roads running the length of the site permit the firemen's vehicles to gain access to the center of the building, to park in the four stations, and to gain access to the upper or lower floors by seven ramps enclosed within the structural columns.
Fire-truck access to the middle floor meant that the building needed no longer to comply with the stringent tall building protection measures.
The interior of the pillars was hollowed out to house the emergency exit stairs required by safety regulations.

The vicinity of the Center

The approach of the Center ensures the integration of the building with its surroundings and symbolically affirms the complementarity of Science and Nature.
The basins and the design of the 13-meter-deep exterior spaces on three sides of the site (containing restaurants, administration, air-conditioning plant, teaching and research accommodation, and audiovisual facilities) offer an animated transition in complete harmony with the Park. The flow of water from the Ourcq Canal to the basins will irrigate a succession of gardens including a few remnants of the old cooling plants.

The Géode

The theater's 26-meter hemispherical screen suggested a spherical form for its envelope. This mirror-polished stainless-steel covering and the water-filled basin at its base magnify its size and reflect the changing skies of the Paris region. Symbol of the Universe, the Géode reflects clouds suggesting continents and provides a fleeting impression of the environment.

De haut en bas :
façade sud vue du parc. Au
premier plan, la Géode.
Coupe sur la Géode.
Coupe sur les douves.
Coupe sur le bâtiment. La
seconde travée abrite le
hall d'accueil directement
éclairé par deux coupoles.

From top to bottom :
south façade seen from the
Park. The Géode is in the
foreground. Cross-section
through the Géode.
Cross-section through the
basins. Cross-section
through the building. The
second bay contains the
entrance hall with natural
light from the two cupolas.

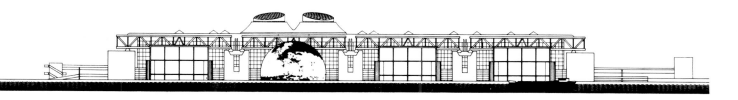

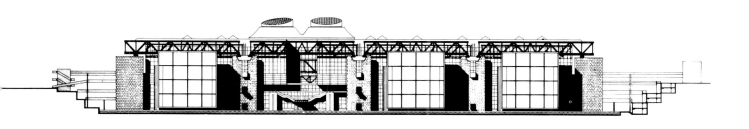

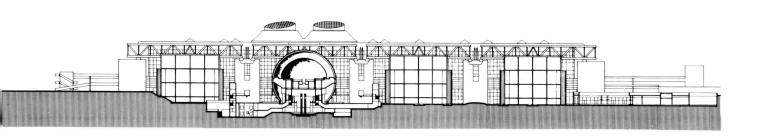

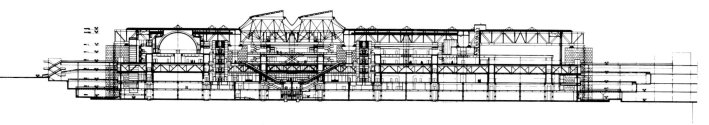

153

Ci-contre : façade sud. Les passerelles enjambent les douves et relient le bâtiment à la Géode et au parc.

Page de droite : l'une des trois serres de la façade sud. Leur rôle est double : assurer la continuité avec le parc, contrôler les apports solaires et en récupérer l'énergie. Leur dimension (32 mètres × 32 mètres) est à l'échelle du bâtiment (250 mètres de long × 120 mètres de profondeur).

Left : south façade. The bridges cross the basins linking the building to the Géode and the Park.

Opposite page : one of the south façade's three greenhouses. Their function is twofold : to ensure a continuity with the Park, to control solar gain. Their size (32 meters × 32 meters) reflects the scale of the building (250 meters long by 120 meters wide).

Les deux grandes coupoles rotatives captent les rayons du soleil pour éclairer le hall d'accueil. Une double toile isolante assure le raccordement avec la toiture. Le personnage à droite donne l'échelle (17 mètres de diamètre).

The two cupolas capture sunlight and illuminate the entrance hall. A double insulating skin ensures their weathertightness. The figure to the right indicates their scale (17 meters diameter).

affirmant symboliquement la complémentarité de la science et de la nature.

Les douves, dont les 13 mètres de dénivelée sur trois côtés de la Cité comprennent les restaurants, l'administration, la centrale thermofrigorifique, les locaux de la formation-recherche, la Géode, l'audiovisuel, animent ces espaces extérieurs de transition avec le parc.

Le cheminement de l'eau depuis le niveau haut du canal de l'Ourcq jusqu'à la douve basse irriguera une succession de jardins portant l'empreinte des anciennes salles frigorifiques.

La Géode

L'écran hémisphérique de 26 mètres de diamètre de la salle de spectacle a engendré la forme sphérique de l'enveloppe. Cette structure, qui repose sur un plan d'eau, est recouverte d'acier inoxydable poli miroir pour magnifier sa forme et réfléchir l'image toujours changeante du ciel d'Ile-de-France. Symbole de l'univers, le reflet des nuages suggère la forme des continents et offre une vision immatérielle de l'environnement.

The Géode is an important landmark in the composition of the site as it is located in front of the all-glass southern façade at the articulation between the upper level of the Park and the basins 13 meters below.

The silvery ball is on the entry hall axis and thus marks the Center's main entrance from the south ; its imposing geometry constitutes an event which disrupts the linear aspect of the Auction Hall's façade — 270 meters long. This monumental structure is composed of two distinct elements :

— the first is a reinforced concrete structure which spreads upwards from a central column to maintain the network of walls and beams supporting the theater's seating : the maximum overhang is 17 meters. The bleachers were prefabricated. All of the formwork was faced with a specially smoothed covering in order to leave the concrete exposed. The entire structure is totally independent of the spherical envelope ;

— the second, the geodesic sphere, is composed of 4" diameter tubing of 34 different lengths joined through 835 Saturn connections.

A secondary structure, composed of triangles, supports the mirror-polished stainless-steel skin composed of

Détail de la structure des grandes serres.
Le vitrage est constitué d'éléments de 2 mètres × 2 mètres suspendus en chaîne et raidis par un système de câbles qui permet de résister aux poussées du vent. A noter l'élégance et la légèreté de la structure.

Detail of the greenhouse structures. The glazing consists of suspended 2 meters × 2 meters elements, stiffened by cables which resist wind forces. The structure is both elegant and light.

Implantée devant la grande façade sud vitrée, à l'articulation entre le niveau haut du parc et les douves qui entourent le musée à 13 mètres en contrebas, la Géode est un signal dans la composition générale du site.

Située dans l'axe du hall d'accueil, elle marque l'entrée sud du musée depuis le parc, crée un premier plan monumental par sa géométrie et coupe l'aspect linéaire de la structure de 270 mètres de long de l'ancienne salle des ventes.

Cette œuvre monumentale par sa forme est constituée de deux structures totalement indépendantes :
— une structure en béton armé arborescente portant les gradins de la salle sur un seul pilier central s'épanouit en poutres et en voiles croisés pour atteindre 17 mètres d'encorbellement. Les gradins ont été préfabriqués. Tous les parements ont été réalisés avec des coffrages spéciaux en parquet raboté pour laisser le béton brut de décoffrage. L'ensemble de cette structure n'a aucune liaison avec l'enveloppe sphérique ;
— une enveloppe sphérique qui est une structure géodésique constituée de tubes de 10 centimètres de diamètre et de 34 longueurs différentes, assemblés par 835 nœuds Saturne.
L'ossature secondaire est formée de triangles, supports des 6 433 triangles sphériques de la « peau » en acier inoxydable poli miroir. Le système de fixation de la peau sphérique permet une libre dilatation de chaque plaque d'acier.

Entre l'écran en aluminium perforé de 26 mètres de diamètre et le dôme, un espace technique intègre les écrans acoustiques et les dispositions les plus perfectionnées pour accorder image et son sur la totalité de la surface de l'écran.

Le hall d'accueil, en relation directe avec le musée, est un espace dynamique situé sous le bassin d'où s'élance la structure en béton et les circulations vers la salle de spectacle.

Le travertin et le bois qui recouvrent les sols et les murs mettent en valeur le béton brut de décoffrage de la structure porteuse.

Vingt ans après le début de sa construction, la salle des ventes de la Villette aura achevé sa complète mutation pour devenir le premier édifice monumental dans le paysage de l'est parisien, zone tampon entre Paris et la banlieue ouvrière du nord de l'agglomération.

Adrien Fainsilber,
architecte
(1987).

6,433 spherical triangles. The tile attachment system permits a free expansion and contraction for each tile. The space between the perforated aluminium screen and the spherical skin is taken up with technical equipment, loudspeakers and acoustic baffles which allow a very precise coordination between image and sound for the whole of the screen's surface.
The reception hall of the theater, located below the basin, is directly linked to the museum and is a dynamic space from which spring the concrete structure and the access to the theater.
The travertine and wood of the floors and walls are an effective contrast to the form-faced concrete of the structure.
Twenty years after groundbreaking, the La Villette Auction Hall will have undergone a complete mutation to emerge as the largest monument in eastern Paris — the buffer zone between Paris and the northern blue-collar suburbs.

Adrien Fainsilber,
architect
(1987).

En haut : hall d'accueil. La structure suspendue des câbles en « araignée » porte la coupole rotative et la batterie de miroirs qui captent les rayons lumineux.
En bas : un jeu de mezzanines découpe l'espace et atténue les grandes hauteurs. Au fond, le cylindre du planétarium.

Above : entrance hall. The "spider-web" of suspension cables supports the cupola and the mirrors which capture the light. Below : the play of mezzanines divides the space and attenuates the building's great height. The cylinder of the planetarium is in the background.

Page de droite : au niveau bas, le hall d'accueil. Les escaliers mécaniques donnent accès à l'exposition permanente. En haut, au premier plan, la structure porteuse du pont-serre. A l'arrière-plan, les grandes poutres métalliques de la charpente.

Opposite page : the entrance hall on the lower level. Escalators give access to the permanent exhibits. Above is the structure of the bridge-greenhouse. The roof structure's large steel beams are in the background.

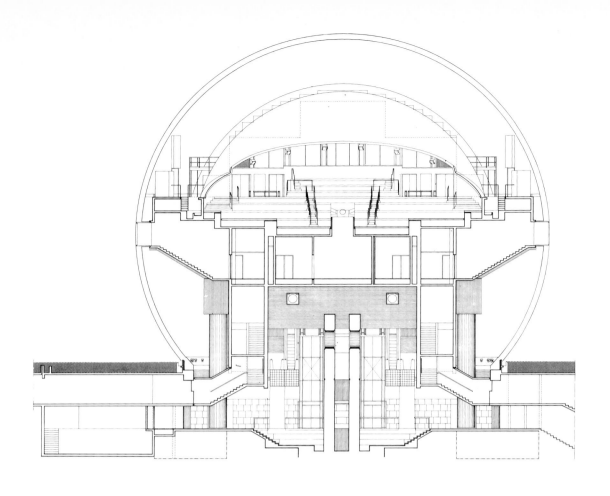

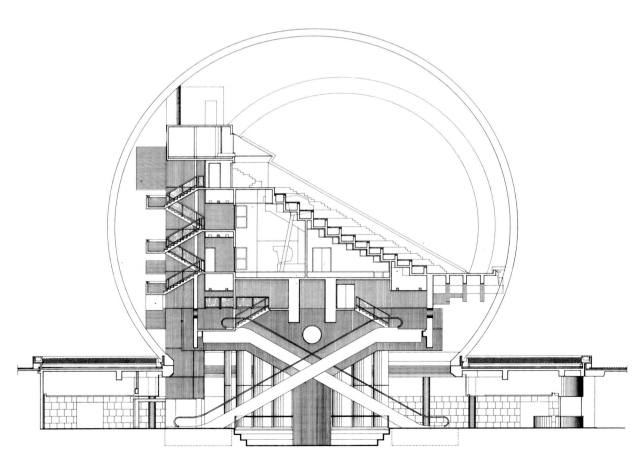

160

Ci-contre : intérieur de la
Géode.
Page de gauche : la Géode.
Coupes sur le bâtiment. On
distingue, en bas, le pilier
central qui supporte la
structure de béton
arborescente sur laquelle
s'appuient les gradins.
L'écran demi-sphérique a
26 mètres de diamètre.

*Left : the interior of the
Géode.
Opposite page : the Géode.
Cross-sections through the
building. The central pillar
of the arborescent structure
supporting the seating is
visible below. The
hemispherical screen is
26 meters in diameter.*

La « peau » de la sphère est constituée de 6 433 triangles d'acier inoxydable poli. Le système de fixation permet leur libre dilatation.

Page de gauche : étapes de la construction.
En haut : la structure en béton armé se développe autour d'un pilier central.
Au milieu : la structure géodésique est constituée de tubes de 10 centimètres de diamètre liés ensemble par 835 nœuds.
En bas : mise en place de l'enveloppe. Aucun triangle d'acier n'est identique.

6,433 polished stainless steel triangles form the covering. Their attachment alows free movement for dilatation.

Opposite page : stages of the construction.
Above : the reinforced concrete structure spreading out from the central pillar.

Middle : the geodesic structure contains tubes 10 centimeters in diameter joined by 835 nodes.
Below : attachment of the skin. No two triangles are identical.

163

La Cité de la musique
Un équipement complet, unique et attendu

The Center for Music
A complete, unique and much-needed facility

Au-delà de l'intérêt que représente, sur le plan architectural, le projet de la Cité de la musique, dernier équipement d'équilibre du parc de la Villette, c'est un grand sentiment d'enthousiasme que cette réalisation suscite dans le milieu musical.

En effet, seuls des équipements professionnels adaptés aux réalités de notre temps répondront pleinement aux besoins d'une rénovation pédagogique entreprise depuis quelques années au Conservatoire national supérieur de musique de Paris dont les locaux vétustes de la rue de Madrid interdisent le développement. Tel est l'enjeu de ce projet auquel Christian de Portzamparc, maître d'œuvre, a apporté des réponses sensibles et fonctionnelles.

Ces équipements sont répartis en deux ensembles situés de part et d'autre de la place de la Fontaine aux lions sur 23 000 mètres carrés de surface au sol. Ils couvrent tous les champs de la formation et de la pratique instrumentales et intègrent, dans une même cité, les espaces d'enseignement et de recherche et les lieux d'information, de découverte et de spectacle ouverts au public.

Dès la fin de l'année 1989, les locaux du Conservatoire national seront aménagés :

— les classes publiques d'orgue, d'art lyrique et un atelier interdisciplinaire offriront aux jeunes musiciens la possibilité d'exercer leur art dans des conditions professionnelles et, le plus souvent, en présence d'un auditoire ;

— une médiathèque regroupera les services de la Bibliothèque nationale et du Conservatoire national supérieur de musique ;

— une soixantaine de salles d'enseignement théorique et instrumental permettront de développer les activités de pratique collective telles que la formation au métier de musicien d'orchestre, la musique de chambre et la pratique chorale. Ces locaux accueilleront également des disciplines nouvelles comme les sciences de l'éducation pour la formation pédagogique, les techniques contemporaines et la composition musicale, l'initiation aux musiques traditionnelles et extra-européennes ainsi qu'à la pratique du jazz ;

— 113 studios de travail individuel seront enfin mis à la disposition des élèves.

En 1990, d'autres équipements, en majorité ouverts au public, viendront compléter les réalisations de la première phase :

— une salle de concerts de 800 à 1 200 places offrira au Conservatoire et à l'Ensemble intercontemporain de Pierre Boulez un lieu privilégié pour l'abord des répertoires les plus larges. Est-il besoin de souligner l'intérêt que représente pour l'enseignement la proximité et la collaboration de cet ensemble professionnel et de son chef ? ;

— le Musée instrumental du Conservatoire qui abrite actuellement, dans des conditions plus que précaires, des collections parmi les plus prestigieuses dans le monde, trouvera à la Villette des espaces et des moyens à la mesure de ses ambitions. Une présentation nouvelle et un projet muséologique

Beyond the architectural interest generated by the Center for Music — the last element in the composition for the Parc de La Villette — the music community has received this project with great enthusiasm.

Only the use of professional equipment adapted to today's conditions will fully support the complete overhaul of teaching methods undertaken by the Paris National Conservatory of Music currently limited by the cramped conditions of the Conservatory's Rue de Madrid building. The architect Christian de Portzamparc has produced a sensitive and functional design which measures up to the project's ambitions.

23,000 square meters of facilities are divided into two units on either side of the Lions Fountain square. Incorporating all of the fields of instrument teaching and playing, the facility brings together in one city spaces for instruction, research, information and presentation of music.

The National Conservatory of Music will move in towards the end of 1989 :

— the public classes for organ, lyrical art and interdisciplinary workshops give young musicians the opportunity to express themselves in professional conditions — often in the presence of an audience ;

— the Médiathèque will combine the resources of the National Library and the National Conservatory of Music ;

— sixty or so classrooms will aid in the development of musicians capable of participating in orchestras, chamber music groups and choirs. These classrooms will also accommodate new disciplines such as music-teaching techniques, contemporary music composition techniques, initiation to traditional and non-European music as well as jazz ;

— 113 individual practice rooms will finally be available to students.

In 1990, other facilities, most of which will be open to the public, will complete the realizations of the first phase :

— a 800 to 1,200-seat concert hall will give the Conservatory and Pierre Boulez's Ensemble Intercontemporain the opportunity to undertake larger repertoires...the educational importance of the proximity and the collaboration of this professional company and its leader is obvious ;

— the Conservatory's Musical Instrument Museum currently houses one of the world's most prestigious collections in very precarious conditions. At La Villette, the collection will find more space and better conditions. A new presentation — enlarged to include modern instruments — will display thousands of instruments from all over the world as well as their fabrication techniques. Demonstrations of traditional and contemporary instruments will take place in the Large Amphitheater. A laboratory, a documentation center and other technical services will be available to assist French musical instrument makers ;

— a Music and Choreography Teaching Institute will give the country's educators the information resources they need and continue its action for the renovation of general and specific teaching methods ;

Plan masse de l'opération. A gauche de la cour de la Fontaine aux lions, le Conservatoire national supérieur de musique. A droite, la salle de concerts, le Musée de la musique et l'Institut de pédagogie musicale et chorégraphique. L'entrée du parc est soulignée par le traitement du sol et l'intégration d'une folie.

Master plan for the project. The National Conservatory of Music is to the left of the Lions Fountain. The concert hall, the Museum of Music and the Music and Choreography Teaching Institute are to the right. The Park's entrance is underlined through special ground treatment and the integration of a folly.

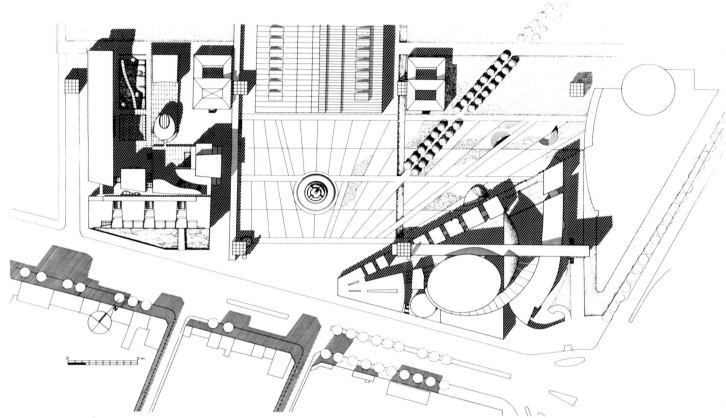

élargi à l'instrument contemporain offriront aux publics la découverte de milliers d'instruments de toutes les époques, de tous les continents ainsi que, notamment, leurs techniques de fabrication. Des démonstrations d'instruments de facture traditionnelle ou contemporaine animeront le grand amphithéâtre. Enfin, des services techniques — laboratoires pour la restauration, centre de documentation — offriront une structure d'appui aux professionnels de la facture instrumentale de notre pays ;
— un Institut de pédagogie musicale et chorégraphique, structure scientifique créée pour répondre aux besoins du pays en matière d'information et de documentation, poursuivra, au sein de la Cité, son action pour la rénovation pédagogique dans l'enseignement général et dans l'enseignement spécialisé ;
— enfin, des espaces complémentaires : résidences d'élèves, accueil et foyers, restaurant, gymnase, constitueront les équipements indispensables à une authentique rénovation de l'enseignement lorsqu'on sait notamment que l'éloignement de quelque 400 élèves provinciaux pose actuellement des problèmes souvent insurmontables pour la mise en œuvre de cursus d'études satisfaisants.
Le projet de la Cité de la musique est vaste et ambitieux. Sa réalisation est garante d'un renouveau nécessaire et du développement musical qualitatif de notre pays.

— complementary spaces such as residential accommodation, reception areas, meeting rooms, restaurant and gymnasium are indispensable resources for a renovation of music education : 400 students from the provinces spend too much time travelling and their education inevitably suffers.
The Center for Music is a vast and ambitious undertaking. Its realization is the sole guarantee for the development of musical excellence in France.

Partie est. Vue sur le Musée de la musique depuis la cour de la Fontaine aux lions.

East wing. View of the Museum of Music from the Lions Fountain courtyard.

En haut : partie est vue depuis l'avenue Jean-Jaurès. Une série d'équipements distincts sont unifiés selon un grand mouvement ascensionnel d'où émerge l'ellipse de la grande salle des concerts et les voûtes allongées.
En bas : partie ouest. Façade du Conservatoire sur l'avenue Jean-Jaurès : l'architecte joue sur les pleins, les vides, les failles de lumière.

Top : the eastwing seen from the Avenue Jean-Jaurès. A series of distinctive buildings are unified by an ascending movement from which emerge the main Concert Hall's elipse and the long vaults.
Bottom : the west wing. The Conservatory's Avenue Jean-Jaurès façade : the architect employs solids, voids and streams of light.

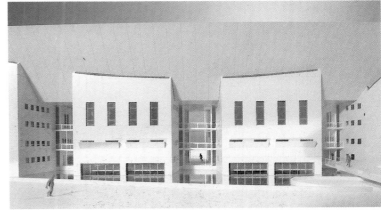

La Cité de la musique
Une architecture pour le son

The Center for Music
An architecture for sound

A l'entrée sud de l'ensemble de la Villette, la Cité de la musique est un programme très nouveau, un rassemblement inédit de lieux consacrés à la musique et à la danse qui déploient leurs volumes diversifiés en deux grands quartiers de part et d'autre de la Grande Halle. Ce sont deux grandes ailes très différentes qui s'opposent et se complètent.

Dans ce jeu d'opposition, elles donnent sa forme à un espace majeur qui est une réponse « exacte » à l'esprit du site et elles identifient clairement deux grandes parties du programme.

A l'ouest, un ensemble stable, protégé, abrite les lieux réservés aux étudiants, le Conservatoire national supérieur de musique avec 80 salles de travail, des plateaux d'orchestre, une médiathèque et trois salles de concerts ouvertes au public.

A l'est, une métaphore de cité transfigurée par une géométrie dynamique et un enroulement spiral accueille le public, avec des commerces à vocation musicale, avec la salle des concerts partagée par le Conservatoire et par l'Ensemble intercontemporain de Pierre Boulez qui y a ses bureaux et ses salles de travail, avec aussi la « galerie des instruments » qui est à la fois un musée de la musique fondé sur un programme muséologique très nouveau et un centre d'organologie, avec, enfin, l'Institut de pédagogie musicale et une résidence d'étudiants.

Cet ensemble de l'est, dans une grande ligne en croissance dynamique, devient presque un objet pur,

Located at the Park's southern entry, the Center for Music is an unique new assembly of music and dance activities. The complex features two very different, though complementary, wings separated by the Grande Halle.

Each wing corresponds to a specific part of the program and together they define a precise spatial response in the spirit of the site.

The modest, enclosed western wing is dedicated to students and houses the National Conservatory of Music with its 80 practice studios, the orchestral stages, the Médiathèque, three concert halls open to the public and the administration.

The eastern wing, open to the public, is a city-metaphor featuring the dynamic geometry of a spiral, opening towards the Park and containing shops with a music theme, the Concert Hall shared between the Conservatory and Pierre Boulez's Ensemble Intercontemporain, also based here. There will be an Instrument Gallery with an innovative educational program, a center for organ technology, a Music Teaching Institute and student accommodation.

The eastern complex is very much a pure, dynamic form detached from traditional urban spaces while the monumental western sector is inscribed in the Parisian tradition of which it is an extension. Thus the west is very much a part of the continuous urban façade of the Avenue Jean-Jaurès which it terminates and will be one of the first buildings greeting the visitor entering Paris

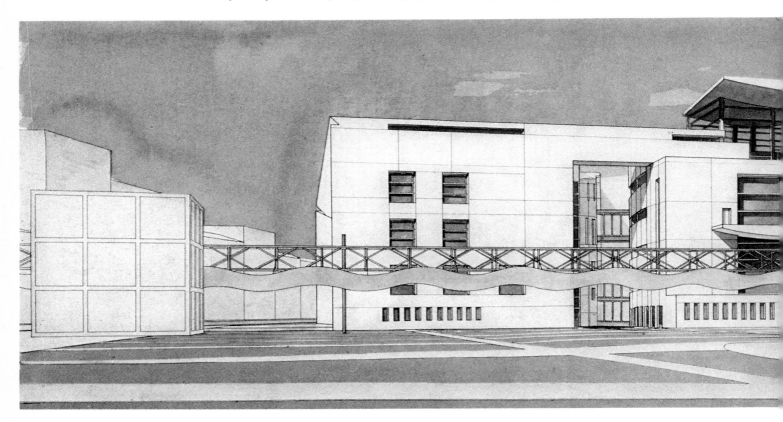

délié des attaches urbaines traditionnelles, alors que la partie ouest inscrit sa monumentalité dans le gabarit parisien qu'il borne : ainsi, l'ouest appartient à la ville, termine la longue séquence des mitoyens de l'avenue Jean-Jaurès et s'offre au regard en entrant dans Paris, tandis que l'est renvoie au parc mais aussi à une notion plus imaginaire, non habituelle, de la géométrie urbaine, un envol libre.

Cette dissymétrie n'est donc pas seulement une expression du programme. Elle est dictée par le destin du lieu et les grandes polarisations qu'y ont introduits le parc et le musée. D'emblée, l'axe de la Grande Halle est un piège pour l'avenir du site si on se laisse fixer sur lui seul. Il appartient à l'époque des abattoirs. Une place qui l'accentuerait ferait du parc un élément secondaire, obturé, placerait cette halle en une position unique, emphatique, dans une composition « pompière » à laquelle rien ne répondrait sur l'avenue.

Ce grand espace triangulaire que définit le projet entre ses ailes n'est pas une place traditionnelle, c'est une ouverture, une porte-fenêtre qui marque une fin de la ville, une façon de faire venir le parc jusqu'à elle, c'est le cadrage d'un paysage qu'il ne s'agit plus de tenir dans les rêts urbains traditionnels mais dont il faut exalter l'étendue dès l'avenue Jean-Jaurès comme s'offrent au regard les échappées visuelles surprenantes lorsque toute ville arrive au bord d'un grand parc.

by the Porte de Pantin while the east building is more attached to the Park and is more imaginative — freed from the confines of traditional urban form.

This asymmetry expresses the program but is also a reflection of the site's location and the composition imposed by the Park and its Museum. It was necessary to avoid giving the Grande Halle's axis too much importance in our composition as this building is one of the remnants of the original composition of slaughter houses. Any attempt to emphasize it in the design of the space would have resulted in an academic composition out of touch with the Avenue Jean-Jaurès.

The large triangular space defined by the project is far from being a traditional composition : it is both a gateway and a window ; it marks the end of the city while drawing the Park towards it ; it frames the landscape with an offering to passers-by on the Avenue Jean-Jaurès of an indication of the Park's importance through a succession of surprising images which occur at the frontier between the city and all large parks.

Thus the space's design reflects the previous static axis of the Grande Halle and the Park's dynamic new axis based upon the Géode. From different vantage points, the space reveals each of the Park's contributing elements — Grande Halle, Center for Science and Industry, Center for Music, City of Paris and Park. The design integrates these elements while participating in the spatial system of each ; even a large number of the Park's follies are evident from the space — including,

Partie est.
En haut : perspective
réalisée par ordinateur.
En bas à gauche : vue
axonométrique de la salle
de concerts.
En bas à droite : dessin
assisté par ordinateur de la
conque.

East wing.
Above : computer aided
perspective.
Below left : axonometric
view of the Concert Hall.
Below right : computer aided
drawing of the conch.

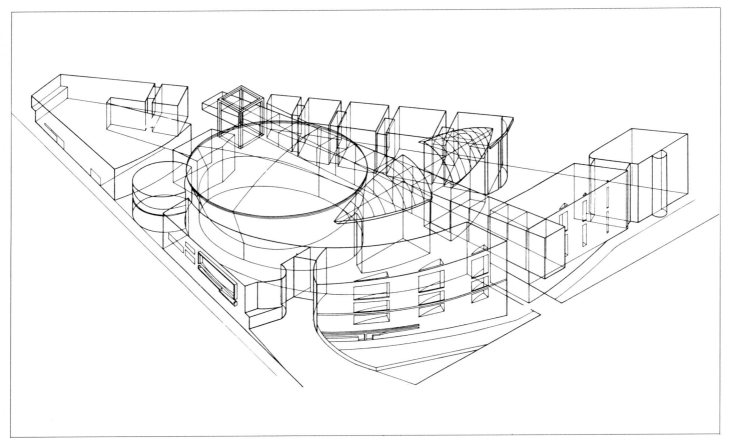

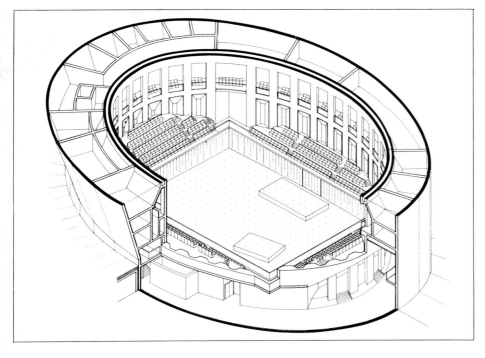

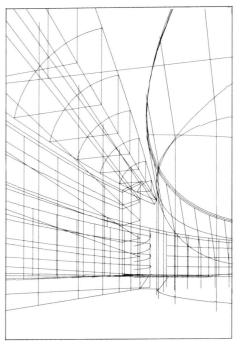

En haut : chantier de la
Cité de la musique, janvier
1989.
En bas à gauche : la grande
trouée dans le bâtiment
apportera la lumière de
l'après-midi dans les cours.
En bas à droite : l'aile
ondulée.

Top : construction of the
Center for Music, January
1989.
Bottom left : the large
opening in the building will
admit afternoon light into the
courts.
Bottom right : the undulating
wing.

Cet espace est donc construit sur une figure qui prend en compte l'axe statique, ancien, de la halle et s'ouvre sur l'axe dynamique, nouveau, du parc et la vue lointaine vers la Géode. C'est un espace à parcourir qui révèle les projets en présence et met en communication ces grandes entités éparses : halle, musée, cité, ville, parc, intégrant et faisant respirer tous les systèmes spatiaux en présence jusqu'aux folies, dont le projet dégage le plus grand nombre pour rendre perceptible leur trame et met en avant, dès l'entrée, la première folie d'accueil sur l'avenue. Depuis la porte de Pantin, après la grande courbe et les coupoles de la partie est situées en avant-poste, l'entrée progressive dans Paris offrira au regard la grande façade incurvée du Conservatoire. Rite d'entrée dans une grande ville ou comment finir une avenue.

Dans la conception des espaces intérieurs de tout le projet, un même principe est à l'œuvre, dans deux géométries opposées, qui distingue des volumes pleins, opaques, de dimensions diverses, que sont les enveloppes acoustiques des lieux de travail musical, et des volumes transparents, des failles de lumière qui les lient comme un tissu interstitiel, transitions entre le dedans et le dehors, lieux de circulation et de rencontre totalement vitrés ou à ciel ouvert. Ainsi, malgré la densité du programme et l'exigence de ses liaisons internes, la lumière et les vues lointaines sur le dehors sont partout présentes. Entre ces volumes pleins et ces couloirs de transparences, se joue un rapport méthaphorique du système de la ville avec ses immeubles et ses rues.

Dès lors, il s'agit bien d'une cité ; vivante, fluide, fondée sur la notion de pluralité. C'est une architecture qui se parcourt, qu'on ne peut jamais saisir en un seul regard. Et c'est précisément dans cette expérience du parcours, de la durée donc, de ses séquences, de ses ruptures et de ses découvertes, que l'architecture rejoint l'expérience musicale. Ce n'est plus tout à fait l'architecture comme « musique pétrifiée » de Goethe, ou alors il faut admettre d'abord que nous, nous bougeons, que le regard découvre dans la durée. L'architecture est un art du mouvement.

Souvent, alors, dans tout le projet ce dialogue précis des pleins et des vides est saisi non seulement par la logique du programme ou de la forme urbaine mais par le lyrisme, le plaisir de cette expérience musicale. C'est, à l'ouest, la découverte de toute une séquence riche et contrastée dans la cour intérieure qui étonne après le calme serein de l'enveloppe sur l'avenue et le parc. C'est, à l'est, la fédération dynamique d'objets hétérogènes autour de la rue musicale qui se conclut sur le foyer de la grande salle, espace en enroulement spiral, trompe, forme spatiale qui est en elle-même un phénomène sonore, un diffuseur de son tourné vers le parc. C'est une architecture pour le son.

Christian de Portzamparc,
architecte
(1987).

of course, the welcoming folly on the Avenue. Progressing from the Porte de Pantin towards the center of Paris, the visitor will encounter the long curve and the cupolas of the eastern sector followed by the Conservatory's large curved façade. The transition is an illustration of how to celebrate the entry to a city and to terminate an avenue.

A design concept involving the contrast of two geometries is reflected in the interior spaces throughout the entire project : on the one hand are the solid, obscure volumes of the many acoustic envelopes of the music workspaces ; on the other are the transparent, luminous volumes which link these spaces, ensure the transition between the exterior and the interior and provide both entirely glazed and even open-air circulation and meeting spaces. The play of solids and voids constitutes a metaphor of the city with its buildings and streets.

It thus becomes a city in its own right — rich and lively. It is an architecture which is impossible to seize in a single glance and must be experienced over time. It is precisely this continued discovery of the sequences and the contrasts of the design which will draw architecture and music together. This is not an example of Goethe's architecture as "petrified music" as we are constantly in movement and our appreciation develops over time. Architecture is an art of motion.

Thus the detailed play of solids and voids cannot be understood through the logic of the program or of the urban forms but through the poetry and pleasure of this musical experience. To the west, the interior courtyard reveals a rich sequence which is in surprising contrast to the serene calm of the envelope seen from the Park or the Avenue Jean-Jaurès. To the east, the musical street with its spiral form dynamically groups diverse objects which end in the large hall's foyer. The spiral form of the street itself is an acoustic phenomenon — a horn turned towards the Park. An architecture of sound.

Christian de Portzamparc,
architect
(1987).

Les nouveaux grands projets   The new Major Projects

A l'aube de son second septennat, le président de la République a confié au secrétaire d'Etat chargé des Grands Travaux la réalisation des nouveaux grands projets dont il souhaite doter la capitale.

D'ores et déjà, trois projets sont lancés : il s'agit de la Bibliothèque de France, de la grande galerie du Muséum national d'histoire naturelle et du Centre de conférences internationales.

Le projet de la Bibliothèque de France

Le président de la République a annoncé, le 14 juillet 1988, la création d'une très grande bibliothèque, d'un type entièrement nouveau, baptisée Bibliothèque de France, en inscrivant ce projet dans le cadre des grands travaux. Cette grande bibliothèque, qui doit couvrir tous les champs de la connaissance, sera à la disposition de tous. Elle utilisera les technologies les plus modernes de transmission de données. Elle pourra être consultée à distance et entrera en relation avec d'autres bibliothèques en France, mais aussi au-delà de nos frontières.

A partir d'un rapport établi par MM. Patrice Cahart, directeur des Monnaies et Médailles, président du Conseil d'administration de la Bibliothèque nationale et Michel Melot, directeur de la Bibliothèque publique d'information du Centre Georges-Pompidou, la définition d'un préprogramme a été entreprise par l'Association pour la Bibliothèque de

At the beginning of his new seven-year term, the President of the Republic indicated to the Secretary of State in charge of Major Projects the new buildings he wanted for the capital.

Three projects have already been launched : the Library of France, the main gallery of the National Museum of Natural History and the International Conference Center.

The Library of France

On July 14th, 1988, the President of the French Republic announced the creation of an immense library of an entirely new type, baptized the Library of France, which will join the other Major Projects.

This huge library, destined to encompass all the fields of human knowledge, will be open to all. It will use the latest techniques of data transmission and will be consultable from other libraries in France and abroad.

A first report was established by Mr. Patrice Cahart, director of the Mint and president of the Board of directors of the National Library and Mr. Michel Melot, director of the Public Information Library of the Centre Georges-Pompidou.

Prior to the designation of the Public Authority for the project's realization the pre-program was established by the Association for the Library of France, under the direction of Mr. Dominique Jamet.

The general orientation of the pre-program inscribed the

Vue aérienne du site de la Bibliothèque de France.

Aerial view of the site of the Library of France.

173

France, constituée sous la présidence de M. Dominique Jamet pour préfigurer l'Etablissement public constructeur qui réalisera cette opération.

Les grandes lignes de ce préprogramme inscrivent la Bibliothèque de France dans la continuité de l'actuelle Bibliothèque nationale, mais marquent aussi d'importants changements.

La nouvelle bibliothèque prendra le relais de la Bibliothèque nationale à partir de 1945. Le transfert sur le nouveau site des ouvrages publiés depuis cette date permettra à la Bibliothèque nationale de récupérer des espaces qui rendront possible l'amplification de sa mission de collecte et de préservation des ouvrages et documents antérieurs à 1945. La modernisation qui en résultera exigera des moyens spécifiques qui seront prévus. Pour la première fois, elle mettra à la disposition du public les documents visuels et sonores qui font désormais partie intégrante de notre patrimoine culturel.

Un changement important résulte des technologies nouvelles de communication à distance. La Bibliothèque de France animera un réseau demain national, puis européen, qui fera circuler les références et les documents entre ses deux établissements, les bibliothèques universitaires, et les bibliothèques spécialisées. Pour alimenter ce réseau, la réalisation d'un catalogue collectif national sera engagée. La Bibliothèque de France ouvrira de nouveaux et vastes espaces de consultation et de réflexion qui permettront le meilleur accès à la connaissance à ceux qui en ont la curiosité, aux côtés des chercheurs qui disposeront d'un instrument de travail digne d'eux.

La rénovation qui doit être entreprise des bibliothèques universitaires renforcera la réussite de la Bibliothèque de France, qui revitalisera ainsi un réseau de bibliothèques de recherche.

Un appel de candidatures a été lancé vers les architectes du monde entier. Vingt d'entre eux, après l'ouverture d'un concours international d'idées sur invitation, ont été sélectionnés par un jury international composé, selon les règles de l'Union internationale des architectes, d'une majorité d'étrangers et d'architectes. Les candidats sélectionnés disposent de onze semaines pour présenter un projet. Fin juillet, le jury proposera au choix final du président de la République les quatre meilleurs de ces projets. Toutes les conditions seront alors réunies pour que, dès la fin de l'été 1989, le dialogue indispensable entre l'architecte, le maître d'ouvrage, le programmateur et les usagers soit engagé pour l'élaboration du projet et des documents réglementaires d'urbanisme. Cette procédure d'étude technique sera inscrite dans des délais qui permettront le début des travaux en 1991. Au moins pour la première tranche, cette réalisation doit être achevée avant 1995.

Le respect de ce calendrier exigeant sera rendu possible par le choix d'un terrain de 7 hectares, situé à Tolbiac, au droit d'une passerelle à créer entre les ponts de Bercy et Tolbiac, au cœur d'une zone d'aménagement concerté de la Ville de Paris.

Library of France as a continuation of the existing National Library while incorporating several important changes.

The new library will take over the National Library's role for the period 1945 on. The space freed by the transfer to the new library of works published since that date will allow the National Library to reinforce its mission of collection and preservation for the period preceding 1945. The modernization involved will require specific new methods which have already been programmed.

For the first time, the public will be able to consult visual and audio documents forming an integral part of our cultural heritage.

An important change is attributable to developments in communication technologies permitting remote consultation. The Library of France will be at the head of a network — first national, then European — which will ensure the circulation of documents between schools, university libraries and specialized libraries. A national inventory will be undertaken to bring the network up-to-date and operational.

The Library of France will offer new, vast resources for consultation and reflection permitting a better access to knowledge for those who are simply curious as well as giving researchers tools worthy of their efforts.

Renovation of university libraries will ensure the success of the Library of France and revitalize the network of research libraries.

A call for candidates was issued to architects worldwide. Following an international invitational ideas competition, twenty architects were chosen by a jury composed in majority of foreigners, in accordance with the rules of the International Union of Architects. Chosen candidates were then given eleven weeks to present a project. At the end of July, the jury will present four projects to the President of the Republic, who will make the final decision.

In the autumn of 1989, all of the conditions will be fulfilled for the dialogue between architect, client, programmer and users to begin and for the project and planning documents to be elaborated. The necessary technical studies will be programmed so that groundbreaking will take place during 1991. The first significant phase, at least, will be complete before 1995.

This demanding program will be facilitated by the choice of a 7-hectare site at Tolbiac, opposite a pedestrian bridge to be created between the Bercy and Tolbiac bridges. The City of Paris is currently organizing the Planned Development Zone of which the Library of France will be the focal point.

La grande galerie
du Muséum national d'histoire naturelle

Les quatre grands musées de l'Education nationale, héritage de la Convention pour deux d'entre eux — Muséum national d'histoire naturelle et Musée national des techniques du Conservatoire national des arts et métiers — et du Front populaire pour les deux autres — palais de la Découverte et Musée de l'homme —, représentent un ensemble exceptionnel, mondialement reconnu. Implantés dans des lieux remarquables, ceux-ci ont servi de modèle à de nombreuses institutions étrangères.

L'importance de ces institutions et les enjeux de leur modernisation avaient conduit le président de la République à demander, fin 1985, que soit engagée leur rénovation au titre des grands projets de l'Etat. Dans ce cadre, la rénovation de la grande galerie de zoologie du Muséum est entreprise.

Fermée au public depuis plus de vingt ans pour des raisons de sécurité, la grande galerie, qui termine la perspective du Jardin des plantes, représente un remarquable exemple de l'architecture métallique de

The main gallery
of the National Museum of Natural History

Of the National Education's four major museums, the National Museum of Natural History and the National Technical Museum of the National Conservatory of Crafts and Trades are a heritage dating from the Convention ; two others, the Palace of Discovery and the Museum of Man, date from period of the Popular Front. All are located in exceptional sites and have served as a reference for numerous institutions worldwide.

The importance of these institutions and of their modernization led the President of the Republic to request that their renovation be considered a part of the Major Projects program.

The renovation of the main gallery of the National Museum of Natural History is part of this program.

Closed to the public for more than twenty years for safety reasons, the main gallery at the end of the Jardin des Plantes is a remarkable example of metallic architecture of the end of the 19th century. Its construction in 1889 crowned an illustrious century of scientific activity

la fin du XIXe siècle. Elle couronnait, lors de sa création en 1889, un siècle d'or scientifique du Muséum national d'histoire naturelle, et illustrait, par la présentation d'une infinité de spécimens naturalisés derrière des murs entiers de vitrines, les théories de la classification. L'évolution des théories scientifiques comme des présentations muséographiques a conduit à proposer la transformation de la galerie de zoologie en une galerie de l'évolution. La théorie de l'évolution s'est imposée aux scientifiques comme l'idée conductrice et fédératrice, permettant à la fois de mettre en valeur l'exceptionnel patrimoine accumulé depuis 350 ans par le Muséum, et de rendre accessibles au public, notamment scolaire, les travaux scientifiques les plus récents. Le projet a reçu auprès de la communauté scientifique nationale et internationale un accueil exceptionnellement favorable.

Sur le lieu même où travaillèrent les précurseurs et les premiers théoriciens de la pensée évolutionniste, Buffon, Lamarck, Geoffroy Saint-Hilaire, la création d'une galerie de l'évolution rendra au Muséum national d'histoire naturelle la première place parmi les grands musées d'histoire naturelle dans le monde, après avoir été autrefois le pionnier d'une muséographie fondée sur les théories de la classification. En s'ancrant sur l'évolution, il réaffirmera sa vocation muséographique et pédagogique, car aucun grand musée n'a jusqu'à aujourd'hui cherché à présenter une synthèse du monde vivant.

En 1987, c'est cette orientation scientifique et muséologique qui a servi de base à une consultation d'architectes, au terme de laquelle le jury a proposé de retenir le projet présenté par MM. Paul Chemetov et Borja Huidobro. Ce projet préserve l'architecture d'origine et la met en valeur par l'introduction d'éléments muséographiques à effets spectaculaires. L'entrée principale sera située rue Geoffroy-Saint-Hilaire pour permettre un accès et une exploitation indépendante du Jardin des plantes. Une fois franchi le seuil, le visiteur découvrira la grande nef où seront rassemblés les grands spécimens des collections du duc d'Orléans pour attester la « diversité du monde vivant ». De là, il s'élèvera aux niveaux supérieurs dans l'un des ascenseurs qui constituent une paroi dynamique bordant la grande nef. Le parcours muséographique empruntera en descendant les galeries disposées en U autour des trois autres côtés. Au second niveau, la « diversité du monde vivant », qui prolongera la démonstration de la nef sur des animaux de plus petite taille ; au premier niveau, « l'histoire de la vie » et les « mécanismes de l'évolution » ; au rez-de-chaussée, « la nature et l'homme » ; au sous-sol, les expositions temporaires : soit au total, 15 000 mètres carrés, dont 6 000 pour les expositions permanentes et 1 000 pour les expositions temporaires du Muséum, qui connaissent un grand succès.

Le début du chantier est prévu à l'été 1990. Les travaux doivent s'achever à l'automne 1993, pour le bicentenaire de la création du Muséum national d'histoire naturelle par la Convention.

by the National Museum of Natural History and its presentation of an infinity of natural specimens in entire walls of glass cabinets illustrated the theories of classification.

Changes in scientific theories as well as the type of presentation led to the proposal that the main gallery be transformed into a gallery of evolution.

The theory of evolution encompassing the living world serves scientists as the central federating theme permitting the exploitation of an exceptional heritage accumulated for more than 350 years. It also facilitates public understanding — especially by school children — of the most recent scientific developments. The national and international scientific community has received the project with exceptionally favorable enthusiasm.

On the site where precursors and early theoreticians of evolutionist thought worked (Buffon, Lamarck, Geoffroy Saint-Hilaire) the creation of a gallery of evolution will place the National Museum of Natural History among the most important museums of the planet — a position it had lost by the 1960's after having been a pioneer in museum presentation founded upon theories of classification. In adopting an orientation based upon evolution, the museum will reaffirm its museological and pedagogical vocation as no other large museum has sought to present a synthesis of the living world.

In 1987, this scientific and museological orientation served as the basis for an architectural consultation during which the jury chose a project presented by architects Paul Chemetov and Borja Huidobro.

Their proposal preserves and highlights the original architecture through the use of spectacular effects.

The principal entrance will be on the Rue Geoffroy-Saint-Hilaire to allow a functioning independent of the Jardin des Plantes. Once inside, the visitor will discover the grand nave containing the large specimens from the Duc d'Orléans' collection attesting to the diversity of the living world. From there the visitor will accede to the upper levels via one of the elevators constituting one dynamic wall of the nave. The visitors' circuit will descend through a series of U-shaped galleries forming the nave's other three sides. On the second level, the "diversity of the living world" exhibit extends the nave's presentation with smaller sized animals ; on the first level are the "history of life" and the "mechanisms of evolution" ; the ground floor features "nature and man" ; the basement contains the temporary exhibits. 15,000 square meters in all, of which 6,000 square meters are occupied by permanent exhibits and 1,000 square meters by the museums very popular temporary exhibits.

The beginning of construction is scheduled for the summer of 1990. Construction should be complete by 1993 for the bicentenary of the Convention's creation of the National Museum of Natural History.

Vue aérienne du site du
Centre de conférences
internationales.

*Aerial view of the site of the
International Conference
Center.*

Le Centre de conférences internationales
La décision de doter Paris d'un centre de conférences internationales a été prise par le président de la
République en 1984. Paris ne dispose en effet d'aucune infrastructure digne d'une grande capitale
diplomatique. Les conférences importantes, comme
celle sur l'interdiction des armes chimiques ou les
sommets de la francophonie, doivent être organisées
à l'UNESCO dont les installations demeurent
insuffisantes, malgré une capacité triple de celle
du seul centre dont dispose les Affaires étrangères,
avenue Kléber.
Le renforcement des relations internationales d'ici la
fin du siècle accroit la nécessité de doter Paris d'un
instrument approprié, à la mesure de l'audience de
la France dans le monde. Pour un équipement de
cette importance, une localisation prestigieuse est
indispensable, et dès 1984, l'implantation quai
Branly sur un terrain de 2,5 hectares occupé par le
ministère des Finances qui doit l'évacuer en 1990
dans le cadre du transfert à Bercy s'est imposée

The International Conference Center
*The decision to give Paris an international conference
center was taken by the President of the Republic in
1984. In effect, Paris does not have an infrastructure
worthy of a major diplomatic capital. Important conferences such as those concerning the banning of chemical
weapons or the summit of the French-speaking world
are held in the inadequate UNESCO facilities, three
times the size of the Foreign Affairs offices, Avenue
Kléber.*
*The reinforcement of international relations leading up
to the turn of the century further reinforces the need to
give Paris the proper installation, corresponding to the
audience enjoyed by France worldwide. This type of
installation requires a prestigious installation and the
2,5-hectare site on the Quai Branly, currently occupied
by the Ministry of Finances prior to their move to Bercy,
offers the best solution possible. The site is one of the last
available in the center of Paris ; it spreads along the
Seine, cradle of the grand cultural and administrative
facilities that have marked Paris' history.*

177

comme la meilleure possible. Le site proposé est l'un des derniers encore disponibles dans le centre de Paris. Il se déploie le long de la Seine, berceau de la plupart des grands équipements culturels et administratifs qui ont fait l'histoire de Paris. Au pied de la tour Eiffel, proche du quai d'Orsay, il offre l'opportunité de marquer à tout jamais le paysage de la capitale par une œuvre architecturale majeure s'inscrivant dans la lignée des grands édifices qui, depuis le Trocadéro, le Grand Palais ou les Invalides jusqu'au nouveau ministère des Finances ou à la future Bibliothèque de France, jalonnent les berges de la Seine.

Le programme projeté est à la hauteur de cette ambition. Le centre devra permettre l'organisation de manifestations ouvertes à l'ensemble de la communauté internationale adhérant à l'ONU soit plus de 140 délégations. Il n'y a guère d'équivalent en Europe sinon à Vienne et à Genève. Il comprendra sur 47 000 mètres carrés de plancher un auditorium de 1 600 places, une salle de congrès de 800 places, 14 salles de conférences dont deux de 700 places et de multiples salles de travail. L'ensemble sera, pour une partie, utilisé par un centre de presse et, pour l'autre, par des congrès privés qui permettront de faire vivre ces installations en dehors des sessions diplomatiques. Le président de la République a souhaité sur proposition de M. Jean Marin, ancien président de l'agence France-Presse, y adjoindre une maison des journalistes, qui sera un club ouvert aux nombreux journalistes de passage à Paris.

Une consultation entre architectes français engagée en juin 1989 devrait aboutir au choix d'un lauréat au début 1990. Le démarrage du chantier est prévu en 1991 et l'achèvement du Centre de conférences internationales au premier semestre 1995.

At the foot of the Eiffel Tower, close to the Quai d'Orsay, the site offers the last chance to mark the banks of the Seine with a major architectural creation in the same tradition as the Trocadéro, the Grand Palais, the Invalides and now the future Ministry of Finances and Library of France.

The program is at the height of this ambition. The center will permit organization of conferences involving any of the 140 United Nations member countries. The only comparable European facilities are in Vienna and Geneva. The Center will comprise 47,000 square meters floor area, a 1,600-seat auditorium, an 800-seat conference hall, fourteen conference rooms including two 700-seat halls and numerous meeting rooms. The building will also be used by a press center and by private conferences outside the diplomatic sessions. The President of the Republic wishes to see established, following the suggestion of Mr. Jean Marin, past president of the Agence France-Presse, the development of a press club open to the many journalists who regularly pass through the capital.

A consultation limited to French architects launched in June 1989, should lead to the choice of a winning designer by the beginning of 1990. Construction will begin in 1991 and the International Conference Center should be complete during the first six months of 1995.

La Grande Arche de la Défense

Calendrier de l'opération
• Mars 1982 : annonce par le président de la République de la réalisation d'une grande opération à la Tête Défense devant accueillir, notamment, un Carrefour international de la communication et un nouveau ministère de l'Equipement, du Logement et des Transports.
• Avril 1983 : désignation de Johan Otto von Spreckelsen lauréat du concours international d'architecture.
• Juillet 1984 : création de la Société d'économie mixte nationale Tête Défense.
• Juillet 1985 : début des travaux de construction.
• Avril 1986 : décision gouvernementale de ne pas réaliser le Carrefour international de la communication et de poursuivre l'opération immobilière.
• Juin 1989 : achèvement de l'arche.

Eléments du programme de l'arche
Surface totale : 120 000 m^2 utiles, dont :
• sous-socle, socle, belvédère : 33 000 m^2 ;
• patte nord : 43 500 m^2 de bureaux, propriété d'investisseurs ;
• patte sud : 43 500 m^2 de bureaux affectés au ministère de l'Equipement.

Eléments techniques
Capacité du site : 55 000 m^2.
Emprise au sol de l'arche : 12 650 m^2.

Eléments innovateurs
• Conception et exécution de la mégastructure constituée de 4 cadres contreventés de 110 m de haut.
• Fondations constituées de 12 poteaux et chapiteaux supportant l'arche de 330 000 tonnes qui repose sur appuis en néoprène.
• Béton hypercontraint à 40 mégapascals.
• Ascenseur panoramique de 100 m de haut.

Coût de la réalisation
2,900 milliards de francs, valeur juin 1984.

Intervenants
Maître d'ouvrage : Société d'économie mixte nationale Tête Défense.
Architecte de conception : Johan Otto von Spreckelsen, lauréat du concours international (Erik Reitzel, ingénieur-conseil associé).
Architecte : Paul Andreu.

Ingénierie : Aéroports de Paris ; Trouvin ; SERETE ; Coyne et Bellier.
Gros œuvre : Bouygues.

The Grand Arch at La Défense

Timetable
• *March 1982 : Presidential announcement of the realization of the International Communication Center at La Défense as well as of the relocation of the Ministry of Public Works, Housing and Transport.*
• *April 1983 : Announcement of the winner of the international design competition : Johan Otto von Spreckelsen.*
• *July 1984 : Creation of the Société d'Economie Mixte Nationale Tête Défense, client organization.*
• *July 1985 : Commencement of construction.*
• *June 1989 : Completion of construction.*

Program brief
Cube : *120,000 m^2 usable floorspace.*
- *basements, belvédère : (33,000 m^2).*
- *north wing : (43,500 m^2) private offices.*
- *south wing : (43,500 m^2) Ministry of Public Works offices.*

Technical information
Site : 55,000 m^2.
Footprint : 12,650 m^2.

Innovations
• *The design and construction of the megastructure composed of four 110-meter-tall stiffened frames.*
• *Foundations composed of 12 columns and capitals supporting a cube weighing 330,000 metric tons which rests on neoprene anti-vibration insulation.*
• *Hyper-stressed (40 megapascals) concrete.*
• *Panoramic elevators to a height of 100 meters.*

Project cost
2,900 million Francs (June 1984).

Designers and contractors
Client : Société d'Economie Mixte Nationale Tête Défense.
Architect : Johan Otto von Spreckelsen, winner of the international competition (Erik Reitzel, associate engineer consultant).
Architect : Paul Andreu.
Engineers : Aéroports de Paris ; Trouvin ; SERETE ; Coyne et Bellier.
Contractor : Bouygues.

Le Grand Louvre

Calendrier de l'opération
• Septembre 1981 : décision du président de la République d'affecter au musée du Louvre l'aile du palais occupée par le ministère des Finances.
• Juillet 1983 : désignation par le président de la République de Ieoh Ming Pei comme architecte du Grand Louvre.
• Novembre 1983 : création de l'Etablissement public du Grand Louvre.
• Mars 1984 : ouverture des chantiers de fouilles archéologiques cour Carrée et cour Napoléon. Engagement des travaux de restauration des façades et des toitures de la cour Carrée.
• Janvier 1985 : début des travaux cour Napoléon.
• Du 1er au 5 mai 1985 : simulation publique en grandeur nature de la pyramide.
• Décembre 1985 : achèvement de la réalisation de la crypte Philippe Auguste et Charles V. Achèvement de la cour Carrée. Achèvement de la première tranche de travaux du Musée de la mode.
• Février 1986 : inauguration de la cour Carrée.
• Décembre 1988 : achèvement de la pyramide.
• Mars 1989 : ouverture du hall d'accueil au public.
• Avril 1993 : ouverture au public des salles du musée situées dans l'aile Richelieu.

Eléments du programme (1re tranche)
Cour Carrée
• Fouilles archéologiques mettant au jour les vestiges du donjon de Philippe Auguste et du château de Charles V.
• Création de la crypte archéologique.
• Reconstitution du dallage.
• Restauration complète des façades, de la statuaire et des couvertures.
Cour Napoléon
• Fouilles archéologiques.
• Création d'espaces souterrains (55 000 m^2 pour l'accueil, l'information, les services, les expositions temporaires et les locaux techniques).
Aile Rivoli
• Aménagement d'une liaison directe entre l'accueil et la place du Palais-Royal par le passage Richelieu.
• Réalisation de la première tranche du Musée de la mode dans l'aile de Marsan.
• Après le départ du ministère des Finances, transformation du bâtiment Richelieu ; décaissement et couverture des trois cours pour recevoir les grandes sculptures en plein air.
Cour du Carrousel
• Mise en souterrain de l'avenue du Général-Lemonnier.

Eléments techniques
Capacité du site : emprise du palais du Louvre.
Emprise au sol :
cour Carrée : 3 500 m^2 ;
cour Napoléon : 20 000 m^2.
Surface de planchers : 123 000 m^2 dont 66 000 m^2 utiles.

Eléments innovateurs
Des recherches de pointe ont été lancées pour les structures et le vitrage de la pyramide ainsi que pour la couverture des cours.

Coût de la réalisation (1re tranche)
2 milliards de francs, valeur juin 1984.
(2e tranche)
3,086 milliards de francs, valeur juin 1988.

Intervenants
Maître d'ouvrage : Etablissement public du Grand Louvre.
Architecte : Ieoh Ming Pei.
Architectes associés : Georges Duval et Michel Macary.
Ingénierie : SOGELERG ; SERETE.
Gros œuvre : Dumez.

The Grand Louvre

Timetable
• *September 1981 : The French President decided to relinquish to the Museum the wing of the Louvre then occupied by the Ministry of Finances.*
• *July 1983 : The President of the Republic designated I. M. Pei chief architect of the Grand Louvre.*
• *November 1983 : Creation of the Grand Louvre Public Authority.*
• *March 1984 : Commencement of archaeological excavations in the Cour Carrée and the Cour Napoléon and of the façade restoration and roof repair of the Cour Carrée.*
• *January 1985 : Commencement of construction in the Cour Napoléon.*
• *May 1st-5th, 1985 : Full scale simulation of the pyramid's volume.*
• *December 1985 : Completion of the Phillipe Auguste and Charles V crypts and of the Cour Carrée restoration. Completion of the first phase of the Museum of Clothing Design.*
• *February 1986 : Inauguration of the Cour Carrée.*
• *February 1986 : Commencement of works on the Passage Richelieu.*
• *December 1988 : Completion of the pyramid.*
• *March 1989 : Inauguration of the public entrance hall.*
• *August 1993 : Inauguration of rooms located in the Richelieu Wing.*

Program brief (first phase)
Cour Carrée
• *Archaeological excavations of the Philippe Auguste keep and*

of the Charles V's palace.
• Creation of an archaeological crypt.
• Reconstitution of the courtyard's paving.
• Complete restoration of the façades and roofing.
Cour Napoléon
• Archaeological excavations.
• Creations of underground accommodation (50,000 m² for reception, temporary exhibits, presentation spaces).
Rivoli Wing
• Creation of an underground link between the central reception hall and the Place du Palais-Royal.
• Realization of the first phase of the Museum of Clothing Design in the Marsan Wing.
• After the departure of the Ministry of Finances : clearing and covering of three courtyards prior to the installation of outdoor sculpture.
Cour du Carrousel
• Creation of an underground passage for the Avenue du Général-Lemonnier.
Technical information
Site : the totality of the Louvre Palace.
Footprint :
Cour Carrée : 3,500 m².
Cour Napoléon : 20,000 m².
Floor area : 123,000 m² gross floor space, 66,700 m² usable floorspace.
Innovations
Special research has been required in order to resolve the construction and glazing problems posed by the pyramid and the structures covering the courtyards.
Project cost
2,000 million Francs (June 1984) for the first phase.
3,086 million Francs (June 1988) for the second phase.
Designers and contractors
Client : Grand Louvre Public Authority.
Architect : Ieoh Ming Pei.
Associate architects : Georges Duval and Michel Macary.
Engineers : SOGELERG ; SERETE.
Contractor : Dumez.

Le musée d'Orsay

Calendrier de l'opération
• Octobre 1977 : décision en comité interministériel présidé par M. Giscard d'Estaing, président de la République, de la création d'un musée d'art et de civilisation français du XIXe siècle (tout spécialement de la seconde moitié du siècle) et de l'installation de ce musée dans les bâtiments d'Orsay qui seront classés monument historique.
• Mars 1978 : création de l'Etablissement public du musée d'Orsay.
• Juin 1979 : désignation de ACT Architecture (Renaud Bardon, Pierre Colboc et Jean-Paul Philippon) lauréat de la consultation d'architecture.
• Juillet 1980 : désignation de Gae Aulenti pour l'architecture intérieure et la décoration.
• Février 1981 : début des travaux.
• Mi-1986 : achèvement des travaux et installation des œuvres.
• Décembre 1986 : inauguration du musée.
Eléments du programme
• 16 000 m² pour les expositions permanentes.
• 1 200 m² pour les expositions temporaires.
• 2 500 m² pour l'accueil.
• Une salle de spectacle de 380 places.
Eléments techniques
Ancienne gare et ancien hôtel d'Orsay : 175 m de long, 75 m de large, 35 m de haut.
Emprise au sol : 13 100 m².
Surface : 60 900 m² hors œuvre, dont 47 000 m² utiles.
Transformation d'un bâtiment de type industriel en musée :
• 12 000 tonnes de structures métalliques (7 300 tonnes pour la tour Eiffel).
• 35 000 m² de verrières et parois vitrées.
• 1 million de m³/h d'air traité pour la climatisation.
• 944 caissons à rosaces en staff à recréer.
Eléments innovateurs
Acoustique, dispositifs antivibratoires et audiovisuels, gestion technique centralisée et maîtrise de l'énergie, contrôle de sécurité, éclairage et vitrage, banque de données adaptée à la préservation d'œuvres d'art, image et texte sur disques optiques numériques et programmes sur vidéodisques interactifs.
Coût de la réalisation
1,320 milliard de francs, valeur juin 1984.
Intervenants
Maître d'ouvrage : Etablissement public du musée d'Orsay.
Architecture : ACT Architecture.
Architecture intérieure : Gae Aulenti.
Signalétique : Monguzzi et Widmer.
Ingénierie : SETEC-Foulquier.
Gros œuvre : Bouygues.

The Orsay Museum

Timetable
• October 1977 : Decision by the Interministerial Commission chaired by Mr. Giscard d'Estaing, President of the Republic, to create a museum of French art and civilization of the second half of the 19th century and the beginning of the 20th in the Orsay Station.
• March 1978 : Creation of the Orsay Museum Public Authority.
• June 1979 : Designation of the winning design : ACT Architecture — Bardon, Colboc and Philippon.
• July 1980 : Designation of Mrs. Gae Aulenti for the interior design and decoration.
• February 1981 : Commencement of infrastructure works.
• Mid-1986 : Completion of construction and commencement of the installation of the art-works.
• December 1986 : Inauguration of the Museum.
Programme brief
• 16,000 m² of permanent exhibition space.
• 1,200² of temporary exhibition space.
• 2,500 m² of public reception space.
• 380-seat auditorium.
Technical information
The Orsay Station and Hotel : 175 m long, 75 m wide, 35 m high.
Footprint : 13,000 m².
Floor area : 60,900 m² gross floor space. 47,000 m² usable floorspace.
Transformation of an industrial building into a museum :
• 12,000 metric tons of metal structure (Eiffel Tower = 7,300 tons).
• 35,000 m² of glazed roof and walls.
• 1 million m³/hour of air conditioning.
• recreation of 944 stucco panels.
Innovations
Acoustics, antivibration techniques, audio-visual facilities, central technical and energy control management, security control measures, special lighting and glazing, image and text data-banks on optical disks, interactive video-disk programs.
Project cost
1,320 million Francs (June 1984).
Designers and contractors
Client : Orsay Museum Public Authority.
Architects : ACT Architecture.
Interior Design : Gae Aulenti.
Engineers : SETEC-Foulquier.
Contractors : Bouygues.

L'Institut du monde arabe

Calendrier de l'opération
• Octobre 1980 : création de l'Institut du monde arabe, dont l'implantation était prévue rue de la Fédération, à Paris.
• Septembre 1981 : choix d'un nouveau terrain à l'angle du boulevard Saint-Germain et du quai Saint-Bernard.
• Décembre 1981 : désignation de Jean Nouvel, Pierre Soria, Gilbert Lezènes et Architecture Studio lauréats de la consultation d'architecture.
• Fin 1983 : début des travaux.
• Avril 1987 : achèvement des travaux et livraison du bâtiment.
• Décembre 1987 : ouverture au public.
Eléments du programme
• Musée d'art et de civilisation comprenant 2 600 m² d'exposition permanente et 700 m² d'exposition temporaire.
• Médiathèque accueillant 40 000 ouvrages, vidéothèque, cinémathèque.
• Service de documentation, salle d'actualité, informatique franco-arabe.
• Auditorium de 350 places.
• Parvis public de 4 700 m².
• Restaurant et cafétéria.
Eléments techniques
Capacité du site : 9 000 m².
Emprise au sol : 6 000 m².
Surface de planchers : 26 900 m² hors œuvre.
Eléments innovateurs
• 10 000 m² de façade en verre.
• Verre avec sérigraphie côté nord.
• Occultation par diaphragme en aluminium côté sud (27 000 diaphragmes répartis sur 242 panneaux).
• Conception et réalisation de la charpente métallique.
• Tour des livres avec sa rampe tournante en béton.
• Equipements informatiques et audiovisuels.
Coût de la réalisation
440 millions de francs, valeur juin 1984, dont 240 millions de francs à charge du budget de l'Etat français.
Intervenants
Maître d'ouvrage : Institut du monde arabe.
Maître d'ouvrage délégué : Service constructeur des académies de la région Ile-de-France.
Architectes : Jean Nouvel, Pierre Soria, Gilbert Lezènes et Architecture Studio.
Ingénierie : SETEC.
Gros œuvre : Nord-France et Baudin-Châteauneuf.

The Arab World Institute

Timetable
• October 1980 : Creation of the

Saint-Germain and the Quai Saint-Bernard.
• *December 1981 : Selection of Jean Nouvel, Pierre Soria, Gilbert Lezènes and Architecture Studio as winners of a national design competition.*
• *Winter 1983 : Groundbreaking.*
• *April 1987 : End of construction and delivery of the building.*
• *December 1987 : Official inauguration.*

Program brief
• *Museum of Art and Civilization : 2,600 m² permanent exhibition space, 700 m² temporary exhibition space.*
• *Médiathèque : 40,000 books, films and videos, documentation service, current events space, franco-arab computer service.*
• *350 seat auditorium.*
• *4,700 m² public reception space.*
• *Restaurant and cafeteria.*

Technical information
Site : 9,000 m².
Footprint : 6,000 m².
Floor area : 26,900 m² usable floor space.

Innovations
• *10,000 m² of glazed façades.*
• *Silk screened glass panels on the north façade.*
• *Aluminum diaphragm sun screen (27,000 diaphragms in 242 panels).*
• *The concrete book tower with its spiral ramp.*
• *Data processing and audio-visual systems.*

Project cost
420 million Francs (June 1984) of which 240 million Francs (June 1984) have been contributed by the French government.

Designers and contractors
Owner : Institut du Monde Arabe.
Owner's representative : Service constructeur des académies de la région Ile-de-France.
Architects : Jean Nouvel, Pierre Soria, Gilbert Lezènes and Architecture Studio.
Engineers : SETEC.
Contractors : Nord France and Baudin-Chateauneuf.

Le ministère des Finances

Calendrier de l'opération
• Septembre 1981 : le président de la République décide le départ du ministère des Finances du Louvre.
• Mars 1982 : choix du site de Bercy.
• Décembre 1982 : désignation de MM. Chemetov et Huidobro lauréats du concours national d'architecture.
• Juillet 1984 : début des travaux

pour la réalisation des bâtiments de bureaux.
• Automne 1986 : livraison des immeubles de la dalle gare de Lyon (bâtiments D et E).
• Fin 1987 : livraison des immeubles de la rue de Bercy (bâtiment C).
• Eté 1988 : livraison des immeubles principaux (bâtiments A et B).

Eléments du programme
Cinq immeubles de bureaux :
• Bâtiments A et B comprenant, notamment, le hall d'accueil, les bureaux et les cabinets des ministres, un centre de conférences ainsi que les bureaux destinés à 3 500 agents.
• Bâtiment C pour 1 300 agents.
• Bâtiments D et E sur la dalle de la gare de Lyon (en location-bail) pour 1 500 agents.

Eléments techniques
Capacité du site : 48 400 m².
Surfaces de planchers : 270 000 m² hors œuvre dont 225 000 m² hors œuvre (bâtiments A, B et C).

Eléments innovateurs
• Franchissements de 70 m de portée sur 6 niveaux de plancher et structure mixte métal-béton.
• Façades en composite pierre-béton avec insertion de vitrages ouvrants.
• Isolation antivibratoire par appuis en néoprène pour l'immeuble de logements.
• Bureautique et réseaux informatiques, autocommutateur de 10 000 lignes.
• Réalisation de prototypes (cellule type) pour le second œuvre.

Coût de la réalisation
2,930 milliards de francs, valeur juin 1984, pour l'ensemble Bercy-la Rapée (bâtiments A, B, C).

Intervenants
Maître d'ouvrage : ministère de l'Economie, des Finances et de la Privatisation.
Architectes :
Paul Chemetov et Borja Huidobro (bâtiments A, B, C) ;
Louis Arretche, Roman Karazinski et V. Ciocardel (bâtiments D, E) ;
Emile Duhart-Harosteguy (bâtiment logements).
Ingénierie :
SERETE (bâtiments A, B, C, D, E).
SETEC (bâtiments A, B, C, D, E).
Sechaud et Bossuyt (bâtiments A, B, C).
SGTE (bâtiments A, B, C).
Gros œuvre :
Dumez (bâtiments A, B) ;
Dragage et Travaux publics (bâtiment C) ;
SAE et GTM (bâtiments D, E).

Ministry of Finances

Timetable
• *September 1981 : The President of the Republic decided that the Ministry of Finances would vacate the Louvre.*
• *March 1982 : Choice of the Bercy site.*
• *December 1982 : Designation of the architects Chemetov and Huidobro as winners of the design competition.*
• *July 1984 : Commencement of construction of the office building.*
• *August 1986 : Delivery of the Gare de Lyon building.*
• *End 1987 : Delivery of building C (rue de Bercy).*
• *Summer 1988 : Delivery of the principal buildings (A and B).*

Program brief
Five office buildings :
• *Buildings A and B include the entry hall, the offices of the Minister and the cabinets, a conference center and offices for 3,500 civil servants.*
• *Building C will accommodate 1,300 civil servants.*
• *Buildings D and E on the Gare de Lyon deck are for 1,500 civil servants.*

Technical information
Site : 48,500 m².
Floor area : 270,000 m² gross floor space ; 225,000 m² usable floorspace (buildings A, B and C).

Innovations
• *70 meter spans on six levels with a composite steel and concrete structure.*
• *Stone and concrete façades with encased opening windows.*
• *Overslung neoprene insulation for the housing.*
• *Office equipment, data-processing network, 10,000 line PABX.*
• *Sample finishes prepared for the finishing trades.*

Project cost
2,900 million Francs (June 1984) for buildings A, B and C.

Designers and contractors
Client : Ministry of Economy, Finances and Privatization.
Architects : Paul Chemetov and Borja Huidobro (buildings A, B and C) ; Louis Arretche, Roman Karazinski and V. Ciocardel (buildings D and E) ; Emile Duhart-Harosteguy (housing).
Engineers : SERETE (buildings A, B, C, D, E) ; SETE (buildings A, B, C, D, E) ; Sechaud and Bossuyt (buildings A, B, C) ; SGTE (buildings A, B, C);.
Contractors : Dumez (buildings A, B) ; Dragage et Travaux publics (building C) ; SAE and GTM (buildings D, E).

L'opéra de la Bastille

Calendrier de l'opération
• Mars 1982 : annonce par le président de la République de la création d'un nouvel opéra, place de la Bastille.
• Octobre 1983 : création de l'Etablissement public de l'opéra Bastille.
• Novembre 1983 : désignation de Carlos Ott lauréat du concours international d'architecture.
• Octobre 1984 : démolition de la gare de la Bastille.
• Début 1985 : début des travaux.
• Août 1986 : décision du gouvernement de maintenir la vocation lyrique du palais Garnier et de réaliser dans l'équipement de la Bastille une grande salle de théâtre à vocation musicale, chorégraphique et lyrique.
• 1989 : ouverture au public.

Eléments du programme
• Une grande salle de 2 700 places.
• Une grande scène de répétition identique à la grande scène.
• Un dispositif de dégagement des décors organisé en 9 espaces répartis sur 2 niveaux et desservant les scènes.
• Un parking d'environ 700 places.
• Une Maison de l'opéra accueillant, notamment, un amphithéâtre de 600 places.
• Des lieux d'exposition, un centre de documentation et des activités de diffusion de l'art lyrique.
• Un studio de 280 places et un restaurant dans le bâtiment Tour d'argent.

Eléments techniques
Capacité du site : 22 800 m² dont 14 900 m² à l'origine d'emprises publiques.
Emprise au sol : 22 800 m².

Eléments innovateurs
• Fosse d'orchestre à géométrie variable.
• Cadre de scène et proscenium mobiles.
• Equipement scénique avec chariots pour changements de décors multiples et rapides.
• Rideaux coupe-feu de grande dimension.
• Traitement spécifique en matière d'audiovisuel, d'acoustique et de dispositifs antivibratoires.

Coût de la réalisation
2,170 milliards de francs, valeur 1984 (part budgétaire déterminée avant la modification du programme).

Intervenants
Maître d'ouvrage : Etablissement public de l'opéra Bastille.
Architecte : Carlos Ott.
Architectes associés : Saubot et Julien.

dispositifs antivibratoires.
Coût de la réalisation
2,170 milliards de francs, valeur 1984
(part budgétaire déterminée avant la modification du programme).
Intervenants
Maître d'ouvrage : Etablissement public de l'Opéra Bastille.
Architecte : Carlos Ott.
Architecte associé : Saubot-Jullien.
Ingénierie : SETEC ; SODETEG ; EMH ; R. Biste.
Gros œuvre : SAE ; SCGPM ; Léon Grosse.

The Bastille Opera

Timetable
- *March 1982 : Announcement by the President of the Republic ofthe creation of a new opera house, Place de la Bastille.*
- *October 1982 : Creation of the Bastille Opera Public Authority.*
- *November 1983 : Designation of the winner of the architectural competition : Carlos Ott.*
- *October 1984 : Demolition of the Bastille railway station.*
- *February 1985 : Commencement of earthworks and retaining walls.*
- *August 1986 : Government decision to maintain the Palais Garnier as an opera and to transform the Bastille Opera project into a theater for music, choreography and lyric art.*
- *July 1988 : Decision to return to original program.*
- *July 1989 : Inauguration of the Main Hall.*
- *Beginning 1991 : Completion of the stage set workshops.*
Program brief
- *A large, 2,700-seat auditorium.*
- *A stage for rehearsals identical to the large stage.*
- *A means for sets removal and storage, organized in nine areas distributed over two levels and serving all three stages.*
- *Convertible hall seating 600 to 1,300 persons.*
- *600-seat amphitheater.*
- *280-seat studio.*
- *Exhibition areas, a center for documentation and activities for the distribution of information related to lyric art.*
- *Workshops for producing stage sets and costumes.*
- *700 parking spaces.*
- *Commercial spaces : book store, restaurants.*
Technical information
Site : 22,800 m², 15,000 m² floor area.
Innovations

- *Variable-shape orchestra pit.*
- *Mobile stage and proscenium frame.*
- *Stage equipment on trolleys for changing numerous sets rapidly.*
- *Over-sized fire check curtain.*
- *Special treatment in relation to audiovisual equipment, acoustics and vibration-damping devices.*
Project cost
2,170 million Francs (June 1984 values), before the project modification.
Designers contractors
Client : Bastille Opera Public Authority.
Architect : Carlos Ott.
Associate architect : Saubot-Jullien.
Engineers : SETEC, SODETEG, EMH, R. BISTE
Contractors : SAE, SCGPM, Léon Grosse.

La Villette : le parc et la Grande Halle

Calendrier de l'opération
- Décembre 1979 : décision en Conseil interministériel de créer un parc à la Villette en complément du Musée des sciences et de l'auditorium dont l'emplacement est réservé.
- Mars 1982 : confirmation par le président de la République de la réalisation d'un parc urbain, conçu comme un grand équipement vivant et animé. Désignation de Philippe Robert et de Bernard Reichen pour la réhabilitation de la Grande Halle.
- Mars 1983 : désignation de Bernard Tschumi, lauréat du concours international d'architecture, comme maître d'œuvre général du parc. Début des travaux d'aménagement de la Grande Halle.
- Automne 1984 : début des travaux du parc.
- Janvier 1985 : inauguration de la Grande Halle.
- Mi-1986 : début de la construction des folies et des galeries.
- 1987-1988 : ouverture progressive de la première tranche du parc et de 12 folies.
- Printemps 1992 : achèvement de la seconde tranche.
Eléments techniques
Capacité totale du parc : 35 ha.
Eléments du programme
- 350 000 m² de jardins, prairies et promenades.
- 2 galeries couvertes dont l'une franchit le canal.
- 30 folies.
- 3 maisons : galerie de jeux, serre,

rotonde des vétérinaires.
Coût de la réalisation (1ʳᵉ tranche)
850 millions de francs, valeur juin 1984, pour la première tranche, y compris la réhabilitation de la Grande Halle.
(2ᵉ tranche) 300 millions de francs, valeur juin 1989.
Intervenants
Maître d'ouvrage : Etablissement public du parc de La Villette.
Architecte, maître d'œuvre général : Bernard Tschumi (parc, folies et galeries couvertes, continuité des jardins thématiques).
Architectes :
Jean Nouvel (galerie des jeux électroniques) ;
Kazutoshi Morita, Dominique Lyon et Pierre du Besset (rotonde des vétérinaires) ;
Philippe Starck (mobilier urbain) ;
Robert et Reichen (Grande Halle).
Ingénierie :
SETEC (parc) ;
ARCORA (Grande Halle) ;
SOGELERG (Grande Halle).
Les maîtres d'œuvre du parc
Architecte maître d'œuvre général : Bernard Tschumi (folies et galeries couvertes, continuité des jardins thématiques).
Jardins thématiques
- Jardins de l'eau (au nord de la Grande Halle) : Alain Pelissier, avec Peter Eisenmann, John Hejduk, Fugiko Nakaya.
- Jardins du jardinage (entre la maison du jardinage et la serre) : Gilles Vexlard, avec Jean-Max Albert et Dan Flavin.
- Jardins de l'énergie (le long de la prairie triangulaire) : Alexandre Chemetoff, avec Daniel Buren, Bernhardt Leitner et Markus Raetz.
- Jardins calmes : Kathryn Gustafson, avec Rebecca Horn et Ulrich Ruckriem.
- Jardins sud Zénith : Jean Magerand et Elisabeth Mortamais.
- Jardins du forum des cuisines : Philippe Thomas (Scop Paysages), avec Claes Oldenburg.
- Jardins de jeux (entre le Zénith et la prairie circulaire) : Ettore Sottsass et Martine Bedin, avec Tony Cragg.
Bâtis
- Serre : Cédric Price.
- Galerie des jeux électroniques : Jean Nouvel.
- Rotonde des vétérinaires : Morita, Lyon, du Besset.

La Villette : The Park and the Grande Halle

Timetable

- *December 1970 : Decision by an Interministerial Council to create at La Villette a park which will complement the Museum for Science and the Auditorium, whose sites are already reserved.*
- *March 1982 : Confirmation by the President of the realization of a lively and attractive urban park at La Villette. Commission of Philippe Robert and Bernard Reichen as architects for the conversion of the Grande Halle.*
- *March 1983 : Selection of Bernard Tschumi as chief architect for the design of the Park. Commencement of work on the Grande Halle.*
- *Autumn 1984 : Commencement of work on the Park.*
- *January 1985 : Inauguration of the Grande Halle.*
- *Mid-1986 : Commencement of construction of the follies and the covered gallery.*
- *1987-1988 : Progressive opening of the first phase of the Park and 12 follies.*
- *Spring 1992 : Completion of the second phase of the Park.*
Technical information
Total capacity of the Park : 35 ha.
Program brief
- *350,000 m² of gardens, lawns and pathways.*
- *2 covered galleries of which one crosses the canal.*
- *30 follies.*
- *3 houses : electronic-game arcade, greenhouse, Rotonde des Vétérinaires.*
Project cost
850 million Francs (June 1984) for the first phase — including the Grande Halle.
300 million Francs (value June 1989) for the second phase.
Designers and contractors
Client : Park of La Villette Public Authority.
Chief architect : Bernard Tschumi (Park, follies and covered galleries, continuity of the thematic gardens).
Architects :
Jean Nouvel (electronic-games gallery) ;
Katzutoshi Morita, Dominique Lyon, Pierre du Besset (Rotonde des Vétérinaires) ;
Philippe Starck (street furniture) ;
Robert and Reichen (Grande Halle).
Engineers : SETEC (Park) ;
ARCORA (Grande Halle) ;
SOGELERG (Grande Halle).
The Park's designers
Coordinating chief architect designer : Bernard Tschumi (follies, covered gallery, continuity of the thematic gardens).
Thematic gardens
- *Water gardens (north of the Grande Halle) : Alain Pelissier, with Peter Eisenman, John Hejouk,*

Fugiko Nakaya.
- *Gardening gardens (between the garden center and the greenhouses) : Giles Vexlard, with Jean-Max Albert and Dan Flavin.*
- *Energy gardens (along the triangular lawn) : Alexandre Chemetoff, with Daniel Buren, Bernhardt Leitner, and Markus Raetz.*
- *Tranquil gardens : Kathryn Gustafson, with Rebecca Horn and Ulrich Ruckreim.*
- *South gardens of the Zénith : Jean Mageraud and Elisabeth Mortamais.*
- *Gardens of kitchen forum : Philippe Thomas (Scop Paysage) and Claes Oldenburg.*
- *Game gardens (between the Zénith and the circular lawn) : Ettore Sottsass and Martine Bedin, with Tony Cragg.*
Buildings
- *Greenhouse : Cédric Price.*
- *Electronic-games gallery : Jean Nouvel.*
- *Rotonde des Vétérinaires : Morita, Lyon, Du Besset.*

La Villette : la Cité des sciences et de l'industrie

Calendrier de l'opération
- Mi-1977 : mission confiée à M. Taillibert, architecte, sur la reconversion des bâtiments des abattoirs de la Villette, laquelle conclut à la possibilité d'installer un musée des sciences.
- Juin 1977 : rapport de M. Lévy, professeur de physique à l'université de Paris VI, sur la définition et le contenu d'une future cité des sciences.
- Juillet 1979 : création de l'Établissement public du parc de la Villette.
- Décembre 1979 : décision en conseil interministériel, présidé par M. Giscard d'Estaing, de réaliser un Musée des sciences, des techniques et des industries selon les orientations du rapport de M. Lévy.
- Septembre 1980 : choix d'Adrien Fainsilber lauréat de la consultation d'architecture.
- Juillet 1981 : confirmation par le président de la République de la poursuite du projet.
- Mi-1983 : début des travaux d'infrastructure.
- Février 1985 : création de l'Établissement public de la Cité des sciences et de l'industrie.
- Mai 1985 : inauguration de la Géode.
- Mars 1986 : inauguration de la Cité des sciences et de l'industrie.

Eléments du programme
- Exposition permanente Explora (30 000 m²) comprenant 4 secteurs :
— « De la Terre à l'univers » ;
— « L'aventure de la vie » ;
— « La matière et le travail de l'homme » ;
— « Langages et communications ».
- Expositions temporaires (10 000 m²).
- Géode (360 places).
- Salles de découverte (1 070 m²).
- Médiathèque (grand public et chercheurs, 10 900 m²).
- Salles de conférences (1 000 places, 500 places et 4 salles de 100 places, 5 600 m²).
- Planétarium (890 m²).
- Accueil et activités commerciales (9 700 m²).
- Clubs jeunes, associations, formation, recherche (3 140 m²).

Eléments techniques
Capacité du site : ancienne salle de vente des abattoirs (275 m de long, 111 m de large, 40 m de haut).
Emprise au sol : 30 500 m².
Surface de planchers : 120 000 m².

Eléments innovateurs
- Reprise des structures porteuses de l'ancien bâtiment (poutres de 59 m de portée).
- Réalisation de très grandes verrières pour façades climatiques (32 m × 32 m × 8 m).
- Réalisation d'un éclairage zénithal par coupoles rotatives avec miroirs.
- Construction d'une centrale thermofrigorifique avec utilisation de la géothermie, récupération de chaleur et stockage des frigories.
- Construction d'une salle de cinéma hémisphérique de 36 m de diamètre.

Coût de la réalisation
4,450 milliards de francs, valeur juin 1984.

Intervenants
Maître d'ouvrage du bâtiment : Établissement public du parc de La Villette.
Maître d'ouvrage du contenu : Cité des sciences et de l'industrie.
Architecte : Adrien Fainsilber.
Architectes d'aménagement de l'exposition permanente :
Dowd et Stanton ;
Lion et Althabegoity ;
Beri et Gazeau ;
Chaix et Morel ;
O'Byrne et Dallegret.
Ingénierie : ALGOE ; SATOBA ; SGTE.
Contractant général : GTM.

La Villette : The Center for Science and Industry

Timetable
- *Mid-1977 : The President of the Republic assigned Mr. Taillibert, architect, the task of carrying out a study for the conversion of the La Villette slaughterhouse buildings. Mr. Taillibert suggested the possibility of installing a science museum.*
- *June 1977 : Mr. Lévy, physics professor at Paris VI University, drew up a report on the definition and components of a future science museum.*
- *July 1979 : Creation of the Park of La Villette Public Authority.*
- *December 1979 : Decision by an Interministerial Council chaired by Mr. Giscard d'Estaing, to plan a Museum of Science, Technology and Industry on the basis of the orientations noted by Mr. Lévy.*
- *September 1980 : Selection of Mr. Fainsilber, architect, as the winner of the national architectural design competition.*
- *July 1981 : Confirmation by the President of the Republic of the project's continuation.*
- *Mid-1983 : Commencement of infrastructure works.*
- *February 1985 : Creation of the Center for Science and Industry Public Authority.*
- *May 1985 : Inauguration of the Géode.*
- *March 1986 : Inauguration of the Center for Science and Industry.*

Program brief
- *Explora, a 30,000 m² permanent exhibit area consisting of 4 sections :*
— *"from Earth to the Universe" ;*
— *"The adventure of life" ;*
— *"The matter and the work of man" ;*
— *"Languages and communication".*
- *Temporary exhibits (10,000 m²).*
- *Géode (360 places).*
- *Discovery rooms (1,070 m²).*
- *Médiathèque (general public and researchers, 10,900 m²).*
- *Conference rooms (1,000 places, 500 places and 4 rooms of 100 places each, 5,600 m²).*
- *Planetarium (890 m²).*
- *Reception and commercial activities (9,700 m²).*
- *Youth clubs, associations, training, and research (3,140 m²).*

Technical information
Site area : 275 m long, 111 m wide, 40 m high (old Auction Hall of the slaughterhouses).
Footprint : 30,500 m².
Floor area : 120,000 m².

Innovations
- *Strengthening the loadbearing structures of the old building (beams with a span of 59 m).*
- *Execution of very large glazed walls for bio-climatic greenhouses on the façades (32 × 32 × 8 m).*
- *Lighting provided by rotating domes and mirrors.*
- *Construction of a thermo-refrigeration plant, employing geothermics, heat recovery and the storage of negative kCals (frigories).*
- *Construction of a hemispheric movie theater, 36 m in diameter.*

Project cost
4,450 million Francs (June 1984 value).

Designers contractors
Client : Park of La Villette Public Authority.
Internal facilities : Center for Science and Industry.
Architect : Adrien Fainsilber.
Architects for the permanent exhibits :
Dowd and Stanton ;
Lion and Althabegoity ;
Beri and Gazeau ;
Chaix and Morel ;
O'Byrne and Dallegret.
Engineers : ALGOE, SATOBA, SGTE.
Contractor : GTM.

La Villette : la Cité de la musique

Calendrier de l'opération
- Décembre 1979 : décision de réserver l'emplacement d'un auditorium sur l'emprise de la Villette.
- Mars 1982 : annonce par le président de la République du programme d'ensemble de la Villette, dont la Cité de la musique.
- Janvier 1985 : désignation de Christian de Portzamparc lauréat de la consultation d'architecture.
- Mars 1986 : début des travaux.
- Janvier 1990 : livraison des bâtiments du Conservatoire (secteur ouest).
- Mi-1992 : livraison de la salle de concert, du Musée de la musique, et de l'Institut de pédagogie musicale et chorégraphique (secteur est).

Eléments du programme
Secteur ouest (36 000 m² hors stationnement)
- Conservatoire national supérieur de musique : 60 salles de cours et de répétition, et plusieurs salles publiques pour l'art lyrique (400 places), l'orgue (250 places) et l'atelier de création interdisciplinaire (250 places).
- 54 logements en studios pour étudiants.
- Parking souterrain de 152 places.
Secteur est (33 000 m² hors stationnement)
- Accueil (1 600 m²).
- Institut de pédagogie musicale et chorégraphique (1 050 m²).
- Salle de concerts modulable de 800 à 1 200 places (8 500 m²).

- Musée de la musique y compris amphithéâtre de 240 places (11 500 m^2).
- 80 logements en studios pour étudiants.
- Un poste de police (650 m^2), des commerces et bureaux (4 300 m^2).
- Parking souterrain public de 376 places.

Coût de la réalisation
630 millions de francs, valeur juin 1984 dont 475 à la charge du budget de l'État.

Intervenants
Maîtrise d'ouvrage : Etablissement public du parc de la Villette.
Architecte : Christian de Portzamparc.
Ingénierie : SODETEG ; COMMINS ; SOGELERG.

La Villette : The Center for Music

Timetable
- *December 1979 : Decision to reserve an area for constructing an auditorium on the La Villette site.*
- *March 1982 : Announcement by the President of the Republic of the general program for La Villette, including the Center for Music.*
- *January 1985 : Designation of Christian de Portzamparc as the winner of the national architectural design competition.*
- *March 1986 : Commencement of earthworks.*
- *January 1990 : Commissionning of the Conservatory buildings (west sector).*

- *Mid-1992 : Commissioning of the Concert Hall, the Museum of Music, and the Music and Choreography Teaching Institute (east sector).*

Program brief
West sector (36,000 m^2 gross floor area, excluding parking)
- *National Conservatory of Music : 60 rooms for lessons and practice, several public rooms for lyric art (400 places), organ room (250 places), and the workshop for interdisciplinary creation (250 places).*
- *54 studio apartments for students.*
- *Underground parking for 152 vehicles.*

East sector (33,000 m^2 gross floor area, excluding parking)
- *Public reception area (1,600 m^2).*
- *Music and Choreography Teaching Institute (1,050 m^2).*
- *Concert hall of changeable size (from 800 to 1,200 places) : 8,500 m^2.*
- *Museum of Music including 240-seat auditorium (11,500 m^2).*
- *80 studio apartments for students.*
- *A police station (650 m^2), shops and offices (4,300 m^2).*
- *Underground public parking with 376 places.*

Project cost
630 million Francs (June 1984) of which 475 million Francs will be financed by the State.

Designers contractors
Client : Park of La Villette Public Authority.
Architect : Christian de Portzamparc.
Engineering : SODETEG, COMMINS, SOGELERG.

Entreprises titulaires d'un marché de travaux relatif aux grands projets de l'État à Paris
Firms which have participated in the realization of the Major Projects in Paris

Travaux préparatoires. Gros œuvre. Façades et couverture.
Preliminary work. Structural work. Façades and roofing.

ACMN - ALBARIC - ALBERTI S.A. - ALBOW HAMART - ALLROUND - AOPCZ - ASM - BACHY - BALAS MAHEY - BALLIMAN - BAUDIN - CHATEAUNEUF - BAYON - BETOM - BOHRER - BONALDY - BORIE - BOUYGUES - BRISARD NOGUES - BRUNEL - CALFA - CAMPENON BERNARD - CAUCE ARMETAL - CFEM - CGEE ALSTHOM - CGTH - CHABREDIER - CHAMEBEL - CHANTEAU - CHANTIERS - CHANTIERS MODERNES - CHARLES ET COSTA - CHARPENTIERS DE PARIS - CHEVALIER - CITRA COFEX - COIGNET - CONSTRUCTIONS METALLIQUES ROUMIGUIER - COSSON - COULON THAVEAU - COURBU - CTMT - DEGAINE - DELATTRE LEVIVIER - DENNERY - DODIN - DRAGAGE ET TRAVAUX PUBLICS - DUBOIS - DUMEZ - DUPIN - EGOM - EI - EMAIL STEEL - ENTREPOSE - ERPIMA - ERSEM - ETF - ETPM - FILLOD - FOCQUE - FOSSIER ALLARD - FOUGEROLLE - GALLOZZI - GAUTIER - GEOTECHNIQUE - GIES SEMED - GTM - GUINET DERRIAZ - HELISTRA - J. MARTIN - JOUFFRIEAU - L'HIRONDELLE - LA FENETRE AUTOMATIQUE - LAUBEUF - LAURENT BOUILLET - LEFEVRE - LEON GROSSE - LES PIERREUX DE FRANCE - MACE INDUSTRIE - MANNESMANN - MARCHIANDO BERTA - MARTIN - MAURICE BOHRER - MIEGE BUHLER - MILLS - MIROITERIE DE L'OUEST - MPR - MULTI- CUB - NORD FRANCE - OLIN - OWENS GORNING - PAIMBŒUF - PAYEUX - PEINTECO - PERRAULT - PETRACCO - PILLIARD - PIOLLET - PMB - PORTAL - PRADEAU MORIN - PRIGENT - PRISMES - QUELIN - QUILLERY - RAZEL - REEL - RITOU - ROCAMAT - ROCCHIA - PAIN - ROUMIGUIER - ROUSSEAU - ROUSSEL STORES - RUBEROID - SACHET BRULET - SADE - SAE - SAEP - SANTELLI FAUST - SCGPM - SCOPASE - SEGEX - SGE - SIDEX - SIMAP - SITRABA - SITRACO - SMAC - SNC FILLOD - BARBOT - SNET MILLS - SNSH - SOBEA - SOBETRAM - SOCIETEP - SOFAPO - SOLETANCHE - SOMAFER - SPAM - SPAPA - SPI - SPIE BATIGNOLES TRINDEL - SPIE BATIGNOLES - SPR - STAC - SYLVAIN JOYEUX - TERP - TUBRAPID - UNHIR - UNI MARBRE - URBAINE - UTB - VAN MULLEN - VIRY - VITURAT - VOISIN - WANNER ISOFI - ZELL.

Corps d'état techniques.
Technical contractors.

ADES - ALKITEX - ASCEL - BENDEL - BERGEON - BERGEON GEOFFROY - BON NAGA - BOULLET - CAIRE - CERBERUS GUINARD - CGCD - CGCE - CGEE ALSTHOM - CGEE DOLBEAU - CLEMESSY - COMPAGNIE DES SIGNAUX ET D'ENTREPRISES ELECTRIQUES - CUB - DANTOT ROGEAT - DEF - DOLBEAU - DUVAL MESSIEN - ELMO - ERCOLUMIERE - FICHET - FICHET BAUCHE - FLUIDELEC - FONTELEC - FORCLUM - GREGOIRE - GRIGUER - GTCM - GUBRI - GUINIER - HENNEQUIN - HERVE THERMIQUE - INDUSTRIELLE DE CHAUFFAGE - JEUMONT SCHNEIDER - KONE - LA FOUCRIERE - LAMIGEON - LEFORT FRANCHETEAU - MARTIN - MATHER & PLATT - MERLIN GERIN - MJB - MORAND - OTIS - PIOLINO - PORTENSEIGNE - PORTIER DIELHY - PRETEUX - RCS - RINEAU - ROIRET - SAGA - SAGA BARRIL - SAMOVIE - SANTERNE - SATELEC - SAUNIER DUVAL - SAUR - SAUVAGET - SDMO - SECC - SEEE - SEPTIER - SGP - SIDT - SIETRA PROVENCE - SNVD - SOCIETE ALSACIENNE DE CONSTRUCTIONS MECANIQUES DE MULHOUSE - SORETEX - SOULIER - SPIE TRINDEL - SUBURBAINE - SULZER - TELEDOC - TISSERAND - TNEE - TRACTEL - TRANSFLUIDE - TRINDEL - UNIDEL SECURITE - VERNIER - WALTHER.

Corps d'état secondaires et autres entreprises.
Finishing contractors and other firms.

AGRIGEX - ALLONCLE - ARLUS - BARBIER - BATIBOIS - BATIVER - BAZELAIRE - BFM - BOSTWICK - BOUDOU UROU et CRENNES - BOULANGER - BOUYGUES - BREDY - CAIRE - CAMPENON BERNARD - CARMINE - CBC - CGEE ALSTHOM - CGEE DOLBEAU - CHAMEBEL - CHAPUT - CHARPENTIERS DE L'ILE DE FRANCE - CHENUE - CIDELCEM - CLAISSE LEFRANÇOIS - CMP - COCER - COLAS - COMPAGNIE DE CARRELAGE ET DE REVETEMENT - CONSTRUCTIONS MODERNES PARISIENNES - COTTIN JONNEAUX - CRSM - DARGENTON - DBS - DELOFFRE - BONO SAUVEUR - DENCO - DESAUTEL - DRS - DRUET -DUET - DUTEMPLE - EURISOL - EUROPHANE - FALLEAU - FICHET - LUTERMAX - FOUASSE - FRANCE SOLS - G.A. POTTEAU - GAMMA - GAUTHIER - GAUTIER - GIFFARD - GRIESSER - GRILL - HAUSERMAN - HOBART - IMBERT - INOXYFORM - INTER DISTRIBUTEUR - IRAC - ISOSOL - JACQMIN - JAV VALENTIN - JULLY - LACOUR MARTIAL - LAFOREST - LAURENT ET FONTIX - LE RUYET - LENZI - LES JARDINIERS DE L'HAY - MAES - MAGNY - MAI - MAZDA - MENUISERIE DE FLANDRE - METALLIERS CHAMPENOIS - MIROITERIE BRET - MONTAGNIER - MONTHULE - MOSER - MULLER - MULLERS FRERES - NET SERVICE - NORDFROID - OMNIUM TECHNIQUE STAFF - PARENGE - PETIT ET DEVALENCE - PINIER - PLEVEN GICQUEL - PMB - POLLET - POTTEAU - PRADEAU MORIN - PRAZ AGUETTAZ - PROCHASSON - PSY - QUINETTE - RAFFLEGEAU - ROCCHIA PAIN - SAR - SCGPM - SCMV - SCREG - SEGEX - SEPIE - SERECO - SERMA - SERVOPLAN - SESINI - SFDE - SFV - SGE TPI - SIETHAM - SIMOND - SIS - SITRABA - SITRACO - SMLS BRIENS LAMOUREUX - SMP - SNPEP - SNTPP - SOCIETE D'APPLICATION ET DE REVETEMENT - SOCIETE D'ENTREPRISES MUNICIPALES - SOCIETE FRANÇAISE DU VERRE - SOE STUC et STAFF - SOFIANOS - SOMETA - SPDF - STABI - STE NOUVELLE FRANCE SOLS - STECS - SUBURBAINE - THIRODE - THOMAS HARRISON - TOUZET - TROUVE - USINOR - VAN MULLEM - VIGNOT - VILQUIN - VITTORIO BONACINA - YVROUD.

Biographies des architectes
Architects' biographies

La Grande Arche de la Défense
Johan Otto von Spreckelsen

Né le 4 mai 1929.
Décédé le 16 mars 1987.
Diplômé de l'Académie royale des beaux-arts, 1953.
Fonde son propre bureau en 1958.
Représentant de l'UNESCO au METU, Ankara, 1960-1962.
Professeur honoraire, université d'Etat de l'Ohio, Etats-Unis, 1963-1964. Professeur à l'Académie royale des beaux-arts, responsable du département architecture, 1978.
Etudes approfondies en Europe, au Proche-Orient et aux Etats-Unis, orientées particulièrement sur les églises, les mosquées et autres architectures de grande envergure.
Etudes d'un point de vue historique des travaux de Le Corbusier, Frank Lloyd Wright, Alvar Aalto et d'autres architectes du XXᵉ siècle.
Concours : premier prix pour The Danish State Art Foundation, concours sur les villes nouvelles, 1967. Premier prix au concours nordique pour le développement d'une nouvelle ville de 6 000 habitants à Kristianstad, Suède, 1971. Premier prix pour la nouvelle église de Aarhus, Danemark, 1973. Premier prix pour la nouvelle église de Farum à Copenhague, 1977.
Projet d'habitation à Moesgaard, 1968. Projet d'habitation à Riisskov, 1968. Stade à Solbjerg Strand, 1969. Projet d'habitation à Gladsaxe, 1969. Planétarium à Copenhague, 1970. Bâtiment du Parlement à Stockholm, Suède, 1972. Eglise à Holte, 1975.
Exécution de travaux : résidence privée et bureau à Hoersholm, 1958. Eglise Saint-Nicolai, Hvidovre, Copenhague, 1960. Eglise Saint-Nicolai, Esbjerg, 1969. Eglise Vangede, Copenhague, 1974. Eglise Stavnsholt, Farum, Copenhague, 1982.

The Grand Arch at La Défense
Johan Otto von Spreckelsen

Born May 4th, 1929.
Deceased March 16th, 1987.
He graduated from the Royal Academy of Fine Arts 1953.
Founded his own office, 1958.
UNESCO representative to the METU, in Ankara, 1960-1962.
Honorary professor at Ohio State University, USA, 1963-1964.
Professor at the Royal Academy of Fine Arts, director of the Architecture Department, 1978.
In-depth studies of churches, mosques and other large-scale projects in Europe, the Near-East and the USA.
Historic studies of the work of Le Corbusier, Frank Lloyd Wright, Alvar Aalto and other 20th century architects.
Competitions : First prize for the Danish State Art Foundation, new towns competition, 1967. First prize for the nordic competition for a new town at Kristianstad, Sweden, 1971. First prize for the construction of a new church in Aarhus, Denmark, 1973. First prize for the Farum new church, Copenhagen, 1977.
Mentions and other prizes : Housing project, Moesgaard, 1968. Housing project, Riisskov, 1968. Stadium for Solbjerg Strand, 1969. Housing project, Gladsaxe, 1969. Planetarium, Copenhagen, 1970. Parliament Building, Stockholm, 1972. Church, Holte, 1975.
Realizations : Private residence and office, Hooerscholm, 1958. St. Nicholas Church, Hvidovre, Copenhagen, 1960. St. Nicholas Church, Esbjerg, 1969. Vangede Church, Copenhagen, 1974. Stavnsholt Church, Farum, Copenhagen, 1982.

La Grande Arche de la Défense
Paul Andreu

Né en 1938 à Caudéran.
Ancien élève de l'École polytechnique (1958), et de l'École nationale des ponts et chaussées (1963). Architecte diplômé en 1968.
Depuis 1969, architecte en chef d'Aéroports de Paris.
Principaux travaux : aéroport Paris-Charles-de-Gaulle (terminaux 1 et 2) ; aéroport de Jakarta-Cengkareng ; aérogares de Nice 2 ; Dar es Salaam ; Le Caire 2 ; Brunei ; Dacca ; Abu Dhabi. Centrale nucléaire de Cruas. Concept général pour l'aéroport d'Osaka-Kansaï.

Travaux en cours : terminal français du tunnel sous la Manche ; poste frontière de Bâle-Mulhouse ; aéroport Charles-de-Gaulle, phase 3 ; tremplin de saut à ski pour les Jeux olympiques de 1992. Associé à J.O. von Spreckelsen pour la construction de l'arche de la Défense.
Membre de l'Académie d'architecture. Grand prix national d'architecture 1977. Commandeur de l'ordre national du Mérite. Chevalier de la Légion d'honneur.

The Grand Arch at La Défense
Paul Andreu

Born in Caudéran in 1938.
Student at the Ecole Polytechnique (1958), and the Ecole Nationale des Ponts et Chaussées (1963). Graduate architect in 1968. Chief architect at Aéroports de Paris since 1963.
Main projects : Paris-Charles-de-Gaulle airport (terminals 1 and 2) ; Jakarta-Cengkareng airport ; Nice, terminal 2 ; Dar es Salaam ; Cairo 2 ; Brunei ; Dacca ; Abu Dhabi. Cruas nuclear power station. General concept for the Osaka-Kansaï airport.
Outstanding works : French terminal of the tunnel under the Channel ; Bâle-Mulhouse customs ; Charles-de-Gaulle airport, phase 3 ; ski-jump for the 1992 Olympic Games. Associated with J.O. von Spreckelsen to build the Grand Arch of La Défense.
Member of the Academy of Architecture. National Grand Prix in Architecture (1977). Commander of the Order of Merit. Chevalier of the Order of the Legion of Honour.

Le Grand Louvre
Ieoh Ming Pei

Né en Chine en 1917.
Se rend aux Etats-Unis en 1935.
Diplômé du MIT ainsi que de Harvard, où il fut l'élève de W. Gropius et de M. Breuer. Enseigne à Harvard de 1945 à 1948. En 1948, devient directeur de l'architecture dans la firme Webb & Knapp, l'un des plus importants promoteurs immobiliers américains.
Devient citoyen américain en 1954. Fonde sa propre agence en 1958. Prix d'architecture de l'AIA en 1968. Médaille d'or de l'AIA en 1979. Grande médaille d'or de l'Académie d'architecture française en 1981.
Commandeur de l'ordre des Arts et des Lettres en 1986. Chevalier de la Légion d'honneur en 1988.
Parmi ses œuvres, nombreuses aux Etats-Unis et dans le monde entier, on peut citer le Centre national de recherche atmosphérique, à Boulder (Colorado), en 1967 ; le terminal TWA de l'aéroport Kennedy de New York, en 1970 ; l'immeuble Hancock, à Boston, en 1974 ; la mairie de Dallas, en 1977 ; l'extension est de la National Gallery, à Washington, en 1978 ; la bibliothèque J.-F. Kennedy, à Boston, en 1979 ; l'Hôtel des Collines Parfumées, à Pékin, en 1982. 1988 : salle de concerts de Dallas ; Banque de Chine à Hongkong ; agence « Creativ Artists » à Los Angeles.

The Grand Louvre
Ieoh Ming Pei

Born in China in 1917.
Emigrated to the USA in 1935.
Studied with W. Gropius and M. Breuer, he graduated from MIT and Harvard.
Teacher at Harvard from 1945 to 1948.
Director of Architecture with the firm of Webb & Knapp in 1948.
American citizen in 1954. Opened his own office in 1958. A.I.A. Prize in Architecture, 1968. A.I.A. Gold Medal, 1979.
Great Gold Medal of the French Academy of Architecture, 1981.
Commander of the Order of Arts and

Letters, 1986. Chevalier of the Order
of the Legion of Honour.
His many projects built in the USA
and abroad include : the National
Center for Atmospheric Research,
Boulder, Colorado (1967) ; the TWA
terminal at Kennedy Airport, New
York (1970) ; the John Hancock
Building, Boston (1974) ; the Dallas
City Hall (1977) ; the East Wing of
the National Gallery, Washington
(1978) ; the J. F. Kennedy Library,
Boston (1979) ; the Perfumed Hills
Hotel, Peking, China (1982) ;
the Concert Hall, Dallas ; the Bank
of China, Hong Kong ; the "Creativ
Artists" building, Los Angeles (1988).
Awarded the commission to design
the Grand Louvre in July, 1983.

Le Grand Louvre
Michel Macary

Né à Paris en 1936.
Architecte diplômé en 1966. Prix
Guadet. Urbaniste ATG.
Enseignant de 1967 à 1971.
Membre de la Commission des
sites de la Ville de Paris. Chevalier
de la Légion d'honneur.
Architecte coordonnateur de la
ville nouvelle de Marne-la-Vallée
(val Maubuée), 1970-1980.
Architecte en chef des stations
touristiques de Lacanau et de
Carcans-Maubuisson dans le cadre
de l'aménagement de la côte
Aquitaine. Architecte en chef,
associé à Charles Delfante, de la
ZAC de la gare de la Part-Dieu, à
Lyon. Parmi les réalisations de
Michel Macary, on peut citer des
logements collectifs et des
immeubles de bureaux en région
parisienne et à Lyon ; un village de
vacances pour la MGEN, à
Carcans-Maubuisson (Gironde) ;
un hôtel club-house de golf, à
Lacanau ; la résidence de
l'ambassadeur de France à
Varsovie.
Parmi les projets en cours : la Cité
internationale du vin et de

l'agroalimentaire, à Bercy (Paris
12ᵉ) ; la ZAC des deux Gares, à
Suresnes (logements et bureaux) ;
l'hôtel Adagio, à Marne-la-Vallée.
Il est architecte associé à Ieoh Ming
Pei pour la réalisation du Grand
Louvre.

The Grand Louvre
Michel Macary

Born in Paris in 1936. Graduate
architect in 1966. Winner of the
Gaudet Prize. Planner A.T.G.
Teacher from 1967 to 1971. Member
of the Historic Sites Commission of
the City of Paris. Chevalier of the
Order of the Legion of Honour.
Co-ordinating architect for the
Marne-la-Vallée New Town (Val
Maubuée). Chief designer for the
Lacanau and Carcans-Maubuisson
tourist resorts on the Aquitaine coast.
Chief architect (with Charles
Delfante) for the Part-Dieu Station
ZAC (Planned Development Zone)
in Lyons.
Michel Macary has built social
housing and offices in Lyons and the
Paris Region ; a resort in
Carcans-Maubuisson for the
MGEN ; the hotel-club house for a
golf course in Lacanau ; the French
ambassador's residence in Warsaw.
Current projects include : the
International Center for Wine and
Food Stuffs in Bercy ; the ZAC des
deux Gares in Suresnes (offices and
apartments) ; the Adagio Hotel in
Marne-la-Vallée.
Architect-associate of Ieoh Ming Pei
for the Grand Louvre, 1983.

Le musée d'Orsay
ACT Architecture

Renaud Bardon
Né en 1942.
Architecte DPLG. Urbaniste STG.
A collaboré aux travaux de l'Atelier
parisien d'urbanisme (APUR) de
1971 à 1975.

Pierre Colboc
Né en 1940.
Architecte DPLG. Grand prix de
Rome (1966). Urbaniste DIUP.
A enseigné au Québec et a
collaboré à des études de
rénovation urbaine à New York
(1967-1969) et aux études de
l'APUR (1970-1971).

Jean-Paul Philippon
Né en 1945.
Architecte DESA. Urbaniste.
A collaboré à l'APUR (1970-1971).
A enseigné à l'Ecole d'architecture
de Nancy.

Créée en 1973, ACT Architecture a

développé ses activités dans divers
domaines :
• Consultations pour la réalisation
d'équipements : Ecole nationale de
musique d'Angoulême, extension
de l'hôtel de ville du Havre...
• Concours et commandes de
logements : Cergy-Pontoise,
Melun-Sénart,
Saint-Quentin-en-Yvelines,
Poitiers, Paris, Lille, Roubaix.
Etudes pour la réalisation de
bâtiments anciens et études
d'aménagement urbain.
Lauréats du concours restreint
pour la transformation de la gare
d'Orsay en musée, le 14 juin 1979.

The Orsay Museum
ACT Architecture

Renaud Bardon
Born 1942.
Architect DPLG. Urban planner
STG.
Worked with the APUR (Atelier
Parisien d'Urbanisme) from 1971 to
1975.

Pierre Colboc
Born 1940.
Architect DPLG. Grand Prix de
Rome (1966). Urban planner DIUP.
Taught in Quebec and collaborated
on studies for urban renovation for
the city of New York (1966-1969)
and on studies for the APUR
(1970-1971).

Jean-Paul Phillippon
Born 1945.
Architect DESA. Urban planner.
Worked for the APUR (1970-1971)

and has taught architecture at the
School of Architecture, Nancy.

Founded in 1971, ACT Architecture
has developed its activities in several
fields :
• The design of public facilities : the
National School of Music in
Angoulême, the City Hall in Le
Havre...
• Housing commissions and
competitions : Cergy-Pontoise,
Melun-Sénart,
Saint-Quentin-en-Yvelines, Poitiers,
Paris, Lille, Roubaix.
• Studies involving the re-use of old
buildings and urban planning.
Winners of the limited competition
for the conversion of the Orsay
Station into a museum, June 14th,
1979.

Le musée d'Orsay
Gae Aulenti

Née à Milan en 1927.
Diplômée d'architecture de la
Faculté polytechnique de Milan
(1954).
Pendant une dizaine d'années est
un membre influent de la rédaction
de la revue Casabella-Continuita
(1955-1965), puis de Lotus (1974).
Développe une multiplicité
d'activités et de produits, depuis le
décor, la recherche théâtrale et la
mise en scène (avec Ronconi),
l'opéra (Berio) et l'architecture,
jusqu'aux objets de grande
consommation (mobilier, couverts,
luminaires : la fameuse Pipistrella)
qui lui valent de nombreux prix.
Elle est chargée de réaliser

l'exposition itinérante d'Olivetti (1970-1971).
Après avoir été choisie pour réaliser l'architecture intérieure du musée d'Orsay (1980), elle est chargée du réaménagement du musée d'Art moderne du Centre Georges-Pompidou dont la réouverture a eu lieu en mai 1985, et du palais Grassi, à Venise, ouvert en 1986. Ses projets et ses travaux sont publiés dans les plus grandes revues internationales d'architecture et de design.

The Orsay Museum
Gae Aulenti

Born 1927 in Milan.
Graduate architect from the Milan Polytechnic (1954).
Important member of the staff of the Casabella-Continuita magazine (1955 to 1965) and of Lotus (1974).
Developed a wide range of activities including decoration, theatrical research (with Ronconi), opera (Berio) and architecture which even included manufactured goods such as furniture, tableware and lighting (the famous Pipistrella). Designed the Olivetti travelling exhibition in 1970-1971.
Following her commission to carry out the interior decoration of the Orsay Museum, she was commissioned to rearrange the interior of the Museum of Modern Art of the Georges-Pompidou Center (re-opened in 1985) and the Grassi Palace in Venice (open in 1986). Her work has been published in the leading architectural and design magazines.

L'Institut du monde arabe
Jean Nouvel

Né le 12 août 1945.
Admis premier à l'ENSBA, architecte DPLG. En 1971, collaborateur de Claude Parent. Crée un cabinet avec François Seigneur et participe à divers concours pour de grands

équipements publics, dont le Centre Georges-Pompidou. Lauréat du PAN, 1re session Architecture nouvelle. S'associe avec Gilbert Lezènes (1972) et avec Pierre Soria (1981). Nombreuses réalisations d'architecture et d'urbanisme. Architecte-conseil de la mission Opéra Bastille (1983).
Par ailleurs, Jean Nouvel est cofondateur du Syndicat de l'architecture et l'un des principaux organisateurs de la consultation internationale pour l'aménagement des Halles à Paris (1979). Fondateur de la première biennale d'architecture. Il est désigné en 1985 pour la construction de la galerie des jeux électroniques dans le parc de la Villette.
1986. Lauréat du concours pour l'opéra de Lyon.
1987. Lauréat du grand prix d'architecture, Equerre d'argent pour l'IMA.
1989. Associé à J.-M. Ibos, lauréats du concours du Triangle de la Folie à la Défense. Chevalier de l'ordre du Mérite, des Arts et des Lettres. Docteur *honoris causa* de l'université de Buenos-Aires.

The Arab World Institute
Jean Nouvel

Born August 12th, 1945.
First place in the entry exam for the ENSBA, architecte DPLG.
In 1971, assistant to Claude Parent.
Created a firm with François Seigneur which participated in a number of competitions for the design of large public buildings : the Centre Georges-Pompidou, winner of the

first session of PAN Architecture Nouvelle.
Association with Gilbert Lezènes (1972) and Pierre Soria (1981). Numerous architectural and planning projects. Consulting architect to the Bastille Opera project (1983).
Founder of the "March 76" movement of French architects, co-founder of the Architect's Union and one of the principal organizers of the international competition for the planning of Les Halles in Paris (1979).
Founder of the first Architecture Biennial. Designer of the electronic-games gallery for the Park of La Villette in 1985.
Winner of the competition for the Lyon Opera (1986).
1987. Grand Prix in Architecture, Equerre d'Argent for the Arab World Institute.
1989. Winner, with J.-M. Ibos, of the competition for the Triangle de la Folie in La Défense. Chevalier of the Order of Merit, of Arts and Letters. Doctor honoris causa of the University of Buenos-Aires.

L'Institut du monde arabe
Architecture Studio

Architecture Studio est une équipe d'architectes qui s'est constituée au fil du temps : Martin Robain, né en 1943 ; Jean-François Galmiche, né en 1943 ; Rodo Tisnado, né en 1940 et Jean-François Bonne, né en 1949.
Architecture Studio a principalement réalisé le lycée du Futur, à Poitiers (1988) ; des logements à Paris, rue Domremy (Losange d'argent 1986) ; l'Institut

du monde arabe (Equerre d'argent 1988), en collaboration avec Jean Nouvel, Pierre Soria et Gilbert Lezènes ; des logements « Stimuli » rue du Château-des-Rentiers, à Paris (1987) ; l'ambassade de France en Oman, terminée en 1989 ; le pôle universitaire de Dunkerque, terminé en 1990 ; des logements expérimentaux pour universitaires, à Poitiers, terminés en 1990.
Parmi les nombreux projets en cours d'étude, Architecture Studio va réaliser l'Institut national du judo, à Paris et l'église Notre-Dame-de-l'Arche-de-l'Alliance, à Paris.

The Arab World Institute
Architecture Studio

Architecture Studio is a group of architects which has formed over the years : Martin Robain, born in 1943 ; Jean-François Galmiche, born in 1943 ; Rodo Tisnado, born in 1940 and Jean-François Bonne, born in 1949.
The principal realizations of Architecture Studio include : the High School of the Future in Poitiers (1988) ; apartments, Rue Donremy, Paris (Losange d'Argent, 1986) ; Arab World Institute in collaboration with Jean Nouvel, Pierre Soria and Gilbert Lezènes (Equerre d'Argent, 1988) ; apartments "Stimuli", Rue du Château-des-Rentiers, Paris (1987) ; the French Embassy, Oman (1989) ; the Dunkirk university complex (complete in 1990) ; experimental student housing for Poitiers (complete in 1990).
Projects currently under study by Architecture Studio include the National Judo Institute, Paris, and the Notre-Dame-de-l'Arche-de-l'Alliance church, Paris.

Le ministère des Finances
Paul Chemetov

Né à Paris en 1928, y fait ses études d'architecture.
Participe à la fondation de l'AUA où il réalise, en association avec Jean Deroche, puis seul, de nombreux programmes de logements et d'équipements sociaux.
Enseigne l'architecture à Strasbourg (1968-1972) puis à l'Ecole nationale des ponts et chaussées (1977).
Membre du comité directeur du plan « construction » en 1979, il en est le vice-président depuis 1982. Grand prix national d'architecture (1980), il est officier de l'ordre des

Arts et des Lettres, chevalier de l'ordre du Mérite et de la Légion d'honneur.
Paul Chemetov et Borja Huidobro ont réalisé (1980-1985) l'ambassade de France à New Delhi ; l'aménagement d'équipements publics et de rues souterraines du quartier des Halles à Paris ; le nouveau ministère des Finances (1982-1989) et sont lauréats du concours pour la rénovation de la grande galerie du Muséum national d'histoire naturelle (1988).

The Ministry of Finances
Paul Chemetov

Born in Paris in 1928.
Architecture studies in Paris.
He was one of the founders of the AUA. First with Jean Deroche and later alone, Mr. Chemetov was responsible for numerous public housing projects.
Professor of Architecture at Strasbourg (1968-1972) and at the Ecole Nationale des Ponts et Chaussées (1977).
Member of the Steering Committee of the Public Building Agency (1979) and vice-president since 1982.
National Grand Prix in Architecture (1980), Officer of the Order of Arts and Letters, Chevalier of the Order of Merit and of the Order of the Legion of Honour.
Paul Chemetov and Borja Huidobro realized the French Embassy in New Delhi (1980-1985) ; the final stages of the public activities and underground spaces for Les Halles in Paris ; the new Ministry of Finances (1982-1989) and were winners of the consultation for the main gallery of the National Museum of Natural History (1988).

Le ministère des Finances
Borja Huidobro

Né en 1936 à Santiago (Chili), y fait ses études d'architecture à l'université catholique.
Membre de l'AUA de 1970 à 1982. Associé à Paul Chemetov depuis 1982. Il a remporté plusieurs concours d'architecture et d'urbanisme et réalisé d'importants programmes de logements (Grenoble, l'Isle-d'Abeau, notamment), des hôtels industriels et des équipements hospitaliers. Médaille d'argent de l'Académie d'architecture, prix Dejean 1985, il est chevalier de l'ordre des Arts et des Lettres et chevalier de la Légion d'honneur.
Paul Chemetov et Borja Huidobro ont réalisé l'ambassade de France, à New Delhi (1980-1985) ; le nouveau ministère des Finances (1982-1989) et sont lauréats du concours pour la rénovation de la grande galerie du Muséum national d'histoire naturelle (1988).

The Ministry of Finances
Borja Huidobro

Born in Santiago, Chile, in 1936 where he studied architecture at the Catholic University.
Member of the AUA from 1970 to 1982. Association with Paul Chemetov since 1982.
Winner of several urban-design competitions ; designer of large housing projects (Grenoble, L'Isle d'Abeau in particular), industrial premises and hospitals.
Silver Medal of the Academy of Architecture, Dejean Prize in 1985.
Chevalier of the Order of Arts and Letters and of the Order of the Legion of Honour.

Paul Chemetov and Borja Huidobro realized the French Embassy in New Delhi (1980-1985) ; the new Ministry of Finances (1982-1989) and were winners of the consultation for the main gallery of the National Museum of Natural History (1988).

L'opéra de la Bastille
Carlos Ott

Né en 1946 à Montevideo (Uruguay). Nationalité canadienne.
1971. Diplôme d'architecture à l'université d'Uruguay. Bourse d'étude dans le concours international de Fullbright-Hays Fellowship de l'Ecole d'architecture de Washington.
1972. Obtient le titre de « Master in Architecture and Urban Design ».
1975-1979. Associé à l'agence Moffat et Kinoshita de Toronto. Gagne le concours pour la rénovation et l'extension du Royal Ontario Museum de Toronto.
1979-1983. Directeur de l'architecture et du développement de la compagnie Cadillac.
1985. Obtient la « Médaille d'or » de l'université de l'Uruguay.
1987. « Distinguished Alumni Award » de l'université de Washington.
Divers projets au Canada et aux Etats-Unis. Associé de l'agence canadienne Neish Owen Roland and Roy ; participe au concours de l'opéra à titre personnel. Remporte le concours international d'architecture pour la réalisation du nouvel opéra de la Bastille, le 17 novembre 1983.

The Bastille Opera
Carlos Ott

Born in Montevideo, Uruguay, in 1946. Canadian nationality.
1971. Graduate architect from the

University of Uruguay.
Fullbright-Hays Fellowship for study at the School of Architecture, Washington.
1972. Masters Degree in Architecture and Urban Design.
1975-1979. Associate partner in the firm of Moffat and Kinoshita, Toronto, Ontario, Canada. Winning proposal for the competition for the extension of the Royal Ontario Museum, Toronto.
1979-1983. Director of Architecture and Development, Cadillac Company.
1985. Gold Medal of the University of Uruguay.
1987. Distinguished Alumni Award of the University of Washington.
Various projects in Canada and the USA. Associate partner in the Canadian firm Neish Owen Roland and Roy ; the international competition for the Bastille Opera submission was made in his own name.
The Bastille Opera design was selected for construction on November 17th, 1983.

Le parc de la Villette
Bernard Tschumi

Né en 1944. Nationalité française.
Vit à New York et à Paris.
Etudes d'architecture à Paris et à l'Ecole polytechnique fédérale de Zurich. Doyen de la faculté d'architecture et d'urbanisme de l'université Columbia à New York. Chevalier de l'ordre des Arts et des Lettres, chevalier de la Légion d'honneur.
Auteur de nombreux articles sur la théorie de l'architecture et d'un livre intitulé *Manhattan Transcripts* publié par Academy Press. Expositions de dessins à Londres, à New York, à Toronto, à Berlin (IBA), à Milan (Triennale), à Paris (IFA) et à Copenhague. Lauréat du concours international d'architecture pour le parc de la Villette en mars 1983. Il en est le maître d'œuvre général et est chargé de réaliser les éléments structurants : folies, galeries et promenade cinématique. Auteur du projet primé second au concours international de l'opéra de Tokyo, en avril 1986. Concepteur du plan d'aménagement de Flushing Meadows Corona Park. Premier prix du concours d'aménagement de la vallée du Flon (Suisse). Finaliste au concours international pour l'aéroport du Kansaï (Japon). Prix de la revue *Progressive Architecture*, à New York pour le parc de la Villette.

The Park of La Villette
Bernard Tschumi

Born in 1944. French citizen. Lives in New York and Paris.
Architecture studies in Paris and at the Federal Polytechnic, Zurich.
Dean of the School of Architecture and Planning, Columbia University, New York. Chevalier of the Order of Arts and Letters and of the Order of the Legion of Honour.
Author of a number of articles concerning the theory of architecture and of the book Manhattan Transcripts, *published by Academy Press.*
Exhibitions of his drawings : London, New York, Toronto, Berlin (IBA), Milan (Triennial), Paris (IFA), and Copenhagen.
Winner of the international competition for the Park of La Villette, March, 1983. Chief architect with the responsibility for the realization of the structuring elements for the Park : follies, galleries and the cinematic walk.
Author of the second-place project for the international design competition for the Tokyo Opera in April 1986.
Designer of the Flushing Meadows Corona Park Master Plan. First prize, competition for the planning of the Flon Valley, Switzerland.
Finalist of the international competition for the Kansaï airport, Japan.
Progressive Architecture *magazine award for the Park of La Villette design.*

La Grande Halle
Bernard Reichen
Philippe Robert

Bernard Reichen (45 ans) et Philippe Robert (47 ans) furent parmi les premiers en France à pratiquer une architecture de « reconversion ». Ils ont ainsi aménagé de grandes usines en appartements, commerces et équipements publics divers (filature Leblanc à Lille, filature Blin et Blin à Elbeuf, Lou à Grenoble, MRC Prouvost à Tourcoing).
Auteurs de plusieurs programmes culturels qui utilisent des locaux existants (halle aux grains à Blois et piscine de Chatenay-Malabry, aménagées en théâtres).
Architectes de plusieurs ensembles totalement neufs : école à Melun-Sénart ; extension de la préfecture du Loir-et-Cher à Blois et ambassade de France à Doha (Qatar).
En 1982, ils sont désignés pour la réalisation du projet de reconversion de la Grande Halle.
En 1988, ils ont réalisé l'aménagement du pavillon de l'Arsenal transformé en Centre d'architecture et d'urbanisme de la Ville de Paris.

The Grande Halle
Bernard Reichen
Philippe Robert

Bernard Reichen (45 years old) and Philippe Robert (47 years old) were among the first in France to practice an architecture of reconversion.
As such they have transformed large factories into housing, shopping and various public uses (Leblanc in Lille, Blin and Blin in Elbeuf, Lou in Grenoble and MRC Prouvost in Tourcoing).
Several cultural projects have taken advantage of existing buildings (the Grain Hall in Blois and the Chatenay-Malabry swimming-pool converted into theaters). Their designs for totally new projects have included a school for Melun-Sénart ; the extension of the Loir-et-Cher Préfecture in Blois and the French Embassy in Doha, Qatar. In 1982, they were commissioned to reconvert the Grande Halle in La Villette. In 1988, they transformed the Pavillon de l'Arsenal into the Center for Architecture and Planning of the City of Paris.

Le Zénith
Philippe Chaix
Jean-Paul Morel

Philippe Chaix, né le 14 janvier 1949 et Jean-Paul Morel, né le 13 mars 1949, sont associés depuis 1983. En 1984, ils réalisent pour le ministère de la Culture le Zénith, salle de concert de 6 000 places implantée dans le parc de la Villette à Paris. Spécialement adaptée à la variété et au rock, cette réalisation fait appel à un principe original de structure de plus de 70 m de portée. Ce bâtiment a obtenu une mention à l'Equerre d'argent en 1984. En 1986, ils réalisent le Zénith de Montpellier.
Ils conçoivent également en 1986 l'aménagement du secteur 3 de la Cité des sciences à la Villette qui constitue une première expérience dans le domaine de la muséographie.
Ils sont les auteurs de plusieurs projets ou réalisations tels que le Centre international de la communication en 1983 (projet mentionné) ; la base de loisirs de Moisson (prix de la première œuvre 1984) ; le projet pour le Musée de l'architecture à la Défense en 1985 ; les réserves du Mobilier national à Aubusson (projet lauréat), la bibliothèque de Digne en voie d'achèvement. Ils sont les lauréats de la consultation pour la réalisation d'une salle de conférences pour l'Ecole normale supérieure, rue d'Ulm à Paris (1988). Ils travaillent actuellement sur plusieurs projets à la Défense, une tour de bureaux et la Cité de l'automobile et viennent de remporter le concours du Musée archéologique de Saint-Romain-en-Gal.

The Zénith
Philippe Chaix
Jean-Paul Morel

Philippe Chaix, born on January 14th, 1949 and Jean-Paul Morel, born on March 13th, 1949, have been associates since 1983. In 1984, they realized the Zénith, a 6,000-seat rock auditorium located in the Park of La Villette for the Ministry of Culture. Specially adapted to rock and varieties, this construction used new techniques to create a column-free span of 70 m. The design received a mention for the Equerre d'Argent award in 1984 ; a similar Zénith was realized in Montpellier in 1986. In 1986 they designed Sector 3 of the Center for Science and Industry in La Villette, a first experience with museum-design.
They have also designed or realized projects such as the International Communication Center (mention) ; the leisure center in Moisson (prize for a first realization, in 1984) ; the project for the Architecture Museum in La Défense in 1985 ; the storage spaces for the Mobilier National in Aubusson (winning project) and the Digne Lending Library nearing completion. They were also winners of the competition for the conference hall for the Ecole Normale Supérieure, Rue d'Ulm, Paris (1988). Current projects include several buildings for La Défense, an office tower and the Automobile Center ; they have recently won the competition for the Archaeology Museum in Saint-Romain-en-Gal.

*La Cité des sciences
et de l'industrie*
Adrien Fainsilber

Né en 1932. Architecte DPLG
(1960).
Chargé d'étude à l'Institut
d'aménagement et d'urbanisme de
la Région parisienne (1965-1970).
Enseignant à l'université
d'urbanisme de Paris (1967-1969).
Architecte-conseil auprès du
ministère de l'Equipement et du
Logement, et de l'Etablissement
public pour l'aménagement de la
Tête Défense (1981).
Parmi ses réalisations : université
de Villetaneuse (1967) ; Centre
littéraire et juridique de
Paris-Nord (1970) ; université de
technologie de Compiègne (1973) ;
Centre scientifique de Villetaneuse
(1974) ; centre hospitalier de la
ville nouvelle d'Evry (1980) ; usine
de traitement des eaux à Valenton
(1987).
Lauréat du concours national pour
la réalisation de la Cité des sciences
et de l'industrie de la Villette

(1980) ; des concours pour les
musées des Beaux-Arts de
Clermont-Ferrand (1987) et de
Strasbourg (1988).
Architecte en chef du Triangle
Sainte-Barbe—Porte d'Aix à
Marseille (1988).
Grand prix national d'architecture
1986.
Chevalier de l'ordre de la Légion
d'honneur.

---

*The Center for Science
and Industry*
Adrien Fainsilber

*Born in 1932. Architect DPLG in
1960.*
*Project leader for the Institute of
Planning and Urban Design of the
Paris Region (1965-1970). Teacher
at the Paris University of Planning
(1967-1969). Consulting architect
for the Ministry of Housing and the
La Défense Public Authority for the
design of the Tête Défense project
(1981).*
*Notable projects include : the
University of Villetaneuse (1967) ;
the North Paris Literary and Legal
Center (1970) ; the University of
Technology in Compiègne (1973) ;
the Scientific Center in Villetaneuse
(1974) ; the Evry New Town
Hospital (1980) and the
water-treatment plant in Valenton
(1987).*
*Winner of the nationwide
competition for the design of the La
Villette Center for Science and
Industry (1980) ; of the competitions
for the museums of Clermont-Ferrand
(1987) and Strasbourg (1988). Chief
architect for the Triangle
Sainte-Barbe — Porte d'Aix.
National Grand Prix in Architecture*

*(1986). Chevalier of the Order of the
Legion of Honour.*

La Cité de la musique
**Christian
de Portzamparc**

Né en 1944 à Casablanca.
1962-1968. Etudes aux Beaux-Arts,
à Paris. 1971-1974. Château d'eau
à Marne-la-Vallée.
1975. Projet lauréat et réalisation
de l'ensemble de la rue des
Hautes-Formes (en association
avec Georgia Benamo).
1983-1989. Réalisation du
conservatoire du septième
arrondissement de Paris (prix de
l'Equerre d'argent en 1988) ; d'un
quartier d'habitation à
Marne-la-Vallée ; d'une résidence
pour personnes âgées, rue du
Château-des-Rentiers.
Lauréat du concours pour l'opéra

de la Bastille ; lauréat du concours
pour l'Ecole de danse de l'opéra de
Paris, à Nanterre.
1985. Lauréat du concours de la

Cité de la musique à la Villette.
Aménagement du Café Beaubourg.
1986. Lauréat du concours pour le
Centre urbain à Nanterre.
1988. Lauréat du concours pour
l'extension du musée Bourdelle et
pour l'aménagement d'Atlanpole à
Nantes.

The Center for Music
**Christian
de Portzamparc**

*Born in 1944 in Casablanca.
1962-1968. Studied at the Ecole
Nationale Supérieure des
Beaux-Arts, Paris.
1971-1974. Water-tower for
Marne-la-Vallée.
1975. Winning proposal and
construction of the housing project
Rue Hautes-Formes, in Paris 13th
Arrondissement (with Georgia
Benamo).
1983-1989. Realization of the
Conservatory of Music of the 7th
Arrondissement, Paris ; a housing
project in Marne-la-Vallée ; an
old-persons home, Rue du
Château-des-Rentiers in Paris.
Design for the competition for the
Bastille Opera selected by the jury.
Winning submission for the
competition for the School of Dance
of the Paris Opera, in Nanterre.
1985. Winning proposal for the
competition for the La Villette
Center for Music, Paris ;
rearrangement of the Café
Beaubourg.
1986. Winning design for the center
of Nanterre.
1988. Winning design for the
extension of the Bourdelle Museum
and for the master plan for the
Atlanpole, Nantes.*

Bibliographie

Chemetov - Huidobro - Cinq projets 1979-1982, Electa Moniteur, 64 pages, 1983.

L'Invention du parc, Marianne Bazilay, Catherine Hayward, Lucette Lombard, Etablissement public du parc de la Villette, Graphite, 254 pages, 1984.

Tête Défense. Concours international d'architecture, Electa Moniteur, 208 pages, 1984.

Les Paris de François Mitterrand, François Chaslin, Gallimard, « Folio Actuel », 254 pages, 1985.

Paul Chemetov, Frédéric Poussin et Daniel Truber, Electa Moniteur, « Monographies d'architecture », 128 pages, 1985.

Christian de Portzamparc, Institut français d'architecture - Electa Moniteur, 184 pages, 1986.

La Cité de la musique. Paris-la Villette, Christian de Portzamparc, Champ Vallon, 48 pages, 1986.

Jean Nouvel, Patrice Goulet, Institut français d'architecture - Electa Moniteur, 176 pages, 1986.

Orsay. De la gare au musée. Histoire d'un grand projet, Jean Jenger, Electa Moniteur, 208 pages, 1986.

Ville. Forme. Symbole. Pouvoir. Projets, colloque de Royaumont, Institut français d'architecture - Mardaga, 212 pages, 1986.

Cinégramme Folie. Le parc de la Villette, Bernard Tschumi, Champ Vallon, « Lieux d'architectures », 56 pages, 1987.

Grands projets à Paris. Un savoir-faire français, Mission interministérielle de coordination des grandes opérations d'architecture et d'urbanisme, 60 pages, 1987.

Parc, Ville, Villette, Isabelle Auricoste et Hubert Tonka, Champ Vallon, « Vaisseau de frère », 120 pages, 1987.

Adrien Fainsilber, la virtualité de l'espace. Projets et architecture 1962-1988, Electa Moniteur, « Monographies d'architecture », 128 pages, mai 1988.

La Cité des sciences et de l'industrie, Paris-la Villette, Electa Moniteur, 168 pages (bilingue), octobre 1988.

L'Institut du monde arabe, Jean Nouvel et Hubert Tonka, Champ Vallon, 70 pages, 1988.

Le palais du Louvre, Pierre Quoniam, Nathan, 248 pages, 1988.

La Cité des sciences et de l'industrie, Philippe Madec et James Hiéblot. Photographies Gabrielle Basilico, Calmann-Lévy, 118 pages, mars 1989.

Le Grand Louvre, du donjon à la pyramide, Catherine Chaine et Jean-Pierre Verdet. Présenté par François Mitterrand et Ieoh Ming Pei, Hatier, 204 pages, 1989.

Le Grand Louvre. Métamorphose d'un musée 1981-1983, Emile-J. Biasini, Jean Lebrat, Dominique Bezombes et Jean-Michel Vincent, Electa Moniteur, 168 pages, mars 1989.

La Grande Arche de la Défense, François Chaslin et Virginie Picon-Lefebvre, Electa Moniteur, 216 pages, 1989.

Les grands desseins du Louvre, Ieoh Ming Pei et Emile-J. Biasini, Hermann, 134 pages, mars 1989.

Ieoh Ming Pei, Bruno Suner, Hazan, 154 pages, février 1989.

L'opéra de la Bastille - Genèse et réalisation, Gérard Charlet, Electa Moniteur, 176 pages, 1989.

Paris-la Défense. Métropole européenne des affaires, Cofer-Editions du Moniteur, 160 pages, nouv. éd. 1989.

Crédits photographiques

Photocomposition : P.F.C.
Photogravure : Prism Offset — Phip.
Impression : Aubin Imprimeur Ligugé-Poitiers
Dépôt légal : septembre 1990 — N° impression : P 36094